## "三峡学者文库"编委名单

**主　编：**
郭作飞　王志清

**编委会：**
陈会兵　曾　毅　申载春　李　俊
林辉春　赖永兵　李朝平

个人记忆与文化变迁：
# 赫哲族口述史

陈 曲 王志清 著

项目策划：徐　凯
责任编辑：徐　凯
责任校对：毛张琳
封面设计：墨创文化
责任印制：王　炜

## 图书在版编目（CIP）数据

个人记忆与文化变迁：赫哲族口述史 / 陈曲，王志清著. — 成都：四川大学出版社，2021.6
（三峡学者文库 / 郭作飞，王志清主编）
ISBN 978-7-5690-3957-3

Ⅰ. ①个… Ⅱ. ①陈… ②王… Ⅲ. ①赫哲族—民族历史—同江 Ⅳ. ①K282.5

中国版本图书馆 CIP 数据核字（2020）第 219032 号

| 书　名 | 个人记忆与文化变迁：赫哲族口述史 |
|---|---|
| 著　者 | 陈　曲　王志清 |
| 出　版 | 四川大学出版社 |
| 地　址 | 成都市一环路南一段24号（610065） |
| 发　行 | 四川大学出版社 |
| 书　号 | ISBN 978-7-5690-3957-3 |
| 印前制作 | 四川胜翔数码印务设计有限公司 |
| 印　刷 | 四川五洲彩印有限责任公司 |
| 成品尺寸 | 148mm×210mm |
| 插　页 | 2 |
| 印　张 | 10 |
| 字　数 | 215千字 |
| 版　次 | 2021年6月第1版 |
| 印　次 | 2021年6月第1次印刷 |
| 定　价 | 56.00元 |

版权所有 ◆ 侵权必究

◆ 读者邮购本书，请与本社发行科联系。
电话：(028)85408408/(028)85401670/(028)86408023　邮政编码：610065
◆ 本社图书如有印装质量问题，请寄回出版社调换。
◆ 网址：http://press.scu.edu.cn

四川大学出版社
微信公众号

# "三峡学者文库"出版说明
## （总序）

中国语言文学是重庆三峡学院历史最悠久的学科之一。经过长期的建设与发展，本学科已积累了较为深厚的研究基础，成为重庆市高校"十三五"重点学科，其中中国古典文献学为重庆市立项建设重点学科，汉语言文学本科专业为重庆市特色专业建设点，其中师范专业为重庆市首批"专业综合改革试点"专业。2014年7月本学科正式获批新增硕士学位一级学科授权点，汉语言文字学、中国古典文献学、中国古代文学、中国现当代文学4个方向开始招收硕士研究生。本学科2014年申报了学科教学（语文）专业硕士学位，于2015年开始正式招生。

本学科有一支职称高、学历高、年龄、学缘结构合理，具有较强科研能力的学术队伍。其中有教授11人、副教授18人、博士16人（另有在读博士2人）；有重庆市名师1人，重庆市高校优秀中青年骨干教师2人，外聘兼职教授19人，硕士研究生导师15人（含兼职）。队伍成员大多毕业于"985""211"高校，受到了严格的学术训练，有较为深厚的中国语言文学理论基础和研究素养，在各自的研究领域均取得了不少研究成果。部分教师先后与西南大学、东南大学、四川外国语大学等合作，开展联合招收硕士研究生培养工作，已招收培养硕士研究生50余人，积累了丰富的硕士研究生培养经验。

经过长期积累，本学科已在古代文学与古典文献研究、汉语本体及其应用研究、现当代文学与文艺理论研究等方面取得了较为丰硕的成果。何其芳研究、三峡方志文献研究、夔州诗研究等具有鲜明的地域特色，在国内外产生了较大影响。近年来本学科共主持国家社科基金项目13项，教育部委等部级项目14项，其他项目100余项；出版著作47部；发表论文540多篇，其中发表在重要刊物上的有31篇，发表在CSSCI及核心刊物上的有178篇；获重庆市社科优秀成果二等奖2项，三等奖6项，全国优秀古籍图书二等奖1项。

本学科现有重庆市人文社科重点研究基地1个，市级学会1个，校级科研创新团队2个；校级研究所4个，研究工作室4个；建有学科专业图书资料中心1个，藏有《四库全书》《敦煌文书》等大型纸质图书资料30余万册，电子图书100余万种，学科中外文现刊30多种。

本校开通有CNKI中国知网、维普中文期刊数据库、万方数据库等及10余种试用的电子资源和数据库，校园网络畅通，能方便查询检索资料。

本校已与德国波恩大学、法国国家科学研究中心、日本圣泉大学、美国丹佛社区大学、中国社会科学院、北京大学等建立了密切的联系，能为学生参加国际国内学术会

## "三峡学者文库"出版说明

议，培养国际学术视野提供便捷的交流平台。

为了进一步加强市级重点学科中国语言文学和硕士点的建设，展示和提升学科科研实力和科研水平，本学科现启动"三峡学者文库"的资助出版工作。该出版工作重点资助汉语言文字学、中国古典文献学、中国古代文学、中国现当代文学等方向以及三峡文化研究方向的特色成果，计划出版 15 部具有原创性、前沿性的学术专著，由四川大学出版社统一编辑，分批次出版。

"三峡学者文库"由市级重点学科下拨经费及学校配套经费资助，学校各级领导高度重视，文学院专门成立了"三峡学者文库"编委会，学科成员积极响应、热情参与。本丛书的出版得到了四川大学出版社的大力支持，徐凯编辑为丛书的出版付出了辛勤的劳动，在此一并致谢！

"三峡学者文库"编委会
2018 年 1 月

# 前　言

## 一

当下提起赫哲族，人们自然会想起那首传唱于大江南北无人不知无人不晓的《乌苏里船歌》，其中"乌苏里江来长又长，蓝蓝的江水起波浪；赫哲人撒开千张网，船儿满江鱼满舱"的歌词营造了赫哲族充满诗情画意的生产生活场景。其实赫哲族成为"名族"一事最早可追溯到20世纪30年代，当时祖祖辈辈生活在东北三江流域的赫哲族并不为人知晓，民族学家凌纯声的《松花江下游的赫哲族》一书的出版使赫哲族在学术界广为人知。赫哲族是我国人口较少的民族之一，自古就在黑龙江、松花江、乌苏里江流域繁衍生息。赫哲族有自己的民族语言，属于阿尔泰语系满—通古斯语族满语支，"赫哲"系赫哲语，由"赫真"音变而来，含有"上游"或"东方"之意，其称呼来源于一部分赫哲人居住的地理方位。清朝初期，"黑斤""黑真""赫真""奇楞""赫哲"等名称开始见于官方文献。赫哲族先民内部因居住的地区不同、群体不同，自称也不同。居住在当今富锦市大屯以上松花江沿岸者自称"那贝",居住在富锦市嘎尔当至街津口者自称"那乃",居住在同江市街津口以下至乌苏里江沿岸者自称"那尼傲"。"那贝""那乃""那尼傲"都是赫哲语,意为"本地人"。居住在下八岔以下地区和乌苏里江沿岸的赫哲族还自称"赫真"或"赫吉斯勒",意为"东方的人"或"上游的人"。居住在勤得利以上混同江和松花江沿岸的还自称"奇楞",意为"住在江边的人"。周边族群亦赋予了赫哲族诸多的他称,清代和民国初年,对赫哲族有蔑视色彩的俗称有"鱼皮鞑子""狍皮鞑子"等,俄罗斯将赫哲族称为"那特基""阿枪""果尔特",苏联时期称为"那乃",日本学者称赫哲族为"高尔牒克"。凌纯声先生是正式使用"赫哲族"族称的第一位民族学家,对中华人民共和国成立后进行民族识别、确认"赫哲"为正式民族族称产生了重要影响,1957年,人民政府根据赫哲人民的意愿,正式确定其族称为"赫哲"。

　　历时近百年,学术界关于赫哲族研究的相关专著硕果累累,其中首推被称为我国"民族学家所编著的第一部具有规模的民族志专刊"——《松花江下游的赫哲族》。民族学田野工作是民族学学科发展的基石,中国学者正式的民族学调查肇始于蔡元培领导的中央研究院社会科学研究所民族学组。1929年4月,从法国留学归来的民族学组专任研究员凌纯声与专任编辑员商承祖远赴东北地区进行满—通古斯语族的民族调查,重点调查了松花江下游地区,历时三个月,调查的重要成果之一就是凌纯声编著的长篇民族志著作——《松花江下游的赫哲族》。时至今日，该书在赫哲人中仍有广泛的影响力，例如鱼皮服饰国家级传承人尤文凤就以此书的照片为参考制作鱼皮帽子等；"依玛堪"国家级传承人吴明新依据此书记载重新创作"依玛堪"作品。历久弥新，这部经典民族志促使当今的赫哲人进行着"传统的发明"。

继凌纯声先生在松花江下游地区田野作业20余年后，20世纪50年代后期，国家民委对赫哲族进行了整体性的组织调查，中国社会科学院民族研究所黑龙江少数民族调查组于1957年、1958年对赫哲族进行全面调查后编写了调查报告。多位学者参与了实地调查，其中，赫哲族知识分子尤志贤参与了相关调查并撰写了部分调查结果。调查成果为《富锦县街津口村赫哲族调查报告》《抚远县八岔赫哲族民族乡调查报告》《饶河县西林子乡四排村赫哲族调查报告》，这三份调查报告构成了《赫哲族社会历史调查》一书，于1987年3月由黑龙江朝鲜民族出版社出版发行。该书共42.6万字，66幅照片，全面记录了有史以来特别是中华人民共和国成立到1958年期间赫哲族的民族概况、历史沿革、经济生产、生活习俗、文教卫生、宗教信仰等方方面面的情况，是继《松花江下游的赫哲族》一书之后的又一部巨著，是研究近代赫哲族的必读经典。

在赫哲族的文学研究方面，黑龙江省社会科学院文学所的黄任远与徐昌翰两位学者合著的《赫哲族文学》是第一部全面反映赫哲族文学的专著，于1991年由北方文艺出版社出版，该书既介绍了大量的一手材料，又多维度地全面总结了国内外研究成果,对赫哲族民间文学的"依玛堪""特伦固""嫁令阔""说胡力"以及赫哲族文学等从文学、历史学、考古学、文化学、民族学、宗教学、语言学、民俗学、神话学等学科综合研究的角度提出了一系列颇有新意的理论认识,此书对萨满文化与口头文学的关系的研究尤为深入,取得了大量突破性的进展。其他方面还有赫哲族学者尤志贤编著的《赫哲族依玛堪选》、黄任远等人合编的《赫哲族故事选》等,多民族学者共同努力建构了赫哲族文学的百花园。

在赫哲族的语言文字研究方面也有相关成果问世,中国社会科学院安俊先生编著的《赫哲语简志》一书于1986年由民族出版社出版,共分语音、词汇、语法、方言四个部分,语音含音位系统(7个单元音、14个二合元音、28个辅音)、语音变化、语音结构、重音、元音和谐;语汇部分包括词的组成(固有词、借词)和构词法(非派生词、合成词)两大类;语法部分含词类概说、实词的各种功能及其形态变化、虚词及其应用语法、句子成分、句子类型等;方言部分介绍了赫哲族聚居区分为赫真、奇楞两个方言区,讨论了方言的语音差别、方言的词汇差别、方言的语法差别等。该书附录共收录953个词汇,是研究赫哲语的基础资料。另外还有赫哲族学者尤志贤等人编著的《简明赫哲语汉语对照读本》,1987年由黑龙江省民族研究所出版,全书分五章,共14.5万字。其中词汇部分介绍了赫哲语中的天文地理、矿物金属、社会、人物亲属、人体器官、动物、植物、食品、衣着、房屋用具、宗教意识、方位时间、数量、指示人称、动作行为、性质状态、虚词十七项，共收录词汇3633个。会话部分分为生活、生产、文化、调访、其他五大类会话资料。这本由赫哲族人自己编著的书籍对初学赫哲语、保存赫哲语资料以及研究赫哲语都具有重要意义。

在赫哲族的民族文化宣传方面，我国先后出版了多部融知识性与趣味性于一体，便于外界了解赫哲族风俗习惯的通俗读物。其中有黄任远的《赫哲族风俗志》《赫哲风情》，刘忠波的《赫哲人》以及赫哲族人尤金良的《赫哲族拾珍》等。《赫哲族拾珍》一书由佳木斯文联于1960年出版，全书25万字，分为民族沿革、民族习俗、民间故事、民族斗争故事、民间谚语五个部分，全面介绍了居住在三江流域的赫哲族的诸种情况，好多资料都是作者本人亲自搜集整理的，赫哲人述说赫哲史，语言朴实、内容生动、感情真实，是研究赫哲族历史的重要资料。

民族学界研究赫哲族的力作当属黄泽、刘金明主编的《赫哲族黑龙江同江市街津口乡调查》，该书属于云南大学中国民族村寨调查丛书系列。云南大学课题组对全国的民族村寨调查采取了一个"深入"、两个"综合"的方式。一个"深入"即不对每个民族作广泛的面上调查，而是对每个民族选取一点，确定一个有代表性的典型村落，在这一点上进行深入调查。两个"综合"一是调查内容的综合，即对每个民族村寨都进行人口、经济、政治、社会、文化、风俗习惯、法律、婚姻家庭、宗教、科技、卫生、教育、生态等方面的综合调查，二是调查人员的学科综合。赫哲族专题调查组由云南大学黄泽教授任组长,强调点面结合,调查选点为黑龙江省同江市街津口赫哲族乡。课题组进行了"解剖麻雀"式的定点综合调查,并且采用附录形式,约请赫哲族代表人物撰写访谈录与回忆录,既反映了赫哲族的全面情况,又突出了赫哲族的"主位"认知。该书是近年来不可多得的赫哲族民族志作品。

与赫哲族拥有"自称""他称"的族称现象类似,关于"赫哲族如何与赫哲族何为"等问题,既有外界的描述与阐释,又有赫哲族精英人士的自我认知与论述。然而,总体而言,赫哲族的学术研究还缺乏反映普通赫哲族人群这一文化主体声音的口述史著作。口述史最有意义的不外乎两点,"即它的民间性与个人性。首先是它的民间性。口述史使那些不掌握话语权的人们,包括社会底层的百姓、少数族群和妇女都有了发出自己声音的可能性,使这些人的经历、行为和记忆有了进入历史记录的机会,并因此构成历史的一部分。从这层意义上说,口述史学对于传统史学具有颠覆性和革命性。其次是它的个人性。口述史强调从个人的角度对历史事件的记忆和认识,这是口述史与主要以民间传说构成的'口述传统'最重要的区别,因为后者往往是集体性记忆的产物"[①]。2011年,中央民族大学"北方渔猎民族家庭口述史"课题组恰逢其时,对赫哲族家庭口述史进行了调研,此举具有及时弥补赫哲族口

---

① 定宜庄:《老北京人的口述历史》,中国社会科学出版社,2009年版,前言第3页。

述史空白的现实功效与长远意义。

## 二

口述作为一种古老的历史言说方式，比文字记录产生得更早，从中国的《论语》《史记》与古希腊的《荷马史诗》中都可以找到口述史料的痕迹。口述史作为一门专门的学科则兴起于20世纪40年代前后，美国学者A.内文斯在1938年出版的《通往历史之路》一书中最早提倡开展现代的口述史研究，西方各国在六七十年代逐渐设立了专门的研究机构与组织。1984年，英国学者保尔·汤普逊的《过去的声音——口述史》面世，成为现代口述史研究走向成熟的标志。

口述史学在20世纪的兴起是"新史学"孕育的产物，具有"新史学"所有的特征：自下而上的角度，特有的个人性以及社会记忆、集体记忆的建构。口述史的历史学观是关于人类过去的科学，反对过去传统历史观局限于政治统治，主张研究范围应该包括人类过去全部的活动并进行多层次的考察。这种"自下而上看历史"的方式使历史学的研究进入了与传统视角截然相反的研究通道。倾听普通人"过去的声音"成为记录历史真实的有力武器，这种平民化的历史使不掌握话语权的百姓有了记录历史的机会，并成为历史的一部分。例如在20世纪30年代，美国北卡罗来纳大学的寇兹（W. T. Couch）收集了一万个普通美国人所讲述的生活故事，精选了其中的35个访谈，在

1939年以《这就是我们的生活》为题出版，寇兹指出："其目的就是给出一部具有代表性的生活史，这些故事的全部就可以比较公正地刻画出来当时的社会，这种方法还未被使用过……我们常讲民主，所以让人们谈自己也并无不可。其中访谈对象有一万人，他们的共同特征是都是美国人，都是普通人。"1945年，美国民族学家波德金（B. A. Botkin）访谈了280位过去身为奴隶的人，出版了《卸下我的重担：奴隶史》一书，他指出："通过这些从前奴隶的回忆与讲述，来回答美国人一直想知道而只有这些人能够回答的一些问题：什么是奴隶？什么是自由？"这280位受访者的共同特征是过去都是奴隶。由此可见，口述史的具体研究方法是对大量某一群体中具有共同特征的人进行访谈，一般访问人数越多效果越佳。

西风东渐，中国大陆学术界从20世纪80年代初期开始逐渐兴起了口述史研究热潮。总体而言，30余年的发展是一个不断进步与完善的良性过程，研究对象从权威精英转向普通人，从纸笔记录发展为用现代科技手段记录，研究轨迹呈现"理论引进—实践—理论反思—实践"的循环递进、上升发展的趋势。

英文中的Oral History在中文中有三个词与之对应：口述史、口述历史和口述史学。其中口述史学侧重于强调学科属性。对于什么是口述史，口述史究竟是融合了个人想象与记忆的神话，还是作为个人经历的真实证据再现了历史学，学界仍聚讼纷纭，但毋庸置疑，半个多世纪以来，口述史已经成为国际学界广泛重视的历史学分支学科，其理论和实践都得到了长足发展。中国学者根据国外或国内的已有研究成果与个人的学术研究实践择取某一定义，这些定义皆有据可循，并无绝对意义的对错之别。

依据历史学家左玉河的研究成果，近年来以口述史为名公开发表的相关著述大致可以概括为三类。

第一类为社会学、人类学学者的田野调查口述资料。例如佘未人的《走近鼓楼——侗族南部社区文化口述史》（贵州人民出版社2001年版）、张晓的《西江苗族妇女口述史研究》（贵州人民出版社1997年版）等。从研究方法来说，口述史是历史学与社会学、民族学、人类学等注重田野工作即实地调查的学科相结合的产物，都是通过调查采访等直接手段，从特定主题的当事人或相关人士那里了解和收集口述资料，以其为依据写作历史，反证书写的历史。从人类学角度而言，可称之为"口述民族志"（the ethnography of speaking）。

第二类为文学工作者用新闻采访或访谈录等方式写作的口述文学作品。如郑实等人所著的《太平湖的记忆——老舍之死》（海天出版社2001年版），以及一大批学者名流的口述自传，例如《大国学——季羡林口述史》（陕西师范大学出版社2010年版）等。

第三类是史学工作者用口述访谈整理的存史性口述史。例如孙丽萍主编的《口述大寨史——150位大寨人说大寨》（上、下册）（南方日报出版社2008年版），口述者以当事人身份叙述相关历史事件、人物，以保存口述史料。定宜庄的《最后的记忆——十六位旗人妇女的口述史》（中国广播电视出版社1999年版）对以往文献资料以汉人为中心和以男人为中心的传统史学提出了挑战，是口述史在社会史与妇女史领域用口述方法研究历史的重大成果。

伴随着"大家来做口述史"①的红火形势，口述史的理论研究也获得了长足发展。学术界对"口述史料"和"口述历史"的区别与联系问题作了辩证分析与梳理。学者们不在学理上继续辨别口述史应该是方法论上的"通过口述获得史料"，还是史学观变革意义上的"自下而上"构建新的历史，而是强调在具体的学术研究实践中二者可以分别在不同的意义上同时存在，即可以是"口述史料"，也可以是"口述历史"。荣维本在《关于口述历史研究中的概念界定》一文中认为："口述史料，是从史料学的角度，特指表述历史的一个方式。"② 左玉河在《方兴未艾的中国口述历史研究》一文中进一步明确提出："口述史料是不需要加工的；但口述历史是必须的，经过整理者加工的。而这种加工，最重要的一项就是与文献史料比较后对受访者的口述进行了筛选。"③

在口述史的历史学变革意义方面，朱志敏在《口述史

---

① ［美］唐纳德·里奇：《大家来做口述史》（实务指南第二版），王芝芝、姚力译，当代中国出版社，2006年版。

② 周新国：《中国口述历史的理论与实践》，中国社会科学出版社，2005年版。

③ 左玉河：《方兴未艾的中国口述历史研究》，载于《新华文摘》，2006年第16期。

学能引发史学革命》①一文中认为,口述史"主要通过历史的亲历者或见证人用口头讲述来展示历史的方法。这种方式本身即可形成对历史片段或侧面的可信表述,因此就成为人们认识历史的一个途径。这是口述史可以促成历史学产生革命性变革含义的一个方面"。口述史学的革命意义还表现在为社会史、民众史、社会心理史的开展开创有利条件。"口述史学能否真正推动史学的革命性进步,取决于口述史的科学性与规模。口述成果缺乏科学性,无以反映真实的历史,只可当成讲故事;规模不大,无力反映历史的丰富内涵,就达不到为社会史提供丰富材料的目的。"

在建立学科方面,历史学家周新国颇有气魄地提出了建立中国特色口述史学的号召,他在《构建中国特色风格和中国气派的中国口述史学》②一文中提出了"构建中国特色风格和中国气派的中国口述史学",这里至少包含三层含义:其一,应当承认中国口述史是立足中国史学的历史根基与传统,并结合当代史学发展的新理论,逐步创新逐步规范,成为中国特色的中国口述史学;其二,中国口述史学应当既规范又包容,并在更多的实践中逐渐形成、逐步完善,而不是一蹴而就;其三,我们应当朝这个目标迈进,不断实践、不断总结,从而在理论和实践上形成口述史研究的一批又一批标志性成果。

---

① 朱志敏:《口述史学能引发史学革命》,载于《新视野》,2006年第1期。
② 周新国:《构建中国特色风格和中国气派的中国口述史学》,载于《当代中国史研究》,2004年第4期。

梳理中国口述史学的学术史,无论口述史被阐释出多少实践与理论上的功用,实际上,诚如英国口述史学会第一任主席汤姆逊所言,口述史被称为"过去的声音",这种"过去的声音"与一般历史文献所承载的史实价值并无二致,可以说是反映历史的两种方式。口述史与文献记载历史事实一样也要求保持历史事实的原貌,收集口述资料实际上就是收集史料,而且田野作业的访谈过程就是收集一手史料的过程。口述资料的特点在于"口述",口述者是口述史的主角,口述史的适用范围必然是当代,即活着的受访者讲述自己亲历或亲眼所见的事情。

所有关于口述史的理论与实践研究成果都是本研究得以开展的基础,全面了解已有的相关成果,既可以明确赫哲族家庭口述史的研究起点,亦是进一步深入研究的有效途径。本书采用"口述史—个人记忆—集体记忆—民族传统文化变迁"的研究模式,同时以赫哲族非物质文化遗产介绍与民间故事的讲述事件为参考系,通过赫哲人述说赫哲事,以建构并呈现赫哲族半个多世纪的文化变迁。

## 三

关于如何写作及呈现口述史文本,历史学家定宜庄为后辈研究者提供了完整的参考范例,《老北京人的口述历史》中的每篇口述访谈都包括三个部分,"一是每篇访谈之前的访谈者按;二是根据录音整理的口述本身;三是注释"①。本书在遵循定宜庄老师范例的基础上,在有的篇章后面补充了必要的附录。

设置题目时,笔者择取被访者的某一关键词作为正标题,采用副标题说明被访者的身份。"访谈者按"部分置于每篇个人口述史之首,其中包含被访者的身份简介、访谈的特点,并提纲挈领地交代阅读要点。口述永远是访谈者与被访者互动的产物,口述史是通过访谈获得的一手资料,读者通过它就能读出一段历史,这也正是口述史的价值所在。"访谈者按"部分即交代了该个人口述史诞生的知识生产过程。

二是口述本身,这是本书的主体部分,也是最能体现访谈者的科研功力之处。口述史的"口述特性"如何呈现?深度访谈的深度如何?访谈顺利进行的技巧如何?对被访者的人文关怀意识如何体现?如何提供一段有可信度的历史?口述实践过程中遵守各种规范就显得非常重要。

关于口述特性,本书在整理录音文字时尽量保持访谈人与被访人的讲述语言、语气的原貌,每篇口述都是以对话的方式呈现,这既反映了现场的真实,也可让读者对访谈者的问话水平、访谈技巧做直接的审视。在访谈深度与技巧方面,本书努力借鉴陈墨先生、齐红深先生等口述史前辈的经验,在访谈实践中小心应用,例如针对赫哲族众

---

① 定宜庄:《老北京人的口述历史》,中国社会科学出版社,2009年版,前言第11页。

说纷纭的依玛堪与萨满教的关系问题，有的放矢地在多次访谈中增加了该细节话题，多位被访者关于该问题都谈论了自己的见解。

呈现口述史文字的最大困难莫过于口述录音的文字转写与取舍。这也是学术界讨论的口述史与口述资料的区别所在。口述史料仅限于提供种种研究历史的素材，口述史则注重以自己的方式阐释历史，是历史研究的成果。如何处理二者关系是目前口述史研究者必须逾越的障碍。在赫哲族口述史的具体写作过程中，无论是访谈者还是被访者都会出于某种考虑而对口述资料进行删减，例如有的被访者接受访谈后，拒绝公开发表其口述中认为的敏感的事件与评述，还有一些是访谈者出于被访者的处境而自行删减的，口述史的撰写与发表具有访谈者与被访者双方不得已的苦衷，相信读者能够"同情之了解，了解之同情"地阅读。

第三是注释与附录部分，这是口述访谈中不可或缺的组成部分。除了对时间、地点、具体名词出处等必须作规范性的交代之外，对于被访者提到的地名、东北方言、民族语言词汇等尽量在注释中通过查阅文献予以说明。除此之外，作为插图的多幅照片多为笔者在访谈过程中拍摄，少量为被访者提供的老照片。

做一部以数十名被访者的口述为主体的赫哲族口述史，对笔者来说是一个前所未有的挑战。如何呈现当下遭遇剧烈文化变迁的这一族群的文化持有者的真实声音？与多位赫哲族朋友倾心长谈后呈现的这些文字是否可以称为

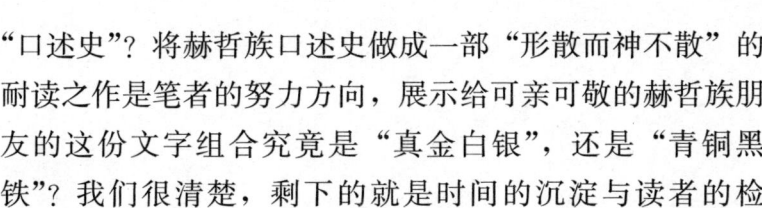

前言

"口述史"?将赫哲族口述史做成一部"形散而神不散"的耐读之作是笔者的努力方向,展示给可亲可敬的赫哲族朋友的这份文字组合究竟是"真金白银",还是"青铜黑铁"?我们很清楚,剩下的就是时间的沉淀与读者的检验了。

# 目 录

一 "这鱼皮衣服你要是拽坏了这衣服算我的"
　　——赫哲族鱼皮服饰制作工艺大师尤文凤口述
　　……………………………………………………（1）

二 "将来可能日本人会说赫哲语，中国的赫哲族倒不会本民族的语言了"
　　——赫哲族说胡力传承人尤文兰口述………（48）

三 "爱哭的孩子有奶吃"
　　——赫哲族第一代教师尤玉镯、毕桂英夫妇口述………………………………………………（86）

四 "人从小得有个正事儿"
　　——教子有方的老船长尤玉发口述……………（118）

五 "我们赫哲族的标志性文化就是鱼文化"
　　——在外地工作的教师尤利峰口述……………（142）

六 "干什么事儿，就得往实里做！操实它！"
　　——赫哲族"头人"尤利军口述…………………（156）

七 "赫哲人献你一束花"
　　——赫哲族作家孙玉民口述……………………（183）

八　"赫哲语是我的母语"
　　——赫哲族退休干部董群口述 ……………（212）
九　"敖其都拜丢依赫尼哪，古出库里座耶赫尼哪"
　　——依玛堪国家级传承人吴明新口述 ………（234）
十　"'特伦固'它这个'特'吧，有点教学生的意思"
　　——赫哲族"特伦固"传承人吴明祥口述
　　………………………………………………（260）
十一　"民族文化传承得有这么个阵地"
　　——依玛堪艺术团创办人吴玉梅口述 ……（278）
参考文献……………………………………………（292）
后　记………………………………………………（295）

一

# "这鱼皮衣服你要是拽坏了这衣服算我的"[①]
## ——赫哲族鱼皮服饰制作工艺大师尤文凤口述

时间：2011 年 7 月 28 日
地点：同江市街津口村尤文凤家
被访者：尤文凤
访谈者：陈曲、王志清
在场者：付安学（尤文凤的丈夫）

［访谈者按］尤文凤，女，1952 年生，黑龙江省同江市街津口乡渔业村村民，擅长制作赫哲族鱼皮服饰和说唱"依玛堪"。童年时期跟随母亲尤翠玉学习鱼皮制品工艺，独立完成从剥皮到成品的制作过程，2006 年被评为国家级非物质文化遗产项目赫哲族鱼皮制作技艺传承人。其母亲尤翠玉 1927 年出生于同江县勤得利村，系尤克热哈拉

---

[①] 笔者注：本书口述部分的内容为笔者根据访谈录音整理而成，除对个别字句进行修改外，为保持口述资料的原汁原味，还原口述人的口语特色，基本不予修改，特此说明。

之后裔，1950年至今一直生活在同江县街津口村，会赫哲语、会做鱼皮衣服。1990年以来，韩国、日本以及国内的多位教授学者特意赴街津口村向她学习赫哲语，进行采访、调研，其中日本学者于晓飞的学术成果尤为显著。尤翠玉老人于2006年去世，尤文凤传承了其鱼皮服饰制作工艺，其制作的鱼皮服饰强调鱼皮自身纹理与服饰图案色彩的契合，具有赫哲族传统渔猎文化特色。

"这鱼皮衣服你要是拽坏了这衣服算我的"，这是访谈过程中尤文凤二姑给我们展示近期制作的鱼皮衣服时自信的承诺，朴实的话语透露着对赫哲族渔猎文化的自豪。

尤文凤的口述基本以家庭为轴心，叙事偏向于家庭场所，在日常生活场景中展示了鱼皮服饰的制作过程。其口述史信息揭示了经济利益与民族感情等因素影响下的鱼皮服饰文化的知识生产。在尤文凤的口述中，整个赫哲族文化遭遇的剧烈变迁如阳光下的水滴般得以映现，其中有鱼皮服饰文化的遗忘与传承、"依玛堪"的濒危与顽强，还有赫哲文化传承人的焦虑与执着。

阅读信息提示：

1. 博物馆等文化部门与外国、外地游客的需求激活了赫哲族鱼皮服饰文化的再生产。当前赫哲族地区渔业资源枯竭，制作鱼皮服饰的成本过大，鱼皮服饰只能在外界按需订购的前提下制作生产。

2. 凌纯声先生的《松花江下游的赫哲族》这一经典著作成为当下赫哲族鱼皮服饰传承人参考的范本。

3. 鱼皮画的生活本源是窗户纸上的装饰图案，原料

一　"这鱼皮衣服你要是拽坏了这衣服算我的"

来自制作鱼皮衣服的边角余料。

4. 赫哲语在日常生活中已经被列为"濒危语言",因为交际功能已基本丧失,赫哲语的传承目前仅是词汇、句子的机械学习,附带的语气与感情色彩逐渐消失,甚至被遗忘。

图1　尤文凤制作鱼皮服饰的过程（尤文凤提供）

尤文凤（下简称尤）：我叫尤文凤,生在黑龙江省同江市街津口,从小就在这长大,我是1952年生。那时只有十多户,我们赫哲族以渔猎为生,大集体生活,统一打鱼统一做着吃。1959年我上学,一直读书,快到六年级快毕业时,我就回家干活了。我们姊妹三个。干了一年来回又接着上学,就这样干活上学、上学干活,就初中毕业了。一直也没工作,等到64年、63年还没毕业。我这人吧,从小就爱找老人聊天,不愿和小孩儿玩儿,愿意和老太太唠嗑,总觉得老人说的是对的。在与老人唠嗑过程中了解到很多情况，怎么样善解人心人事，怎么样和老人处好关系，照顾无儿无女的那样的老人，有个什么好东西就拿给人家吃。那时平时吃的不缺，好东西很少，因为我们是山区，离县城比较远。平时有个苹果啊啥的，有个孤儿寡女的我就给人送去。自己不吃就给人家吃，等我毕业了我就回生产队干活了，那时我才十六、十七吧。我十二三岁时就和我母亲一起做鱼皮服饰啊，完我就给她轧皮子，给母亲打零杂。扒鱼皮啊，晾皮子啊，完了接皮子啊，晾完的鱼皮就得接起来，完了熟制啦啥的，轧皮子搓皮子就干这些个活儿。那个时候岁数小啊，缝的时候缝不好，缝了还得拆，缝了还得拆，后来等熟练了就愿意缝了。一连缝几年了，就带带拉拉地就缝得好了。鱼皮衣服呢自己做着，还得回生产队干活去。那个时候多做点好事儿哈，那个时候我们生产队是二队，有一位五保户啊，这老头姓彭，无儿无女。在劳动休息时间呢，在我们一块儿有一个叫尤桂英的，俺们是亲叔伯姐妹儿，也是同学。他呢，身体不怎么好，我呢一张罗我们就去找他家里，有个鸡蛋啦、大马哈鱼籽啦，有个什么好吃的就给他送去。一直就这样，干了好几年，去伺候这个老头儿。有一次这个老头就有病了，有病了吧就在炕上躺着。那个时候生产队也管，完了让人给做的也给他吃，这个老头就在这个炕里躺着。后期了他不是就不能动弹了嘛，躺着以后，他本来就是住在什么地方呢，住在马号儿，那头是马号，这头是住宅。五保户和喂马的一块儿住。又是马呀、又是牛的又是啥的，住完了时间久了，马厩里苍蝇蚊子就多嘛哈，总是

## 一 "这鱼皮衣服你要是拽坏了这衣服算我的"

在他周围飞来飞去、飞来飞去的。这老头躺在蚊子堆里睡觉，脑袋上眼角上都是崽呀，下崽啦就那样式儿的。后来完了我就抽一点时间我就去啦，把那蚊帐给拿下来。打吧打吧，我就把它拿到小河里去洗呀。有的时候他大便啥的都拉在裤子上啦，生产队的男士给他收拾，给他换下来后都不愿意给他洗。完了我就给他垫上垫去洗去。我们屯子后边拉有个小河，小河长流水呀，一个劲儿地淌，我在里面涮啦涮啦把粑粑啥的给冲走后，我就放在石头上我搓，搓完了以后拿回来我就给他送回去。当时乡政府举办了讲演会。讲演会上大家伙儿都知道我尤文凤这个人的心眼儿比较不错，这些年大家伙都看见了一直就这么伺候这个老人，就叫我去讲演，讲演完了就叫我到同江县里去讲演。县长和各级领导都把我列为主要的演讲人，并把我的演讲列为第一等。"文化大革命"67年、68年正是最激烈的时候，演讲完了也就拉倒了，表彰一下子也就拉倒了，就说我尤文凤为人民服务，做得好呗，现场就给我表扬了，然后就回来了。回来后就一直在生产队干活，帮妈妈做鱼皮衣服，还是做这些个活儿，要不就下江打鱼。等到1970年呢，20岁了，我就结婚了，组成了一个家庭，家里有公公婆婆。我的丈夫呢，叫付安学，他那个时候呢就是国家抽少数民族干部，那个时候他开始上班时还是用拖拉机拉着发电，他呢就是电站的站长。那就是国家培养少数民族干部，后来他一直在上班，我就一直在家，伺候孩子伺候老人。

图 2　尤文凤的丈夫付安学展示其制造的桦树皮船（陈曲拍摄）

等到 1972 年、1973 年吧，咱们黑龙江有个记者姓迟，他第一次订了 20 套鱼皮衣服的量，在那个时候呢就是我母亲做鱼皮衣服。20 套鱼皮衣服所有的街津口人家都得到了，有的家庭生活困难的得两套。有的家庭生活好点儿的得一套。也有的家庭好的就不做的，家庭实在困难的就得三套。那样的话家家都摊着。我就和我母亲一起做鱼皮衣服。做鱼皮衣服的时候，所有的家庭，都是我母亲

一 "这鱼皮衣服你要是拽坏了这衣服算我的"

教他们，包括怎么绞啊、怎么裁呀、怎么定接呀、鱼皮熟到什么程度也好，都是我母亲教给大伙儿的。在那个时候和我母亲年龄相仿的人吧也会做，会做吧，但是她扔的时间长了，俺们家做鱼皮衣服是老一辈儿传下来的，传得非常紧，没拉缝儿①，你看就是我妈跟我奶奶学的，完了我奶奶也是跟她婆婆学的。

图3　尤文凤的母亲尤翠玉的遗像（尤文凤提供）

在封建社会吧就是啥的呢，传男不传女，只能传给儿媳妇，姑娘不能传。姑娘只能跟着做，不能传，必须传给儿媳妇。后期呢，就是这样式儿的吧就开始出局啦。大伙儿就一家一家的，谁家不会绞就拿来啦，这么割啦、那怎么割啦，我妈就告诉她怎么整怎么整。她们学会了就回家了。这就把20套鱼皮衣服都做好了，老师就拿走了。拿

---

① 东北方言，普通话意为没有断裂。

走以后呢这鱼皮服饰就开始继续地往下做了。就包括咱们北京市民族大学博物馆的鱼皮服饰是我母亲做的,黑龙江省博物馆的鱼皮服饰是我母亲做的。同江市现在开的馆里的鱼皮服饰狍皮鞑哈,包括那个"温他"①靴鞡、鱼皮包这些个东西都是我做的。这新成立的博物馆嘛需要这些个,就来我家找我做。

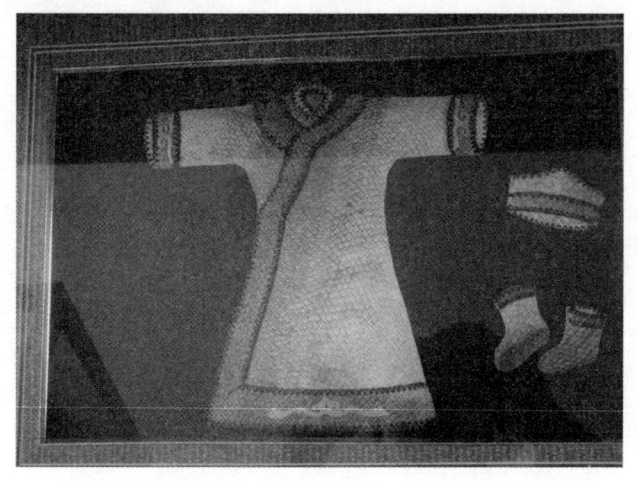

图4 内容为赫哲族传统服饰的鱼皮画(尤文凤提供)

---

① 鱼皮靴鞡,赫哲语称为"温他"。

# 一 "这鱼皮衣服你要是拽坏了这衣服算我的"

图 5　身穿鱼皮服饰的赫哲族儿童（尤文凤提供）

　　这是七几年吧。做完鱼皮衣服以后，等我结婚以后，到八几年吧，我们就搬到这前面来了。俺们和公公婆婆就一起搬到这儿来了。因为一直在劳累呀一直在打鱼，那时候是瓦棹子①，哪有机器船啊，同江一直到七家子，来回20多里地。10多公里全部瓦棹子回来，都是顶上风回来。那个碇子边的风嗷嗷的。就这样呢，我老公公一直就是累，一直瓦棹子，不像俺们家我父亲，我父亲叫尤志斌，他那个时候呢也是以渔猎为主，我父亲爱打猎，上山打猎，打那个大黑瞎子、狍子，他对打猎那个项目呢，非常熟悉，什么时候该打什么猎物啦，哪个山兔子往哪个方向跑啊，鹿往什么方向走啊，狉达狉从什么地方走啊，大角鹿、黑瞎子啊，60年代时我们这个山上都还有老虎。我

---

① 东北方言，指用人力掌舵摇桨的划船行为。

父亲就是以打猎为生。后期我公公的身体就不咋好，完了就有病啦，就不能出去再打鱼了。我婆婆那时也是六十多岁了，不能干活，也在家，这样的话呢，我丈夫一个月能挣三十几块几，俺家那个时候就三个孩子啦，一家七口人就 30 多块工资。以前是 8 口人，还有一个小姑子，过后就上同江上班去了。1987 年还是 1988 年，咱们这个电站收电站家属，孩子一毕业呢就参加工作。我小姑子叫付玉华。那个时候同江电厂就来电话了，收赫哲族的工人，我就把她送那去了。家里就剩 7 口人。那以后，将近一年多吧我老公公生病就去世了。他去世呢不到一个月，我老婆婆就有病瘫巴了。在我老婆婆偏瘫这四年呐是我家最艰苦的几年。因为她一躺下啦，她好的时候吧不用她给看孩子，我就自己在家带孩子了，我丈夫呢就去上班。等我老公公生病的时候呢我家就显示出来非常的困难。那个时候电站就照顾我们 3000 块钱，你就出去打鱼去吧，于是俺家老头就领着我出去打鱼去。这样就能照顾家里老人，生活也就能缓过来吧，那个时候就是假退呗。每个月往厂子里交 25 块钱，这样就拿了 3000 块钱，买了机器买了船，完了买了一趟网。俺们夫妻俩就出去打鱼。这个婆婆躺炕上了就是个大问题呀，完了还有三个孩子呢，天不亮就得走，晚上天漆黑才能回来。这一天的事儿怎么安排？我就给它安排好了。每天早上 1 点钟去打鱼，我头天晚上 11 点钟就起来做饭。把一天的饭都做好，家里安排好。大小子才八九岁，最多 10 岁吧，老婆婆瘫了后，大小便我就给她放了个坛子在边上，用完了之后每天早上我就让大小

## 一 "这鱼皮衣服你要是拽坏了这衣服算我的"

子把它给倒出去。拿到外面涮干净了就拿回来放在那疙瘩。我们家孩子非常听话,每天告诉他了他就这么整。有一天打鱼回来了这个罐儿就没倒,我一看没倒就生气了,我就招呼我家大小子,我大小子叫付占祥,二小子叫付占勇,小小子叫付占锋,一家三个儿子。他们三个在家都有自己的工作,大的呢就做这个,二的呢端饭,小的呢就给他奶奶喂饭。每天就这样。那个时候农村吧,老人一有病了,不是给你送多少多少钱,就是送罐头,俺家收多少罐头吧,就比这个炕还大。收了满满一大柜子罐头。这罐头就是给老人吃的。每次打开一个罐头,我就叫孩子给他奶奶送去,叫老太太喝。因为啥呢,我是这么想的,从小就愿意扶助老人,有好吃的给老人吃,老人有事儿了就去给他们担忧,自己少睡会儿、少坐会儿,给他们干点啥,就养成这种习惯了,自己的婆婆就更不用提了。婆婆就像自己的妈一样,因为啥呢,人都是双生父母,在我的心目中我就是这样想的,婆婆就是自己的母亲。但是俺家的婆婆公公那可以说是全世界最好的,那时候没把我当儿媳妇儿。俺结婚时俺家小姑子才6岁,和她一样对待,她吃啥我吃啥,俺们家每次吃饭的时候都是这样,小姑子吃啥我吃啥,掌柜的吃啥我吃啥!没有一回说是这个东西是给自己的姑娘吃啦不给儿媳妇吃啦。俺家老公公人特别善良,每天早上起来做饭,不是说是儿媳妇儿你起来吧别躺着啦,得躺到什么时候起来做饭哪。每天他天不亮就得下网去,每天两点来钟就起来做饭,那个时候不是鱼多嘛,他每天打鱼回来就会拿条大鱼,都是20多斤,不管是胖头还是鲤子。那个时候就是鱼多得很嘛哈,拿回来后,老公公就把鱼片成一半儿,然后弄成一段一段儿的,完了搁锅里搁油炸。淡淡的,就像吃那个干粮似的。整完了招不开了就放在一边,搁在筐里吊在梁托上。跑一圈儿,像我们起来了到外边玩儿饿了回来就拿一块,就像拿块饼干似的就这样吃了,就那样式儿的。我的公公婆婆在我的心目中那也是非常重要的,待我非常好。那时我公公把大鱼拿回来,糊糊就喂猪了。春天夏天都不喂猪,因为啥呢,随大流了,既卖不出去也吃不完,那时候没有冰柜,啥也没有,臭了也就扔了。要肉吃时我们就向别人买点。春天也不缺肉吃。得个狍子肉啦、黑瞎子肉啦,还是狍子肉多。把那个肉切成一条一条的,就像汉族晒那个茄子干儿,搁当院儿,拉条绳儿晒上。春天蝇子少,晒完了就把它搁在仓房里。

  那时都结完婚了,还当小孩儿似的,还吃这肉干儿。等我老婆婆有病后,我天天那么早走,我那么辛苦,自己也不觉得累。有的时候我老婆婆也说,我活着有什么用啊,让我死了得了,让你们还好点。起早贪黑去打鱼挣来钱了,那个时候挣的钱,我就是兜里有1元钱不能花9毛9,因为啥呢,老人活一次不容易,人托生成人不容易,不管她早也好晚也好,不管挣多少钱,我也把钱拿去给老太太打针吃药。那个时候呢用盒子装的,那个精品盒啊,6块钱一丸,那个时候起早贪黑一天才挣1块6毛4,她这一丸药就是6块钱,早上一丸,晚上一丸,而且小丸的那样药一天吃三遍,一丸就是1块8。总的来说她的药一

## 一　"这鱼皮衣服你要是拽坏了这衣服算我的"

天得要达到目标来让她吃。因为啥呢？刚得病时你得给她治，治好了呢当然就高兴了，作为我呢那就更高兴了。治不好了呢，只能治病治不了命，这脑血栓呢在小农村，在什么好地方呢也就挽救不过来。但是我们的心得完成。俺家我娘家妈也是非常好的人，俺家我奶奶也是那么的心眼儿好，多会儿在外干活回来不让她做饭那什么的，就让她休息一会儿。就在我老婆婆有病时，我妈多会儿来就一再地嘱咐。我说妈你就不嘱咐我也不是那样的人，自己的婆婆就像你一样式儿的。就是我婆婆和我妈都同时有病，我得先把自己的婆婆照顾好了，她精神了、好了，我才能回去看自己的亲妈。因为啥呢，咱家也有哥哥嫂子，是不是哈！按照自己的心呢得先把自己的婆婆照顾好了。就这样的话呢，最让我感动的就是啥呢，有一天，我打鱼回来了，晚了，进屋一看，这罐儿没倒，基本都满了。心里就非常生气，孩子呢在外边玩儿呢，还打瓦呢，就忘了，就没整。我就喊他："占祥！"他答："啊！"我这人吧心慈，不愿去打他骂他，有事就好好给他说。只要他知道错了理解了，下回就知道怎么去做了就好了。这时我就气急眼了，我就说："为什么这罐子今天没去倒啊？"他就站那儿不吱声。然后我老婆婆就说了："哎呀，我今天没两毛钱了，没零钱啦！"啊，这不是拿钱雇的吗这不是？给两毛钱快点去跑，不给两毛钱就不给倒了。不知道！原先不知道！老太太就说今天没两毛钱了。我就说："付占祥啊，这个罐的问题还得花两毛钱雇着嘛不是！"我说你过来！完了他就过来了。我把他抓过来，我就把他裤子给扒下来,梆梆使劲揍了啊,把这孩子打的,使劲揍。揍够了我就让他给我站着。我老婆婆听见我在梆梆地揍孩子,她就掉眼泪,就哭了,就说:"凤儿啊,你别打他了,我不让他给倒粑粑了,再不让他给倒罐子了,你别打他了。"揍完了我才接着问他:"你还倒不倒啦?""我倒,我倒,这会儿我就去倒。"这孩子就出去倒了。我老婆婆在炕上哭呢。这会我就进去了。我就说了:"妈呀,我在你手底下这么些年,我从没有无缘无故地拿孩子和你俩撒气呀,咱娘俩以前啥不说呀?有啥嗑不唠哇?你又不是不知道。我不能拿孩子和你生气吧?那样的话你不理解我还不理解?完了我还整得一塌糊涂乱七八糟的那有什么用?"一有事儿了娘俩一说通了就没事了呗!然后她就不哭了。我就说了:"妈,你放心吧,不是为了你,要是你不对,我直接就说啦!再说了,你都有这么大岁数了,还有什么不对的?你说你有病了你能碍我们谁惹我们谁?有病你自己难我们都难,这样式儿的多可怜啊是不是?你要是大小便自己能走道儿的话你自己不愿意吗?你愿意那样式儿的,你也不愿意坐在炕上让我们伺候你。"完了她就乐了。她乐了理解了这样也就行了。"这孩子吧你不管不行,你不管到时他跑惯了跑野了你喊他,本来你在炕上你就是想打他都够不着,你想骂他他都不听你的。他能行吗这样式儿的?我说你别哭了!"好了,她就乐了。完了第二天我又正常出去打鱼去。

每天早上烧一暖壶水放在跟前。我说你自己倒,手拿不动可别烫了。中午孩子放学就回来了。我就早上给她晾

## 一　"这鱼皮衣服你要是拽坏了这衣服算我的"

一罐儿凉的，也不是太凉。泡饼干用凉水泡了就不好吃了。那样的话就等中午他们回来，给你兑点热水，你就不要自己拿去，烫了那就更完了，我们就更操心了，那可了不得。她说："啊。"完了这么的，我每天就告诉孩子，"一块饼干，撮在茶缸里头搁水泡上它，就告诉孩子不要去搅和去，搅和就粘糊了不好喝了。泡完了你别动，把水倒出去，就一勺一勺的"。我家老儿子就在跟前，一勺一勺地喂她。完了有时她就说："付占锋啊你也吃点吧。"老儿子也才六七岁，有时也不嫌呼，也就吃一勺子。得脑血栓的人吧，有时一乐和哈喇子就流出来了。我也从来不说你别吃啊、你奶奶埋汰呀、有哈喇子啦，这么地那么地，我从来就不说。孩子幼小的心灵当中吧你不能说得那么恶劣。谁没有老的时候？是不是？她又不是淌脓又不是淌粑粑又不是淌那个细菌，是不是？在儿女跟前吧，小孩儿他不懂事，有一星半点的事儿你就不要把话说得那么真切。大人不能说埋汰呀、离她远点远点什么的。那话从来不能说。就得让他靠近，不能说让孩子离得远点儿。你看收拾再干净的屋子，像咱的屋，他溜达的就不一样。不像现在整化肥了没有虱子，那个时候哪个没有虱子？小孩时间长了你要是梳头，梳着梳着就是虮子。那老太太三天两头有没有虱子也要拿起来搁开水烫。好好烫烫，烫完了虱子啥的都没有了，晾干了就一次一次地给她这么换。有一天哪，我老婆婆脑血栓嘛就糊涂了。可能早上孩子给喂饼干喂多了点，饼干吃多了那玩意儿是甜咸的哈，胃口不好了她就拉肚子，等我晚上回来了，哎呀，这可了不得。进屋一看，这老太太，这一抹，头发这旮瘩全是粑粑，这脸蛋儿也都是粑粑，她吧其实也是糊涂了。这老太太其实是很爱干净的人。这身上、被褥上，这么倒着这么倒着，这炕上一横着就像那个麻花似的，拉得满炕都是。哎哟我进屋一看，这可咋整啊！完了我就把锅里搁一大锅水，像洗小孩似的，先拿一大盆水，就从脑袋、脸都洗干净，接着吧倒出去，完了把身上的衣服换下来，让她在炕上坐着。反正炕都这样了，我就用台布给她围上，从上往下把她身上都洗干净了。洗干净后我就拿块布给她披上，披上之后我就给她包上，给她背到我屋炕上。她那被褥哇什么的都得拆开洗，都拿到江边去洗。我们下边就是莲花河，我就左一遍洗右一遍涮哪，从头到尾连衣服连炕单连被子连她那个被里被面。那个时候，俺们家修房子，邻居就说："哎呀，到哪儿也看不到你这样的儿媳妇儿这样伺候老婆婆啊，这亲闺女伺候妈也就这样吧！"我说人人都有双生父母，自己做到以后，不用说，孩子在跟前瞅着呢。你老了的时候，也就这样伺候你！孩子要从小做起，教育他们在跟前儿，你就得跟孩子们说。婆婆跟妈不能分心，不能分开。为啥呢，那个时候，我婆婆老说："活着干啥呀，让我死了得了，就这样式儿的。"我说你死啥呀，好好活着，乐和的。你要活着的话我就乐和。那不比那锁头看家好吗？你看当院谁进来借个桶啥的说大娘啊，借你个桶挑挑水！你看我要干活儿回来，你就告诉我挑水的东西谁谁给借去了。你看锁头会说吗？我说妈呀，你看你是不是还是比那锁头强啊！我说你好好活着，你这样式儿的，你看俺

一 "这鱼皮衣服你要是拽坏了这衣服算我的"

们娘们之间过了这么些年了,总是觉得我跟你没过够。我就是做菜做饭多放一把米呗,你看,我吧唠嗑啥的从小我就不愿串门去。串门就是找老太太那样的,再不就不去串门儿,上人家觉得没有嗑唠。要是同时干点啥那行。要是做鱼皮衣服,你家也做我家也做,唠唠这个嗑行。这个什么东家长啊西家短啊这样的话我就不会去说去,再加上说的话,家家都有老的少的,家家都有儿女,都有儿子媳妇姑娘姑爷,你怎知道哪句话说得不对啊,你就不用去掺和,人家上你跟前说来了,小子打仗啦儿子媳妇打仗啦啥的,咱们可以给说和说和给劝劝啥的,除此之外,俺从来不带那样式儿的。有的时候有点东西给人送去,在他跟前唠会嗑啦,怎么怎么的应该对婆婆好一点儿啦,就这样的,跟她唠点这样的嗑。就这样的话呢,我老婆婆在家瘫巴了四年。我老婆婆年轻的时候会喝酒,公公婆婆都会喝酒,俺家父亲会喝酒,母亲不会喝酒。我老婆婆瘫巴了以后这酒的问题怎么办呢,我就给她喝。一天也就一斤吧,灌到瓶子里,灌满它。这好酒的人吧就差这点不满,她心里就不舒服。我就这么给我老婆婆说,酒不是不可以喝,你得少喝。因为啥呢,她躺在那旮瘩,浑身疼啊。原先刚得病的时候吧,一喝酒就好使。后期吧,也就使不过来,也就不行了。那个时候吧,就想找什么时间哪找哪个地方啊,歪科啊能不能看好啊?俺们东边有个董世贤的,俺就背她上他家去给她看。照农村来说,那个道儿啊下点雨那个泥爬着脚跟儿往上啊!你往家多不方便啊。弄上大泥巴啊你还得洗。完了我就带靴子去,然后把老婆婆给领人家

— 17 —

去。黑灯瞎火的时候也给她背过去。你在人家里你还能整个罐儿去拉呀尿呀？你就得往外背。后来在那块儿待了有十来天吧，医生就说，不能看啦，你老婆婆的魂儿早就让你老公公给领走啦，怎么怎么地。这狐仙家姓李，俺家我老婆婆也姓李。完了我老婆婆她有病到年龄也想好的哈，然后她就说，大李媳妇儿啦，你就好好和狐仙说说吧，让我好吧。完了我看我老婆婆掉眼泪了，我也就跟着掉眼泪了。大李媳妇年龄比我小，我就说："大妹子啊，这样说吧，一笔写不出个李字儿，你就叫姑姑呗，你就叫你姑姑在你家多待两天，你别叫俺们走。""那你们就再待两天吧。"俺们就又待了两天，待了半个来月，一看实在是治不过来了，然后就叫狐仙拿了 40 块钱的大药丸子。离村儿 16 里地，完了回村儿套个马车给拉回来了。妈说："治病治不了命，狐仙也不给治了，那就回来呗。"我说："妈你别那样式儿的，多活一天你就乐和的，俺们继续给你治，完了你自己高兴点儿，你上火怎么样你心情好又怎么样？你就心情好，好好地活着呗！乐和的呗！"完了老婆婆也挺高兴，乐和的，于是就又多活了四年。

王志清（下简称王）：那是哪一年去世的？

尤：1992 年吧。

王：那个时候这边已经实行承包责任制了吧？

尤：啊，开始个人承包啦！那时俺们不是从小打鱼吗，不是不会种地吗？就是以渔猎为生嘛，打鱼打猎都是嗖嗖地，像我一点不会水，打鱼时一点不怕水。不会水也不怕水。后期了就减产啦。一开始就是街津口有一家叫付

一 "这鱼皮衣服你要是拽坏了这衣服算我的"

铁军的,那个时候他是渔业村的村长。他呢就是整了十家困难户去开地,这十家的生活就转变了吧,一家分了个十来垧地儿。这十家以后生活就开始好了。因为啥,这一开始不就是实验吗,就这样式儿的。后来逐渐地,我们这个渔业村没树的地方就可以开地了。

陈曲(下简称陈):那是哪一年?

尤:一九八几年,那时候鱼就少了。后来改革后,那十家生活好了,大伙儿得着甜头儿了,生产队就开始开地了,那时国家市政府也批了,就是哪个地方能开点地你们就开。开完了就分给大家。那个时候家家都有十来垧地,也有三四垧、五六垧的。就这样吧大伙儿的生活就提高了。种完地了就去打鱼去。有的实在不会种就把地租出去。租出去这样的话也够一年生活了。

陈:租给谁啊?

尤:有的租给跟前儿,五队、六队不有的愿意种地吗,就租给他们。先前儿租地的少,不是看种地的得着多吗,后来就自己种了,很少往外租的。后来孩子也大了,省内的、日本的、加拿大的、瑞士的啦听说鱼皮服饰也就有人找来做鱼皮衣服的。等到2004年、2005年国家整那个非遗,这个时候我们都不知道,省内从中央到地方就开始张罗整非遗。然后咱们黑龙江省博物馆副馆长叫张永杰,他就是管非遗这一块儿的,他就下来调查,通过调查这个鱼皮服饰的走向,是通过谁手做的,就开始统计。统计时一开始是我母亲是做得最多的。从中央民族大学呀到黑龙江省到同江,那时还叫同江县来着,就开始统计。统计完之后，在大伙儿都做鱼皮衣服的时候，都是我母亲的指导下才会做的。会做了之后咱们这个省博物馆就把我母亲申报为国家级非物质文化遗产鱼皮服饰的传承人。报上之后，我母亲培养了几个赫哲族博士生，咱们佳木斯市广播电台的播音员叫于晓飞的，就在我母亲的指导下就把户口迁到日本去了（此处指移民。笔者注）。她就在那深造。每年回来几次。每次回来就问，深挖，什么水缸啦饭勺子啦瓢啦什么都问，包括棺材里的死人穿那个衣服啥的。她就跟我说，她怎么什么都问啊？我就说了，这就是学问，她什么都问你就好好儿地说吧。我那个语言呢，这个于晓飞一直在培养。于晓飞就在那个日本考上博士，后来过几年又考上博士后。她就在我母亲的指导下考了个博士后。又一次我母亲说了一句话让我乐坏了。她这么说的，"凤儿啊，你说这个于晓飞在我那学的在日本考了个博士后，那我要是上日本我得考个啥呢？"她以为从她那学的比她那还考得好一点呢。我说："你考个大零蛋！"她说："我为什么考个大零蛋呢？她就考那么好我为啥考大零蛋呢？"我说："问题是你没文化，你会说不会写，这又能怎么样啊？你光用口语把人家教会了，你不会写，这是不是还是不行啊？""啊，那么回事儿啊！"（哈哈）这就是俺娘俩儿说个短短的笑话。有的时候我母亲哇大脑啊心思啊也挺有意思。她说啊："这个机器，这个船上那个大机器，是怎么做的呢？你这个机器，是怎么回事儿呢？"我说那咋回事儿呢？她说："这个船上那个机器，四四方方的一个大疙瘩，弯弯的，弯弯里头弯弯里头整的那么小的很小很小

一 "这鱼皮衣服你要是拽坏了这衣服算我的"

的，完儿那么小，针鼻儿那么大的小眼儿，你说这怎么设计的呢？"我说这就是人家高科技。后期我就一再地逐步地跟她学。后来2006年就申报她了。等到国家非物质文化遗产眼瞅着要批了，不到两个月就批下来了，我母亲还有一个月就八十大寿，没过上就去世了。她去世以后，省里的张永杰又下来一趟，包括他们博物馆的同事们都下来了，又重新整理一遍，又开始重新选国家传承人。第二次选国家传承人还是这样式儿的，从上门开始往下查，哪个地方的鱼皮衣服是谁谁做的。过后呢我母亲走后的头一年，北京民族大学又要了一套鱼皮服饰，俺和俺母亲做的。完了省民族博物馆又要了一套鱼皮服饰，也是俺妈和俺做的。等到咱这个同江市搁三江口新建的一个博物馆那里头的鱼皮服饰就是我做的了，那个时候我妈生病了，也不愿做啦。她就说你做吧，然后就是我做的。鱼皮服饰包括那个狍皮鞑哈、"温他"、靴子啊这些个什么帽子。后来有两个瑞士老太太，这是省里介绍的，让我做两套鱼皮服饰。那个时候我家里非常忙啊，一接到电话，我也没记上，也不清楚谁谁啊从哪儿来的，不知道。介绍完了这两个老太太就来了，要求按6岁的小孩儿做两套鱼皮服饰，一套男孩儿一套女孩儿。那个时候就是俺家那个孙子大孙女儿，他两家的就差7个月，就按他俩的这么做吧！就做了一条裤子、一件上衣、两双靰鞡。这小孩儿没有帽子这怎么整啊？我就想啊，我有一张相片，那是我爷爷抱着我的一张照片。我戴着帽子。那是用兔子毛做的，还镶有两只小尖耳朵。唉，非常好看。这两个瑞士老太太想要两个小孩儿帽子，一个男式儿的一个女式儿的。男式儿都有了，就是按大人的给它缩小哈。就像现在的小地主帽儿似的，完了给它镶上边儿给它镶上沿儿。我看做成了也挺好看。那个帽子做完，北京大学的一个学生下来采风来了，他看那帽子非常好看就照了张相，给他老师用电脑给传过去了。他老师一看，挺好看的，买回来吧，我要了。拿走后，想小孩的帽子怎么办呢？那个时候忽视了。应该问问母亲过去的小孩儿帽子怎么做的，那时也没问，也没人要。女式儿的帽子、鱼皮衣服都没人要。那时光是鱼皮上衣裤子鞋靰鞡知道要，这样的话这个瑞士老太太要啊，那怎么整呢？于是我就按照我妈给我五六岁儿时做的小帽儿，我爷爷抱着我照相的那个小帽做的。我就按照那个演变过来做的，这样弯弯这样式儿的，搞成这样式儿的一个小孩儿帽子，整完了之后也挺好看。这样的话就做好了两套小孩儿衣服。然后这两个瑞士老太太就来了。她们就是要这样大的孩子衣服，就必须让这样大的孩子给穿上，我得看看。这是有规格的嘛哈！等她们来了我就把我孙子孙女给拿回来了。他俩就穿上了，穿上之后就把她们给乐坏了。真好看啦真好看啦！她们不会说汉语，每次来都带个翻译。完了我就问翻译，我说她说啥呢？翻译说小孩儿的衣服真好看哪，你们赫哲族的鱼皮衣服真好看哪！老太太就在那儿照啊照啊。我家大小子的孩子他小啊，个儿小啊，他一看站在那儿没捞着照就哭了。我就说脱下来，让俺家那个小孙子也穿上照一个。那老太太给乐的就给他也照了。他还摆姿势照的，因为他哭了，我就摸他小脸儿说

一 "这鱼皮衣服你要是拽坏了这衣服算我的"

别哭啦。然后这老太太就按照这个摸小脸儿的姿势给照了。

图6 尤文凤为孙子穿鱼皮衣服(尤文凤提供)

小孩儿的鱼皮衣服受到瑞士老太太的赞赏。赫哲族的鱼皮衣裳不管大人穿还是小孩儿穿都是非常好看。一开始做鱼皮服饰的人一多了吧,为了省皮子做得也就粗糙,不管什么的就给接上也就拿走了。后期了整完了我就想啊,我就寻思鱼皮服饰是我们赫哲族远古留下来的这么精美的记忆哈,到我手呢,咱们不给它改变模样,还是按照原先那个样子给它缝,但是质量一定要好,质量一定要好!手工那个针一定要卷,一定要它密密的好好的。不管是国内还是国外,翻过来一看,咱们赫哲人的做工,应该让人赞同一下就是好。每次干活时我就把那个针脚,绣花儿扎针也要密密地好好地扎!我缝鱼皮服饰的时候也是这样式儿的。每缝一针的时候我都好好缝,不要着急忙慌地图快。这样呢就把这个鱼皮衣服做得比较要样子。我做出来的鱼皮服饰呢好料少,剩下来的就多。为啥呢,我不为了省皮子。实际上熟一张皮子是非常辛苦的,你要细心地去轧细心地去搓,你要把里头的油脂拿好,你要都得整好,这样的话呢,做一张皮子你得多费劲哪。你叫别人做,比如说这样斜插的吧是不是?底下宽上头窄,肚囊这块儿斜着,他为了省皮子,他不管那个事儿,他就斜着那么地缝上。我不行,斜条儿必须得绞下来。绞下来的肚囊这块儿的窄皮呢也扔不了,在我手上呢它扔不了。有时候做那个衣服掩那个白边儿哪,领子这圈儿的白边哪,都得需要这窄皮子。有的时候做那个盘扣儿哪都需要这个白皮子。这个东西你加不了呢,但做出的衣服呢你打眼儿一瞅它就是好看。它哪块皮子都不拧,哪块皮子也不歪歪。这衣服打眼儿一瞅它非常规整,非常好看。就这样式儿的,不管皮子多么难熟,该绞掉的地方我必须绞掉,它可以做点别的东西。做点什么小工艺品哪,有时做个小鱼儿哪弯弯的,尾巴翘翘的,给它绞得活活的,给它挂上。俺们这个疙瘩是黑龙江省重点旅游区吗不是,你看政府那块儿你做个小鱼儿挂在那搁着,绞得很活就像跳着似的,尾巴往上翻翻,人家也非常喜欢。这个东西也可以变钱让他拿走。就这样的话,一方面挣钱不挣钱吧在我这里也是无所谓啦,主要是做这个衣服,叫它完整一点儿,既好看又不丢弃过去这个古朴样子,样子呢大家建议还是跟过去的一样。我的意思呢我的经验就是啥呢,把这个鱼皮衣服熟得软软的,不

# 一 "这鱼皮衣服你要是拽坏了这衣服算我的"

管叫国内还是国外的人抓住让它手感好一点儿。有的人不会整，鱼皮服饰拿过来只要是嘎达嘎达响，这皮子指定是没熟好。熟好的皮子非常的软和，那个皮面你调过来一看，白白的，可好可软和了，就像那羊皮似的。但是羊皮熟好了没有底下的一层毛，鱼皮它有毛。这个毛你要往手上这么一扎，那是非常柔软的。这皮子是熟好了。这皮子搁这儿你这手要是觉得硬，那就是没熟好。接得再好那也是没熟好。熟好的皮子做好的衣服，就像一块好布似的，好布你就这么使劲地拧，你放了之后一点褶儿也没有。你找我做的鱼皮服饰就是这样，你拿那鱼皮衣服你捏，我不怕你去怎么整，我也不怕你去拽去，你要是拽坏了这衣服算我的，它非常抗拉抗拽，完了你真个的把它搦搦，然后你打开，一点儿褶儿也没有。要是没熟好的鱼皮，你把它搦搦再打开，这个印儿就出来了。熟好了的皮一点印儿都没有。

王：那是不是得需要技术啊？

尤：是得需要技术，我这个技术已经40年了，我今年都60岁了，将近50年的做工了。这个皮子我一拿起来我就知道熟到位没熟到位。你这个皮子要是熟到位了，你拿到哪去搁多少年，它不带坏的。你就像咱们这个博物馆挂的这个靴鞡，先头儿热乎的时候你一年两年晒它一次两次，它要是埋汰了的话，你就搁玉米面这么一搓。搞完了你用手巾一擦，干擦，它就恢复原样儿，它就干净了。

陈：二姑，你小时候穿这个鱼皮衣裳吗？

尤：我小时候没穿上这个鱼皮衣裳。因为我是52年生人嘛。咱们是1949年解放嘛哈。我是1952年生，1958年咱们黑龙江省举办了一次全国少数民族参观团，那个时候我妈就去参观去了。我们的头发长长的卷卷的。我妈是双胞胎，我妈穿的一件旗袍，领着我到齐齐哈尔去参观。这个衣服和照片让非物质文化遗产的人给拿走了。

陈：这个是做画儿的皮子？

图7　制作鱼皮服饰的边角余料即鱼皮画的原料（陈曲拍摄）

尤：哦，这个是做画的皮子，这个皮子专门用药水泡过，不生虫子。因为啥呢，这块鱼皮为啥这面这么平哈，做出来它就好看。做鱼皮服饰的皮子这么扳就不好看。这个就是为了装饰。这个因为在我们地区是个旅游区嘛哈，做点民族特色啦，做个鱼皮画啥的。

一 "这鱼皮衣服你要是拽坏了这衣服算我的"

图8　尤文凤制作的鱼皮画（陈曲拍摄）

王：这个鱼皮画儿很大程度上是旅游介入之后才开始的吗？

尤：嗯！这个鱼皮画儿这个东西，也是我们赫哲族几千年，有我们赫哲族就传下来的。在那个时候吧我妈就讲啊，这个鱼皮画，过去那个时候我们被日本人整到1部落2部落3部落嘛，那个时候也没啥玩意儿整啊，鱼皮熟完了以后，那个时候窗户纸嘛，那个时候我们东北三大怪嘛哈：窗户纸，糊在外，养活孩子吊起来嘛哈！大姑娘叼个大烟袋！那个时候我们那窗户纸糊在窗外，糊完了以后，不没有油吗，我们就把做完鱼皮衣服剩下的鱼皮给绞啊，我母亲可会绞哪。绞那鹿哇绞那个什么龙啊，绞那个燕子啊，绞那个花鸟鱼虫各种各样的，什么花草啥的，一样一样儿啥的。一种绞一样，绞完了之后，用我们那个鱼鳔，就是那个鳇鱼的泡熬出来的那种，就像那个水胶似的，这

— 27 —

种东西沾上东西就不容易掉。就用鱼鳔把绞下来的这些个东西给粘在窗户上，就像汉族的窗花似的。粘完了以后，就用打下来的鱼，用烤完的鱼油就把窗户给油上了。包括这个鱼皮画、窗户纸，都用鱼油油好了之后，它有一个透明度。你搁鱼油油过以后进来的阳光它是亮的，你要不油它的话，那就是污里巴涂的。早先没有玻璃吧，就是这种。完了就是从我妈那时候就是这么讲的，就可以说这就是鱼皮画，在我妈讲的时候吧，我就开始做。那个时候因为没念过美术，不会画，自己也非常难，我母亲会绞啊，就跟着我母亲慢慢学慢慢学。学完之后呢，人物这玩意儿不好整啊，因为她绞的动物，绞人物就非常难了。完了没办法，那个时候卖挂历嘛，搁挂历上有两个小孩儿在那儿站着，我就把这两个小孩儿给绞下来了，就用它做了一个鱼皮画，做了这么大这么大的小鱼皮画。这玩意儿成形以后，大伙儿一看挺好的，于是就开始也做鱼皮画了。有的汉族人哪，美术毕业后，拿去一看，"啊！挺好的呵！"管它歪歪拧拧的呢，也是那个样儿呵！（大伙儿笑了）接着就开始做鱼皮画。一开始的鱼皮画是从街津口传出去的，不管是八岔，还是四排、同江，不管是佳木斯，都是从街津口传出去的。

一 "这鱼皮衣服你要是拽坏了这衣服算我的"

图9　尤文凤的鱼皮画——赫哲渔猎图（陈曲拍摄）

　　2006年，就开始选非遗。等2007年6月我们的证书下来时，我母亲已经去世了。后来我当选了国家级非物质文化遗产传承人，文化部给我颁发了一个证书、一个水晶杯，上面刻有中国非物质文化遗产传承人字样，一个金牌还有一个金花。2007年往后也就开始出去展演了，一年能出去个三次五次的，到北京也去了不少次。一年去五次六次，都是文化部举办的，就是出去宣传你这个民族文化。那个时候咱们第一批国家级非物质文化遗产一共262人，第一批人员俺们全都出去了。那个就不管你是少数民族还是汉族，大伙统一坐在一块儿，只要你是国家级非物质文化遗产传承人，你就都出来，在北京民族展览馆展出。在那次展出的时候，我就带了一件鱼皮服饰去了，到那后就给模特穿上了。那个时候俺们东北三皮鱼皮、桦树皮还有兽皮，是一起申请的非遗。赫哲族的占两样：鱼皮和桦树皮。鄂伦春就是兽皮。完了我们就同时在一起展出，各展各的，他展桦树皮、兽皮的，我展鱼皮的。在展鱼皮的时候吧，我对北京的市民去了、大伙儿都来看了感到很高兴，国家的领导人都去了，文化部部长蔡武、冯骥才都去了，感觉非常高兴。他们非常重视，非常重视非遗那块儿，都过去瞅一瞅。这就是对我们赫哲族、对我们少数民族、对我们中华民族的文化遗产非常重视，所以我们呢就是更应该好好地去干，好好儿地去挖掘，把我们过去的最远古的东西给它挖掘出来。北京市民说去了，给我乐的，他这么说，"我天天听这个中央台播这个鱼皮服饰，是不是他坐在这旮瘩成天吹牛皮呢！这个鱼皮还能做衣服吗？拔出来的鱼皮软软的水水的，精薄儿精薄儿的，叮儿郎当的，它能做鱼皮服饰吗？不信！"后来听说2009年办这个非物质文化遗产展览了，咱北京市新出来的消息，他必须到那旮瘩去瞅一瞅，去看一看。他来看了，说："哎呀，这真是鱼皮服饰啊？"我说："那可不真的呗！"他说："哎呀，这是什么鱼啊，这么皮实的呢，牛皮吗？"我说："鱼皮。"（哈哈乐了）他说："什么鱼皮啊这是？"我说："大马哈鱼皮。这个大马哈鱼呢是生在江里长在海里，秋天回来了，在江里产子，产完子之后的这些大鱼，能打上来的就打上来了，打不上来的它就死在江里。产出来的小鱼会游了，就都回大海了，回大海去长去了。就这样的，一年一年的，祖祖辈辈的。"

以前咱们用窄皮啦、哲罗啦、鲤鱼啦、胖头啦，还有用细鳞皮做这个衣服啦帽子啦。这些鱼现在都非常少啦，所以你要是想做一件鱼皮衣服，非常不容易，得用好几年才能攒够做一件鱼皮衣服的皮。所以这个大马哈鱼一到秋天回来的量大啊，搁它做鱼皮衣服呢，那还是比较容易的。完了就用这个大马哈鱼皮做这个鱼皮服饰。哎呀，这个北京市的市民了解了这个鱼皮服饰之后呢，每次去北京展览，这些老同志都得去看看。看看这些个鱼皮小工艺品哪，包括那个鱼皮画哪小工艺品哪，都过来瞅瞅。你看每次我回家啦，还有人来打电话问一问。北京有一个市民，自从我们展览完后就喜欢上我们赫哲族的这个东西了，每次都来电话要点儿，什么你们赫哲族旧时的小爬犁你给我做点儿，完了你做点儿你们穿的那个小靰鞡，小的，做成袖珍的，小小的。不管卖钱不卖钱，只要人家喜欢我们这个赫哲族的东西，就得给他做。就是你越小的东西你越难做。就是这个狗拉雪橇狗爬犁，大了好做小了就难做，那我也做了给他邮去。

图10　赫哲族鱼皮工艺品（陈曲拍摄）

有的来电话说,你们这个小靰鞡草是不是你们哪儿的呀?靰鞡草也是我们这里的特产:人参、貂皮、靰鞡草。这是我们赫哲族的三宝。脚下垫了这个靰鞡草之后,走路又轻巧又不冻脚,就搁雪里插着走嘛,搁外头就是在雪里走在冰上走。所以就把靰鞡草当成我们赫哲族的三宝。他打电话来说要,然后我就给他整点儿。

陈:这靰鞡草现在还有吗?

尤:数量也不太大了。因为啥的呢,现在有放牛的放马的养鹿养羊的,这样的话我们这里不是那个平原,是山区,在那个沟里沟哒①,池塘啦,还有那个洼地里长点儿啦,有时就让它们给捋巴了。这很难找。

我呢从小就喜欢唱歌,嫁令阔小调儿啦、依玛堪什么的,都喜欢唱,就是每次出门看见中央领导了也好,老百姓聚在一块儿也好,我都是那样式儿的。给他们讲啊给他们唱啊。有的时候去北京做宣传哪,那个管我们的单位哪或者是上层领导哪,都说叫那个尤文凤来,她又愿意唱又愿意跳又愿意说赫哲族鱼皮衣服。(笑)我寻思啥呢,我们赫哲族人这么少,大伙儿拿我们这阵子的鱼皮服饰,包括这个鱼皮画儿那个鱼皮手工艺哪,这么喜欢我们的东西。每回出去都是,每次摆完东西哪,头一天两天啦就坐在那里做宣传,完了我们就出去溜达。为啥呢,因为这是难得的机会,因为我们在这个大山里,进一次城市不容易。是不是?(大伙儿笑了)再说了,这是国家给拿钱,

---

① 东北方言,沟边。

一　"这鱼皮衣服你要是拽坏了这衣服算我的"

有的是玩儿的，这时间我都挤巴出来，尽量多宣传一会儿就多宣传一会儿，尽量多宣传一个小时就多宣传一个小时，就这样式儿的。大伙儿对我的这方面吧都非常喜欢。

王：你会赫哲语吗？

尤：会！现在教这个赫哲语都是用国际音标，国际音标俺们没念过书不认识，不会，就按过去那个时候的，语气掌握得还算可以。就想俺们不会的怎么记呢，就是"你吃饭了吗？"（用赫哲语翻译了这一句）用汉语记下来。但是赫哲语的语气不是这样的，比如"你好吗"等。赫哲语的语气是很重要的，丢失了语气，基本上就不算赫哲语了。你就老搁那个汉语这么说，杠杠硬的，那什么民族的语言说话是那样式儿的？你看大民族比如说朝鲜族哪、蒙古族哪，都有文字的，你看人家说话，多有力、语气多好听啊。你像俺们光有语言没有文字，就像我这样的不会国际音标不会拼音的，你就得搁汉字整、汉字去记去。汉族说那话里头没有那样的字儿，怎么办呢？自己就随便搁个字儿就这么标，别人看着不认识，就我自己看着才认识。（大伙儿笑了）就那么对付着去写去。现在的赫哲语，要是编一首歌的话，我基本上能对付吧。

图 11　尤文凤教授赫哲语（尤文凤提供）

图 12　尤文凤的孙女和同学们在教室学赫哲语（尤文凤提供）

王：我们听赫哲族的歌只听过《乌苏里船歌》，这首歌好像是郭颂改编的吧？

尤：我从内心上说非常感谢郭颂。因为什么呢，要是

## 一 "这鱼皮衣服你要是拽坏了这衣服算我的"

没有郭颂,不能说没有我们赫哲族,也就是说别人很少知道我们赫哲族。借助郭颂,国内国外的人们才了解我们赫哲族。因为我们赫哲族人太少了,人这么少,我们两首优秀的民歌,一首《乌苏里船歌》,一首《大顶子山》,都是郭颂给唱出来的。嗯,咱得感谢郭颂。因为啥呢,我很小就喜欢唱这个赫哲民歌,过去的老调的曲子。

王:都是用赫哲语唱?

尤:嗯!赫哲语唱的。

王:打鱼的时候唱吗?

尤:打鱼有渔歌,打猎有猎歌。有时过年啦什么的都唱。一直到现在俺都出去唱。你看这个上海世博会我也去了,给上海的人讲解我们赫哲族的鱼皮衣服。那个时候是鱼皮和兽皮,我跟鄂伦春族一个老太太,俺们两个去的。有个郭宝全是省级的传承人,做桦树皮船。他媳妇儿呢,就是在那个学校上班,但是她的兽皮手工艺缝得非常好。这就是鄂伦春族和赫哲族一块儿去的。到了上海世博会呢,加拿大的博物馆派下来的大学生吧就搁那瞅,站在那里瞅,完了他就站在鄂伦春族和我们的那个展台边,感到非常新鲜。他可能给加拿大馆挂电话了吧,完了加拿大馆的馆长就欢迎我们到他那儿去,请我们到他那儿去。完了咱们上海电视台一直跟踪,俺们在这边,过江到加拿大馆。在没跟踪之前,俺们在这展出的时候,上海电视台就采中我们赫哲族和鄂伦春族了。当时鄂伦春族的去了吧,给整了个撮罗子。哎呀,非常不容易,搁家拿去的,就那个松木杆儿哪,全都是邮到上海,那个桦树皮,都有四五十丝袋子。到那打开以后,俺们大伙儿一块儿整,用不了三个小时就把那个撮罗子给盖起来了。那上海人没见过撮罗子啊,都感觉非常好看。我就后悔哪一点呢,就是没把我们赫哲族的鱼皮也给带去。回来后我就想了,下次出远门的时候,提前告诉我一声,哪怕我开会呢,我就准备个包,很容易就带去了。当时没想到,就那个鱼皮服饰就让那个上海市民给围上了,特别是我们黑龙江馆去的人非常多。我们每次世博会,16天换一场,16天一个周转,咱们黑龙江省内的各个地方就在这16天中周转。比如哈尔滨先去,去了佳木斯再去,完了同江去,同江去了又换一个地方去。俺们去了整个待了9天。去了呢,上海电视台的就给我们抓住了。俺们出去玩去,坐地铁时,整个地铁上的人都认识我们赫哲族人。那个时候我们都穿的鱼皮服饰嘛,表演时穿的鱼皮衣服、裙子、鱼皮靴子,戴的鱼皮头饰,那个老太太就是穿的毛朝里皮朝外的狍皮大哈,长长的大襟儿她缝得非常好,做的牙子都是圆圆的,就像咱们做的那个衣服扣儿盘那个杠绳似的,那缝起来都是非常的费劲,做的那个蒙古帽子圆圆的,竖着两只耳朵,缝完了她用的蓝狐皮,蓝狐不是白毛吗,整那个白毛镶的,哎呀,那才好看呐。完了加拿大馆我们去了,上海电视台给我们做了个节目。我觉得还行,就说我们赫哲族鱼皮服饰能打动上海电视台,给我们做节目。去完上海了,这次成都第三届非物质文化遗产呢,把总会设到成都。头两次非遗去了,但是成都这个非遗中心的展厅没盖好,就在市里找了个地方就这么展的。等第三届的时候呢,非常高兴的

一 "这鱼皮衣服你要是拽坏了这衣服算我的"

就在哪儿呢,我们能在成都的那个馆里头进行展出。这是非常荣幸的吧?!非常高兴能在那个地方展出,这个馆也修得非常好。展出的时候,那些人也都说:哎呀,这鱼皮还能做衣服哇,又怎么怎么样啊!还能做画儿啊!(笑)

陈:这鱼皮服饰是不是只是展览啊?

尤:这鱼皮服饰走到哪儿都是展览,个人他不买来放在家里。因为现在这价格还非常高。这样的话呢,每次往返的路费、吃住什么都是国家管,一分钱都不让自己掏,都是国家拿。你就像我们传承人吧,对我来说,我非常感谢国家的支持。因为啥呢,每次出去展览的时候,住那个大厦,本来都很贵的了,还给你整个单间儿,完了还给你整个上等间儿,别人住一二百的,我们就住五六百、六七百的。

王:现在这样的鱼皮衣服一套能值多少钱?

尤:现在就达到 8000 多块啦,8000 块到 8500 块吧,就衣服裤子,鞋都不算上了。帽子、靰鞡连着算下来的话那得一万了吧。现在更不好的是啥呢,日本整那个海鱼拿到中国来卖吧,有时碰巧我们还能买到一箱鱼皮,数量不太大,一箱一箱的 40 多斤啦 60 多斤啦,能达到八九十块钱、一百来块钱一箱,像买着那样的话呢就得高兴坏了。你想,你买一箱鱼得要多少钱哪!你想现在秋天我们打大马哈鱼,达到了一百五六十多块一斤,江鱼嘛不是。那样的话,你买一箱鱼皮你不高兴坏了吗?!这一箱鱼皮 100 块,就是 200 块你也合适透了。原先一箱鱼能熟 100 来张皮子,现在两箱鱼熟不上 100 来张皮子。底下都是水,都是冰，就这样儿的，完了还脱销呢！因为啥呢，我自己没工作了，只有俺家老头儿有工资，来鱼皮的时候没赶上，咱没有钱嘛哈，等到我老头儿开支了我去买去了，没有了，你就贵贱买不着。买了一箱鱼皮，能出来七八十张皮子，这个夏天就做点鱼皮画，鱼皮服饰都做不了。但是我这边订的，像北京的少儿民族博物馆再加上跟前儿周边的博物馆，现在我手边订的能有个两三套鱼皮衣服吧。这两三套我要是做好了我这也不是就宽绰宽绰。就买不着鱼皮，现在这活儿就在这摆着。

这鱼皮衣服还真是非常有特色啊，你看日本产这个大马哈鱼，为什么他们就不能做这个鱼皮服饰呢？他看见这个鱼皮衣服吧，还乐得够呛，完了他还做不了。

王：还真是呵，赫哲族人口那么少，为我们国家的文化事业做出的贡献却很大啊！

尤：是的。在头一批 262 人里头，我们赫哲族就占 4 位。一个鱼皮服饰传承人，两个依玛堪传承人，一个桦树皮传承人。我们街津口就占两位，吴宝臣和我。佳木斯一位吴明新，饶河一位桦树皮传承人付占祥。

陈：二姑，您现在有徒弟吗？

尤：嗯！我们 2010 年上北京，咱们这个中国非物质文化遗产，文化部副部长周和平在大会上也提出了这个问题。传人，这个鱼皮服饰不好传。为啥不好传呢，你看现在的年轻人 30 来岁儿的，人家孩子才三四岁五六岁的，人家忙着想给孩子挣点钱，忙着让孩子念大学，现在不挣不赶趟儿了不是？你现在就想传出去，就想传给谁，我想

一　"这鱼皮衣服你要是拽坏了这衣服算我的"

让他跟我来学来,他想跟我要钱。(我们笑了)你看我们出去干活儿去了,我得挣点钱啊。我去学去了,你把经验给出去了你不给我钱?(我们又笑了)现在就是这个问题。在大会上我也是这么说的:我要是让人家学了,人家向我要钱!头一年到那旮瘩,说是给我一年一万块钱,到现在也没兑现,可能是当时还没计划完呗?反正是没兑现。完了周和平是这么跟我说的:"你回家先搁你自己家人'祸害','先祸害'你自己家的人儿。你家里有没有姑娘啊,有没有儿媳妇儿啊?"我说我家三个儿子三个儿媳妇儿。他说:"那你就先回家'祸害'你三个儿媳妇儿,你让她们给你学,学完之后等规划完了之后,再找人再做,你这样的话呢是传的人越多越好。"这样的话呢,现在我的传承人就是俺们三个儿媳妇儿。

陈:她们都会做?

尤:都会做!小的做得比较好。

陈:今年多大啦?

尤:属羊的,今年32了。

陈:她是什么族?

尤:她是汉族。俺家三个儿媳妇儿都是汉族。她做得那个衣服跟我做的基本上差不多。开上海世博会的时候,省里批了让她跟我一起去了。完了我就说让她跟我出去深造深造啊,到外面去瞅一瞅!因为啥呢,生在大山里的孩子,她啥也没见过。省里看她学的这种程度,也同意让她出去走走。上次去上海是咱们省里民协管理的这些项目。到了近期,我就给他们提示了一下子,就是省级的鱼皮服饰批了,但是俺家儿媳妇没评上。不是说自己家的怎么样怎么样啊,人家用心去学了,你起码是给人家一个名次,是吧?下次好好鼓励她让她继续好好儿地学。上次去成都,我就对省博物馆的馆长说了。馆长说"大姐啊,我马上就快要退休了"。我说那你争取在退休前把我儿媳妇儿的省级传承人资格给批了。我不是说让我的三个儿媳妇都怎样,她占这样一个就行。他说以后整整吧。

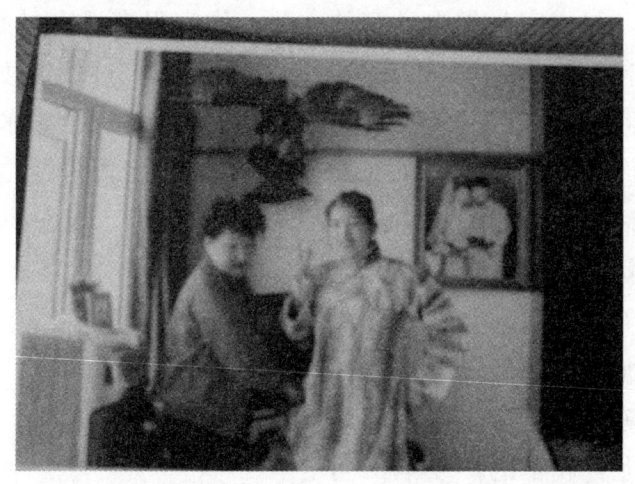

图13 尤文凤与鱼皮服饰传承人三儿媳(尤文凤提供)

现在我最重的负担是啥呢,就是鱼皮服饰过去这个老样子,一定要给抠出来。传承传承嘛哈,你光现实做这两样不行,这还是60年代做的那两套鱼皮服饰的样子。在我内心里,我就想把原先最古老的那个样子给抠出来。因为啥呢,我这里有一本书,这也是北京来的大学生,她要写论文,我就如实地把我知道的都给她讲,耐心地给她细讲,我就想让她考一个好的成绩,父母花那么多的钱让她

## 一 "这鱼皮衣服你要是拽坏了这衣服算我的"

在外面念书,也是不容易的哈!她喜爱我们赫哲族了,我就好好地去给她讲,一定要帮她这个论文答好。还有一个,她是山东小姑娘,搞音乐的。她上我这儿来了,也要写论文,考博士。完了我就唱了嫁令阔小调嘛哈,我就会唱的我都给她唱。她问的游猎这方面,我都给她讲了,回去考得可好了。她来电话时就说:尤阿姨啊,我已经考上了,我考得可好了。去年她又来了,她来看我了。她把一个姓赵的大学老师给领来了。她说她考得非常好。我说你要是考得好,我就非常高兴了。因为啥呢,你喜欢的是我们赫哲族这一块儿。我给她们唱歌,唱的嫁令阔小调儿。完了我说你是山东人,你给我唱一首山东小调儿吧?完了赵老师说:对呀,你应该给尤老师唱一首山东的小调儿。她就开始唱,唱得都是山东味儿,那才好听呢!我觉得她是唱得非常好。赵老师给她说了这么一句话,我挺上心的,赵老师说了:"你往山东靠,你往山东靠!"她唱歌的时候吧,老师就指教她,让她往山东靠。啊!我心里就想了,教授他就是教授,高级老师他就是高级老师,你看他告诉她往山东靠。这句话,不管是对我的嫁令阔小调,还是我的鱼皮服饰都有启发。其实,赵老师也是给我上了一堂明显的一课。他让她往山东靠,我为什么不能往赫哲族的鱼皮衣服上靠呢?!为什么不往远古上靠呢!这就证明我以后啊,必须得好好地挖掘赫哲族古老的文化,现在他们做的这个赫哲族鱼皮画就是做得再好,我也不急。为什么不急呢,因为他们为了挣钱,把这个整得像现代似的,整得怎么怎么好哈,所以我不急。在我家出去的鱼皮画,多数都是民俗这块儿，就是我们怎么上山打猎啦，怎么下江打鱼啦，怎么样篝火啦，怎么样玩啦，我都整这些。所以不管哪届的学生吧，不管谁上我家来采访，我都让他看。

在鱼皮服饰这块儿吧，你让我多活两年吧，我就多干两年，好好地挖掘。

王：过去的鱼皮服饰怎么挖掘？

尤：我就说这个上大学的学生嘛哈，她到我家来了。她带了一本30年代凌纯生写的关于我们赫哲族人的书。她拿来吧，这书是最老的，这书都黄黄的哪，这本肯定是当时凌纯声出书的第一本。在我们传承的这块儿吧，我是很生气的。为啥呢，我又不是大学生，很难得到这本书，后来来了这个大学生呢，我就说哎呀，你还有这本书呢？她说，哎呀尤姨呀，您这么一说，我心里就想，你喜欢这本书。我这人吧就是记不住每个来的人的名字，也包括这个大学生。后来我后悔了，我应该把每个来的大学生的名字都给记上，牢牢地记在心里头，完了就忽视了这一点。这个大学生回去了之后呢，她非常上心，她就说，尤姨啊，这次我来您这儿，您给我讲这么多，您要是不讲，我们上哪些个地方去知道这么多你们的渔猎生活啦，又是过去的怎么样怎么样的啊！她说我回去了一定要把这个书给你印了邮过来。完了她回去，就真印了一本儿给我邮来了。她复印这么一本给我了，我就觉得这个孩子吧非常有诚意。她对我诚心诚意的，这书不是薄啊，非常厚啊，得有一寸半厚啊！这孩子给我印的这本书，我一看里面的衣

## 一　"这鱼皮衣服你要是拽坏了这衣服算我的"

服啊、鞋样啊、帽子啊，它里面的那些个鱼皮衣服都是那个"怀头"皮做的。因为这个"怀头"皮极大啊，它能长到好几百斤。所以扒下来的一张皮子是大的，你看它里面那些人穿的，它都没有订接缝儿。它不像我现在做的鱼皮衣服，都是找零的，它们都是大鱼的皮做的。我们在60年代的时候，那个大鱼非常多，头几次做的那个鱼皮衣服，没有说用这个大马哈鱼的鱼皮一截一截这样拼的，都是大怀头皮，就那个三四百斤的大怀头，4个大怀头就能做一条裤子。你别看这个鱼皮细细的，很大，但扒下来后，一边一道儿，正好是斜插，正好是两条鱼裤腿儿，四条鱼，一条裤子。然后这一接这一插，完了绞下来的多余的就成为裤腰，这鱼皮衣服就完事儿了。现在不行啊，你看多少条小鱼才能做一条裤子啊！

所以呢，我要是把这个原始的书里的东西给全部抠出来，说句好听点儿的，我也就不枉做这个国家级的传承人了。再一方面，这个语言，对我们来说，不是那么重要。因为啥呢，汉化了不是更好了吗？大伙儿说话都能听懂了，我不是说非要我们说赫哲语，但是现在是怎么回事儿呢，没有赫哲语，就没有依玛堪！这个依玛堪在申报的时候，在世界上，在我们国家，咱们国内的各个民族的专家同时坐在一块儿研究，专家说了，为什么赫哲族人这么少，他们这个精品怎么这么多？这就证明我们赫哲族在过去就是文化很浓厚的民族！这个说唱依玛堪，在中国，在世界都是很少的，为什么它报到世界能批回来，世界要是批上了我们这个依玛堪，这说明我们赫哲族的依玛堪非常受喜欢，赫哲族给大家留下了这么好的东西。现在这个依玛堪要想传承下来，不要让它失传，主要还是它的语言。为什么说主要是它的语言呢？因为它更新需要语言，你看过去留下来的这个老片儿，除非它有国际音标，再一个就是专家，赫哲族的专家才能听懂。要不是本民族的人，像我似的，一个碟儿或者一盘磁带，它放在这儿了，也能听懂它说的啥，也能听懂它唱的啥，跟它学我就非常容易了。但是呢，他要是不会语言的话，这个资料干听他是听不懂，他也不会，也没法去做去，是不是？在我这个年龄当中，我最担心的就是这个赫哲语言、依玛堪，还有就是我这个鱼皮服饰在远古的挖掘，这些个就是我心目中最大的负担，也是最着急的几样事儿。我虽然不是依玛堪的传承人，即使以后选了，我没选上世界级的依玛堪传承人，我也不后悔！我把我的依玛堪、我的鱼皮服饰好好挖掘，把民族语言细细地挖掘、整理，现在我家小孙女小孙子正在学唱依玛堪，我已经挖掘了一两段依玛堪。因为啥呢，我现在搞的就是鱼皮，但是依玛堪我也没放弃，所有这个依玛堪这几年我也去挖掘。挖掘吧我自己不能成天去整它吧？我就教我这个孙女，我这个孙女今年11岁，一篇完整的依玛堪她能唱下来。我们从去年开始，我们赫哲族乡一年一次，自己乡开自己的，以前是开小型的乌日贡大

一　"这鱼皮衣服你要是拽坏了这衣服算我的"

会。今年的乌日贡①大会，我和我孙女就合排了一个说唱依玛堪节目，受到了咱们同江市民宗局的奖励，奖给我这个孙女1000元钱，说这么小个女孩儿，这赫哲语说得这么好唱得这么好，鼓励她1000块钱！这个乌日贡大会四年一大开，来年就是同江市了，头四年在敖其开的。

---

① "乌日贡"在赫哲语中是欢乐喜庆之意。1985年，在同江市文化部门工作的孙玉森、吴福常广泛征求意见，得到上级政府的支持，于1987年6月28日在街津口赫哲族乡召开了"赫哲族首届文体大会"，1988年6月将这种文体活动盛会正式定名为乌日贡大会。此后每隔三年召开一届，1997年第五届乌日贡大会闭幕后决定每四年举办一次。乌日贡大会最初几届都在开江鱼汛喜获丰收的6月下旬召开，由各赫哲族聚居地轮流举办，会期两天。从第三届开始，定为每年的农历五月十五为赫哲族的乌日贡节。乌日贡节正式成为赫哲族的节日盛会。

节日期间，适逢黑龙江、松花江、乌苏里江鱼类繁殖期，为了保持渔业资源的生态平衡，三江停业捕捞（即歇网期）。此时，生活在三江两岸的赫哲人和居住在祖国各地的赫哲人都汇聚到一起参加乌日贡，俄罗斯远东边区那乃自治区的那乃人也曾经派代表团参加。

乌日贡大会期间文娱活动的主要内容是说唱依玛堪（民间口头说唱），唱嫁令阔（民歌），跳天鹅舞、萨满舞、鱼鹰舞、手鼓舞、弹奏口弦琴等传统节目，也有少量的流行歌舞、电子琴演奏等节目。民族传统体育比赛是节日的另一项重要内容。赫哲族民间体育种类繁多，许多项目与渔猎生活密切相关，具有鲜明的民族特色（以上内容为王志清根据尤俊丽的口述资料整理）。

图 14 尤文凤和孙女参加乌日贡大会(尤文凤提供)

图 15 付安学与孙女身穿民族服饰参加乌日贡大会(陈曲拍摄)

一 "这鱼皮衣服你要是拽坏了这衣服算我的"

图 16 参加乌日贡大会的尤文凤、付安学与孙女（陈曲拍摄）

图 17 尤文凤和调查者合影留念

## 二
## "将来可能日本人会说赫哲语，中国的赫哲族倒不会本民族的语言了"
### ——赫哲族说胡力传承人尤文兰口述

时间：2011年7月31日

地点：同江市街津口村尤文兰家

被访者：尤文兰

访谈者：王志清　陈曲

[访谈者按] 尤文兰，女，1944年生，黑龙江省同江市街津口乡渔业村村民，尤文凤的姐姐。她精通赫哲语，可以用赫哲语熟练演唱"嫁令阔"（歌谣）、讲述"特伦固"（传说）、"说胡力"（故事）。其丈夫尤玉成是赫哲族著名歌手（已去世），女儿尤忠美在佳木斯市敖其镇敖其赫哲民族村自办了一家赫哲族手工艺博物馆。近年来，尤文兰以一己之力向赫哲族族人积极传授赫哲语，先后多次接待了中外学者与新闻媒体的采访，2003年夏天被邀请赴俄罗斯参加关于那乃人语言文化的国际学术研讨会。

## 二 "将来可能日本人会说赫哲语，中国的赫哲族倒不会本民族的语言了"

在街津口的整个田野作业中，无论是他人的评说，还是对尤文兰老人的访谈，我们都能真切地感受到老人坚毅的性格和雷厉风行的作风。

"将来可能日本人会说赫哲语，中国的赫哲族倒不会本民族的语言了。"这句话是尤文兰这位当下唯一能用赫哲语讲述民间故事的赫哲人关于赫哲语未来命运的预测，其爽快的话语中透露出无奈与苦涩。时至当下，依玛堪的传承面临困境，会赫哲语的老人愈来愈少，几乎所有的现象都指向一个沉重的事实——赫哲语已经进入"濒危"阶段，赫哲语作为社会交际工具的功能几乎已经丧失，但是，赫哲语作为民族识别符号的功能却依然坚韧地存在。今天，国家的民族政策和独特的民族文化风情给人口较少的赫哲族带来了许许多多的发展机遇。濒危的赫哲语能否在现代发展中重新焕发出生命力？

在田野作业期间，从事导游工作的赫哲族青年人不断地上门向尤文兰、尤文凤等老人讨教赫哲语。经济发展的诉求与年轻人文化自觉意识的形成，多种因素综合作用下是否会形成一种"倒逼机制"？这些顽强存留的语言种子也许会重新萌芽，茁壮成长为郁郁葱葱的绿荫。

阅读信息提示：

1. 以尤文兰个人生命史为线索的赫哲语家庭传承谱系，以及赫哲语说胡力（民间故事）的传承现状。

2. 中国赫哲族与俄罗斯那乃族同根同源的族群认同意识，两国两地民族语言发展传承的现状，以及日本学者研究赫哲语的简况。

3. 著名歌唱家郭颂当年在街津口地区的采风活动与赫哲人的相关记忆。

图 1 调查者与尤文兰合影

尤文兰(下简称尤):我叫尤文兰,1946 年生人。我是八岔的,我是 1963 年结婚以后才过来街津口的。

陈曲(下简称陈):大姑,你把怎么与李宁静①认识、交往的,给我们介绍一下吧?

尤:那个孩子命苦,是齐齐哈尔的孩子,她家两个女儿,大的在化验池化验的地方上班,没结婚。父亲小脑萎缩,一天颠三倒四的,她妈有病。她给人打工刷碗啊什么都干,就为了上学。在日本上学时,她报民族时,因为她是黑龙江边儿上的不是,完了她说就报赫哲族吧。当时我们都不认识她,我在江边看船,看了 5 年船子,完了他们就领她来了,就尤玉发给领来的,他们也不是太熟,这孩子到哪都问哪,这样我们就认识了。认识之后,我就把她

---

① 研究赫哲语的女学者,黑龙江省齐齐哈尔人,现定居日本。

二 "将来可能日本人会说赫哲语，中国的赫哲族倒不会本民族的语言了"

当自己的姑娘似的，她跟我老儿子同岁，也才三十多岁。我一瞅她样儿，太可怜了，背一老大兜子，又矮又小，哪有你这么膀粗啊！可瘦可瘦的啦，说话一点劲儿都没有。看她挺可怜的，我就想象你这样儿的还打工上学，不累死你啊。后来我真是对她挺上心了，她也认真学。她来了就不走了，因为咱家没什么人了，孩子都走了，姑娘儿子都结婚了，孩子在这上学，毕业后都走了，这儿就剩下我自己了。俺家小姑娘的丈夫去年得肝癌死了，她和孩子就过来了，要不这儿还是我自己。完了她就在这儿住，这孩子真是认真学，一早一晚都认真学，有的时候一学就学到半夜，早上还起早。学了十多年了吧，到现在，一般的赫哲语她都会说，现在打电话，俺俩都用番话说。她话说得可好了。

王志清（下简称王）：她是哪年过来的？

尤：15年之前吧！她年年过来，每年寒假暑假都过来。这次日本地震以来都还没给我打电话，我心里还挺惦记她的。

王：于晓飞①也是啊？

尤：于晓飞是学依玛堪的。她俩搞的不一样，她学语言，她搞依玛堪。于晓飞先来的，起早我都不认识她，也是这帮人认识了之后来找我的。

王：当时她们来，就和你同吃同住呗？

---

① 于晓飞，女，1955年生，黑龙江省佳木斯人，日本千叶大学博士，日本大学文学部外国语教研室中国语讲师。

尤：是啊！有的时候打到鱼了，炖鱼了，吃完就走了！有时着急就不吃了。有的时候提前告诉我，说我今儿就不走了，在这吃了。我就喜欢那样的，我就说，你要不走，你得提前告诉我，我好做饭哪！要不等做完饭都一两点了，那不饿死我了？哈哈！

王：您从小都说赫哲语？

尤：我从小就说赫哲语。我父母、姥爷姥姥、爷爷奶奶都会说，都是纯赫哲族，四个老人都姓尤。以前一个部落都没有外姓人，只有两三家人，姑娘大了儿子大了都这么的，都一个姓。

王：那怎么知道结婚双方不是亲戚呢？

尤：自己知道！就像汉族的一个屯子呗！到我爸这辈儿了，就是双亲了。因为啥呢，我姥姥生了一对双儿，我妈和我姨是一对双儿，早先遗训吧，说不能分开，分开就不好养活。完了我奶奶家呢是俩儿子，我父亲是老大，我姨夫尤志贤是老二。我妈、我二姨和我二姨夫他们是同岁，属兔的，只有我父亲比他们大三岁。这样儿呢，就把我妈给我父亲，把我二姨就给我叔了。这是不是双亲哪？这就是双亲！

王：那个时候大人之间说话都是赫哲语？

尤：都是赫哲语！那个时候跟汉族人没有接触。那个时候就是咱们赫哲族的三家、四家啦就搁一个地方，那个

## 二 "将来可能日本人会说赫哲语,中国的赫哲族倒不会本民族的语言了"

时候挖地窨子①非常快,都背个小锹儿挖吧挖吧,砍几棵木头,围吧围吧就好了。就是几家就一个屯子,几个地窨子,三四家,就这样。那个时候没有说十家八家的,没有那样的。

王:大姑,您对那个回迁有没有记忆?就是一部落二部落三部落那个?

尤:记忆是有记忆,但那个时候我小哇!那个时候才多大啊,一两岁。那个时候中国和日本打炮嘛,打炮响打炮响的时候我出生的,那时候哪记得啊?

王:你们小时会说汉语呀?

尤:小时就会说啦!小时玩儿啊上学啊,都在汉语学校!回家说赫哲语。后来我结婚以后,俺那个婆婆不会说汉话,一句都不会说。我那时刚结婚听不懂啊,一句都听不懂。听不懂的时候我就站在那儿瞅她,完了她就告诉告诉啥了,不到半年我都学会了。从那以后我就学会了赫哲语。

---

① 地窨子,赫哲语称为"胡如布",是早期赫哲人冬天居住的地方,建时先向地下挖三尺深的长方形土坑,大小根据人口多少而定,在土坑中间两端树立起柱子,架上檩子、椽子,椽子上端搭在檩子上,下端直接插在挖好的坑边约60厘米处,形成"人"字形架,再在上面铺好笤条和草,培上约20厘米厚的土。地窨子的后背呈马屁股状。

这种类型的住处都是南北向,门开在向阳的南面,门旁一个简单的窗户。早年是用去鳞而未熟化的鲢鱼皮糊窗户,后来改用纸糊。东北俗语中的东北三怪之一"窗户纸糊在外"就是指该习俗。在窗户纸上涂上一层鱼油,既结实又透光。地窨子属于临时住房,一般只能住一个冬天,来年冬天之前重盖,最多只能住两年。如果夏季继续居住,可在屋顶加盖一层草,防止漏雨。一般情况下,因培土较厚,不盖草也可以。屋内有的人家搭铺,有的人家搭火炕。现在街津口东山脚下可见到一处地窨子遗迹(王志清根据尤文凤、付安学口述整理)。

王：主要还是婆婆影响的？

尤：对！那时我上班儿哪有说赫哲语的？没出嫁之前我母亲也说，也教，结婚后也接上了。那个时候我奶奶也不会说汉话。

王：年轻的时候，您从事什么工作？

尤：哎呀！那个时候我5年多毕业就不念啦！回家搁砖厂，后来等16岁时，派出所雇人，我叔叔是所长，完了在派出所干了三四年。父母包办，结婚就上这儿来了，那时爹妈说了算，自己说了不算。

王：嫁到这边，还是打鱼？

尤：那个时候还是打鱼，跟着老奶奶做饭，一天三顿饭之外，啥也不干！第二年在生产队当了3年保管员。那个时候街津口人也少啊，找个保管员都找不着，后来就让我这个大姑娘当这个保管员。

王：尤利民带我们来时说，您是大姑，尤文凤是二姑，你们不是在八岔的吗？你们怎么会这么叫呢？

尤：我的父亲和他们的爷爷是哥们儿。我结婚的时候就是从我舅舅家走的。尤利军的爷爷是我大舅，我结婚前儿就搁他家走的。那个时候我母亲还在八岔，还没来。我母亲从八岔搬过来是因为涨大水。哎呀那水才叫大呢！大人张罗搬家，小孩儿不知道什么叫搬家，给小孩儿乐得呀！涨水的时候，鱼多，小孩儿在岸边就能抓住这么大的鱼，什么胖头啊之类的，那个时候鱼多啊！才几分钱一斤，现在鱼多贵呀，鱼少了！

王：过去这个鱼多的场景对你们现在来说是一种美好

二 "将来可能日本人会说赫哲语，中国的赫哲族倒不会本民族的语言了"

的回忆，但对我们没经历过的人来说，这就是一个传说！哈哈！

尤：这不是传说，这真是的！那时我们在八岔，老是涨水，老淹老淹，于是我爸就决定搬家。那个时候有我大弟弟、二弟弟还有尤文凤，我们一家就搬到了勤得利，我们那时还不点儿呢！俺家我老大，俺们姊妹八个呢！那个时候真不容易啊！搬到那以后，我爸就出去打猎，我妈就帮别人缝活儿，缝那个长条儿的上山打猎用的缠腿，早先的农村就向汉族人那里买，没有钱哪，买不起，一个人才几尺布票，买那个腿绑，黄色儿的，这么宽，我妈就专门给人用这个腿绑做裤子，挣手工钱。一条裤子挣八毛钱，缝那些才八毛钱，那时可困难了。

王：那时候打猎主要就是在这个山上？

尤：哎呀，那时候有的是猎物！我们那个时候住的地方有围墙，日本人修了很多围墙，我们学校的围墙被狼掏了个洞，顺着洞就往里跑。哎呀，我当时11岁，把那老师吓得够呛，这狼呜呜地叫，吓得学生嗷嗷地哭！老师用砖头、木头棒子就撒，后来给我爸他们打猎的回来打死俩。那是真事儿的！我认为，那时比现在活得潇洒！现在生活条件好吃得好穿得好，活得累！那时候无忧无虑不寻思啥。那个时候挣点工分分点粮食活得自在！那个时候的人不用动脑，不像现在的人整天寻思长大怎么挣钱啊、我到哪儿去挣点钱哪、去怎么整啊，那个时候没这么累，那个时候不像现在的人挣钱多，但都是累出来的。

王：嗯！那个时候吃穿不愁，吃兽肉穿鱼皮？

尤：那个时候的鱼皮是打鱼的、打猎的搁那个狍皮做衣服，冬天穿。要不就做那个半截儿的这么长的，不能全部都做，那样的话沉哪！要么就穿上狍皮靰哈，一种圆形的鞋，这么长，有个布带子绑在腰上，那样的话就不掉了。这样的靰哈轻巧，要不你都缝上，你跑都跑不动了。

王：那个时候就是生产队的时候？

尤：那个时候就是生产队呗！1958年"大跃进"的时候，俺爸俺们还在八岔，那全八岔的人都上食堂吃饭哪！领着老婆孩子，都去吃去！吃完了男的女的都去干活儿去，就俺们这样的孩子大的看小的。完了我妈就在那个食堂做饭。

王：那个时候还让打猎吗？

尤：那个时候村村就不打猎呗！就是干活儿紧的时候吧让三个四个去打猎，山里有的是狍子。尤其是江边儿稍微高的地方有树杠子①，那儿狍子比较多，我爸就在那儿打狍子。打完狍子回来扒完皮，搞个大锅烀了，完了干活儿的人回来就一锅一锅的肉。那个时候可好了，我就寻思那个时候真好！

那个时候夏天涨大水呀，房子就淹了，就现在这个八岔东杠，早先就是我们住的地方，现在搞大江当面儿去了。它年年往下堆泥，要不年年和泥堆，这村儿早都被淹了，塌方就塌里头了。到这时候，比这还早呢，开春了，开始抓狍子了，拿套儿套狍子。完了拿回来扒皮，把肉烀

---

① 东北方言，树林子。

## 二 "将来可能日本人会说赫哲语,中国的赫哲族倒不会本民族的语言了"

上吃肉。这肉一条一条的,吃不完就晒上,用绳子在外边儿晒上,晾完了就成了狍子干儿。那个时候哪有胶皮袋子,全是麻袋。

那个时候集体干活儿时,也不分你家我家,开春儿就干活去,没活时就都回家了。但是晾狍子干儿都是自己整自己的,留着冬天吃啊。晾完了冬天用水泡一泡,吃着可香了!炒鱼毛,哎呀,那个大怀头啊,好几十斤哪。鲤子胖头啥的,烀了都要肉,剩下的骨头啥的都扔下喂猪了。整不过来呀,可大滩子都是鱼,有的是!不像现在,这么点儿的小鱼苗还花钱买呢!

王:当时生产队干活儿也包括种地呀、打鱼吗?

尤:就打鱼呗!那时候没种地!也不会种,就往外包。这几年才学会种地,那几年有的是把苞米苗当野草这么砍掉的。有时往后瞅好几垄都没有苞米。(笑了)

王:您一共三个孩子?

尤:不,我一共七个孩子。三个男孩儿四个女孩儿。现在在身边的是老姑娘,剩下的都在同江。佳木斯敖其一个。老大是1963年出生的,属兔的。现在的孩子都种地,有车,种地的时候开车过来,平时都在同江,地在这儿。俺家老小子也在同江,老二前年得脑出血去世了。现在就剩两个小子,四个姑娘。老二没了,有三个孩子。大的结婚了,还有一个姑娘一个小子,和他们妈一家三口住。他们有地,反正也挨不着啥累,十来垧地,挺好挺好的。姑娘出去打工,小子在家呢。

图 2　尤文兰全家福（尤文兰提供）

王：听说现在这村里上同江买房的多啊？

尤：多，基本都是孩子上学就走了。市政府控制不让走就好了。八岔小学也黄了，咱街津口也要黄了，修这么高的楼，没有学生，你说不是白瞎吗？八岔的学校比较荒点儿，这街津口的多好啊，你把八岔的学生整到这儿来，街津口的学生你把他控制住，完了外地调来几位好老师，这不一下子就起来啦？你说这房子修这么好，孩子都没了。都走了，现在还剩几个孩子呢？早前儿还有初中哪！哎呀，光学生就有好几百人呢，在操场上跑着那才叫好看呢！我就可爱瞅了。我瞅着就想，妈呀，要是谁家有这么多孩子，那才好呢！你看现在哪有了？街津口的孩子就不应该往外放，这一放就都收不回来了。因为啥呢，都搁同江买楼了。俺们外孙子都在这念过，后来六年级后都砍了。没招儿啦这些孩子才走的，要不砍这些孩子还不能走。你看要是在家上学，得省多少工夫啊！你把八岔砍了行，你让八岔的学生上这儿来，完了你再整个好食堂，整个好管理，一下子就起来了。你看现在越整越水，完啦！

二　"将来可能日本人会说赫哲语，中国的赫哲族倒不会本民族的语言了"

孩子都跑光了！老师的孩子都走了，现在哪有老师的孩子在这儿？现在老师都在市里买楼了，现在那房子是学校家属房，现在还有几个了？就搁这教学的有，没搁这教学的都在同江买楼了。在这教学的也在同江买楼了，到礼拜五下午都走了，礼拜一早上才回来上课，一点儿不耽误。

现在咱这个小区走得差不多了，没几家了。渔业新村很多房子都是空的，没有人儿。条件也不行，冬天可冷了，我一冬天能烧40多吨煤，另外还加上3车柴火呢。

王：我看外面有房子贴着卖房，有外地人来买房吗？

尤：有！一般都是外地人来买房，他就是有钱了，买个房子在这搁着，完了来这儿玩儿去。人家就是玩儿，几万块钱人家根本不当回事儿。最好别在这儿买，不能坑人家啊，房子虽说安装有下水道呵，但一到夏天，厕所根本进不去！一到冬天刮大风刮大雪，有的时候出都出不去，有的时候好几天都出不去。没人管，俺们就等晴天了自己搞木锹推去，就推这么宽，好歹能出去就行！你要是买桶油扛袋面回家，就得累死你，可费劲啦！

王：这渔业新村当初盖的时候你们交钱了吗？

尤：交！个人交12500，完了装样子填土全是自己弄。俺家这个院子当院儿那条道，前一阵子不是有中央领导要来检查嘛，乡政府着急了，大量的车都上这儿来填土，俺们花了两千多买土呢！那家伙，那车呼呼的，有的是土。那把乡政府给急的呀！

王：中央领导是哪年来的？

尤：头四年吧！

陈：大姑，听说你还在同江教过几年语言啊？

王：是的，教过四年。尤利军主张教的。尤利军上北京上学进修，这事儿就没人管了。他这个领导挺有信用的！办事儿啥的可好啦！老百姓没有一个说这个那个的。民族啊、个人啊各个地方啥的办事儿都挺好的！现在换个人儿就不行了。今年乡长换届，新上任的一个叫高大鹏的。我见着他就说：大鹏啊，你得抓紧啊，办个语言班，就算礼拜六礼拜天有人头也行、有一个下午也行，你抓点紧整一整学一学，别等到像我们这岁数老大快没啦！我这几年身体也不好，尤玉发还行，尤金玉得了癌症，俺们这帮人儿里面就属我岁数最小，他们都80多了。我说你们抓紧，我能说几句就说几句，说一句是一句。到现在也没人管没人问。电视上说了，政府给赫哲族不少舢船，哎呀看电视说得可好了，那东西呢？就看着路灯了，这路灯还是召开乌日贡大会的时候着急整上的。人这玩意儿就这么一回事儿，这次要不是你们老师来了，不然我根本就不接待这些人。我都够了，用得着你了你就说两句儿，用完了就走了。你说他不办实事儿。

陈：现在你们老人之间还用赫哲语吧？

尤：啊！像我们岁数大点儿的老人在一起都说赫哲语，不说汉话！

陈：但是老人越来越少了？

尤：嗯哪！你看那边我嫂子都71了，南边有个董云芝她70，尤金玉得癌症好了在维持，我看也够呛，说话都有气无力的，他媳妇儿今年也73、74了。尤玉发也76

## 二 "将来可能日本人会说赫哲语,中国的赫哲族倒不会本民族的语言了"

了,就这几个人儿,这岁数大的再多一个就没有了。

陈:目前为止,除了李宁静和于晓飞之外,还有来学赫哲语的吗?当地的有吗?

尤:当地的白费,不学!就学校的毕立勇在教呢。我这里办班的时候,尤玉镯那二儿媳妇儿还都上这儿来学的。一大帮人来这儿学去,搞录音机录的。教这个课文的特别专,像背课文似的,认背,背完了再教。有的读的也不对,不对吧你说他,不对吗?都说出去了这上哪儿改去呀?错就错呗,你说这玩意儿咋整?是!咱会说两句儿,咱也不是说百分之百都对!

陈:这个情况主要是没有文字啊?

尤:对呀!没有文字呀,还不抓点紧!你像朝鲜族那啥的都有文字,你哪有文字,像俺们这些人死了就算完了!俺大姑娘还行,俺大小子今年49了不行。俺这小孙子,他行!他爱唱爱跳这孩子!我教他说教他唱。他放假在外学英语呢!

图3 穿鱼皮衣服的尤文兰的小孙子(尤文兰提供)

图4 尤文兰女儿早年缝制的鱼皮画（尤文兰提供）

陈：赫哲族没有文字，俄罗斯的那乃人有文字吗？

尤：我觉得他们好像也没有！他们现在搁中央整一两个名额，去那头去参观去，拿着语言沟通，不整俺们这样的人，都整那个二三十岁的人去玩儿去，完了回来拉倒！搁家都听不懂，上到那儿能听懂去吗？他也有很多和俺们不一样的，像俺们之间能沟通。九几年吧我去了，那是那个日本邀请的。日本人和那个俄罗斯人开的21世纪文艺交流座谈会，日本人邀请我去的。日本人经常都来呀，教授啊老师啊，俺们都见面吃饭啥的，完了邀请我，还有北海道那个阿伊努族的姐俩，一个姐姐一个弟弟，我们三个。本来是8天的，后来11天，超了3天。俄罗斯人还罚了我们好几千块钱。那边人一听说我们去了，就来了好几个老头儿和老太太，和我们这边一样，割了几个黄瓜，切成四瓣，2斤酒，我们去了6个人，把这酒都喝了。

陈：那边的那乃人比这边多一些吗？

尤：那边的比咱这边的多。现在哪儿都是啊，现在真

## 二 "将来可能日本人会说赫哲语，中国的赫哲族倒不会本民族的语言了"

正的少数民族都少了。那边那乃人也是，都找俄罗斯媳妇儿，就像咱们也是找汉族人当媳妇儿是一样的。哎呀，这个俄罗斯人抱个孩子，孩子多像他媳妇儿，多像个小毛孩儿。（大笑）是啊，那小毛孩儿可好看了。自己和自己人结婚生的小孩儿就不得了，小眼睛、圆圆脸儿，一看就能看出来。

陈：你们过去了，你们之间还有民族感情吗？彼此之间亲不亲？

尤：亲！可亲了！看着我们又乐又笑的！有一个女的，是黑龙江哈巴的医生，她儿子也是医生，看着我们了，哎呀，乐得，搂着哭哇！咱这边的生活条件好，那边确实不行！那边没钱的人也白费！她家的丈夫也是赫哲族，他们家一家三口都是赫哲族，他们做手镯子啦、耳环啦等工艺品之类的。

陈：那边的那乃人是不是和我们这边的人有亲戚关系啊？

尤：有的有，前两年还有一个人来认他姐姐的，他都有60多岁了，咱到哪去认识他姐姐去？那可能是八岔的，伪满的时候跑过去的，有的是这样跑过去的。

陈：街津口属于赫哲族人最多的了？

尤：街津口数来看是最多的了。八岔才多少啊，老的都死了，现在会说赫哲语的还差不多剩4个了吧。

陈：街津口是汉语叫法吧？

尤：街津口是汉语叫法，要是赫哲族的话就是盖津发。盖津是街津，发就是地方。

陈：现在还有别的赫哲语地名吗？

尤：没有。哈鱼①也算是！

王：现在赫哲语的传承其实遭遇了一个很大的问题啊！但是我看那个依玛堪艺术团里表演的人还在说赫哲语，是吧？还有官员等一批人还在说，老百姓就不说了吧？

尤：老百姓像俺们这样岁数的人还在说，好像不说不得劲儿似的。中年以下就不会说了。你看街上他们开的那个画店什么的，他们都是山东老坦子家的，他奶奶是俺们赫哲人，他爹都不是了，到他这块儿能会吗？你说他都不知道是啥。

王：原先赫哲族有几大姓？

尤：尤、付、吴、毕、葛等，这几个算是最大的大家族。姓尤的多，饶河那边姓葛的比较多，到街津口、八岔的，都没有姓葛的。街津口、八岔姓尤的多，姓吴、姓付的不多。姓尤的就纯赫哲族的，姓吴的也是，有其他姓的这个啦就不是。他们是关内逃荒时来的后代，是伪满时期过来的。那个时候赫哲族人不多，就把姑娘给他们了。

王：赫哲族人很早就和外族通婚了吗？

尤：嗯！像俺们那个时候就是父母包办！自由找对象

---

① 哈鱼岛位于黑龙江省东北部同江市街津口西6千米的黑龙江上，归街津口赫哲族乡管辖，原名"倪汉都通"（赫哲语）。哈鱼岛作为中俄国际经济技术开发区，地理位置十分重要，哈鱼岛与俄罗斯隔黑龙江相望。1918年即有赫哲人在岛上居住，以捕鱼、狩猎为生。因该岛地近哈鱼屯，故历来称其为"哈鱼岛"，由14个岛组成，长约7.5千米，宽约4.9千米，总面积约25.9平方千米。岛上柳、柞、榆树等林木丛生，附近水域水产富庶，历来为街津口群众捕鱼、狩猎之地。

## 二 "将来可能日本人会说赫哲语，中国的赫哲族倒不会本民族的语言了"

都不行！往下都差不多，与汉族通婚的多了。我家还有个例外，就是我家大姑娘的婆婆公公都是赫哲族，娘家这边爹妈姥姥姥爷都是赫哲族。俺们大孙子处的对象是赫哲族，她爷爷在八岔，叫吴振海。她今年25，属兔的，他俩同岁！我儿子给我打电话，妈呀，给我乐坏了！我正想找一个赫哲族的姑娘给我做孙媳妇，正愁找不着呢！自己送上来了！我说要！（满足地笑）给我乐够呛！

王：你孙媳妇会赫哲语吗？

尤：不会，她妈是汉族。她的爷爷奶奶都是俺们人，俺们以前都是八岔的，她爹什么的我们都认识，她爹老四，我跟她二大爷都是同学呢！

王：赫哲传统的民歌、依玛堪你会吗？能唱吗？比如《山丁子红了》？

尤：这是写作的歌曲，他们现在唱的都是写作的歌曲。写作的歌曲我不会。

王：传统的民歌你会吗？

尤：传统的啦、自编自演的啦这我会。其他的写作、谱曲的我都不会！

王：《大顶子山》是传统的民歌吗？

尤：不是，是后写的。

王：那是郭颂老师在以前传统的民歌基础上重写的吗？

尤：那个你们真是搞错了，这个真是郭颂的歌。那时候，你大姑父和郭颂他俩可好了。他们从1961年、1962年就开始出去演出，那时候没人唱这首歌，完了吴藻池写的词，俺家你姑父抄的，整完了郭颂就这么唱出来的。以后郭颂唱红了之后，这班人什么版权哪这事儿那事儿就来了。他们还打官司了。我就说这事就是你不对了，你管他是汉族人啥的？其实这事也怨不着郭颂，他错就错在要这个版权，他错在这儿了。你郭颂要不了版权，人家能让你要吗？虽然是你唱出来的，但不也是俺们赫哲族的吗？

他们三个可好了，像一根线上的蚂蚱似的，在俺这吃、俺这住，晚了就不走了。后来郭颂来这演出，谁缺德，正唱着唱着有人就把他的线给拔了。从那以后，郭颂再也没来了，上南方了。

陈：种地什么时候开始的？

尤：种地吧，有十五六年了，那时就开始分的地，不会种啊，就往外包，包便宜啊，才几百块钱。后来汉族人教种地，怎么打垄怎么起垄，学会了就自己种。开发之前有13年了吧，然后才自己开发。那时他们就在哈鱼岛，就是现在那个过山桥那块儿开发的地。哎呀，3年啦，颗粒不收啊！那么大小伙子，穿的旅游鞋都坏了，都露脚趾头！我看船要钱就给俺家小孩儿买鞋买裤子。他们家四口人，俺二小三口人，都我一个人养活。那时我看船啊，一个月能挣点儿。买粮，一家给点儿，老给也整不过来呀！他们都在俺家住嘛，早上起来焖，都是十口人的大锅，就这样焖一大锅饭，炖一大锅菜。那时俺养猪，冬天还杀猪，但是孩子多啊。那时做好饭后，在窗户外叫他们起来吧起来吧，起来吃饭了。（笑了）就这样。这地一淹就是三年啊！

## 二 "将来可能日本人会说赫哲语，中国的赫哲族倒不会本民族的语言了"

陈：你大儿子叫什么名？

尤：大儿子叫尤忠兵，他开发早。当时付铁军当村长他最先开地，现在他的地也是最多的。后来文件拿下来了，俺家小子就开始开地。后来俺三弟弟叫尤文起当村长了，大家都可以开地了。那时开地也挺费劲啊，都是林地，林业局不让开，但渔业村实在没办法了，鱼少了，就只能开地了。完了开地时被抓住了，就让村长去说说，完了也就拉倒了。开完后的地林业局给没收了，完了看渔业村没办法，后来又还给村里了。

哎呀！当时整点地也是不容易啊！那个时候用推土机推，有的时候那树太大了，有那么粗，你看那根子不得有房子那么大呀？推土机也推不动，给累得够呛！反正整点地也不好整啊！那个时候从河边往上，都是树，没几间房子。

王：听说这村里的地也不平均啊？

尤：那多开就合适了呗！你没开就活该呗！怨自己，不怨别人！

王：你家老大的地也包出去了还是自己种？

尤：都包出去了，自己种个一垧半垧的。

王：除了吃租金外，还干点别的吗？

尤：也出外干活啊！啥都干！一年也不闲着。一直打鱼，这二年才不打鱼了！他体格不行啊，别看他胖！就他打鱼养活这一家人。俺家你姑父死的时候，那老小子才一岁多点儿，那他才十五六岁呗！就他养活着一家人，我一个老太太有多大能耐呀？！我说这要是哥哥这是！你要是父亲活在世上有能耐的行，没能耐的呢？你说是不是？没能耐也没钱娶上媳妇儿！俺家老大有正事儿，老二结婚了，老疙瘩①结婚了，四个妹妹也都出嫁了，所以这也算够劲儿了，一个当哥哥的。老大贡献最大，父亲死得早哇！现在还管呢！一到冬天啦，就回来拉柴火拉啥的，整完了才回去。不过，儿子再好还是媳妇好，儿子说话不好使，媳妇好才是好。俺家的媳妇都行，都挺好的！

陈：现在你家的子女不说（赫哲语）了吧？

尤：都不说，除了俺家大姑娘！她经常出去开会啥的就说。她叫尤忠美，家在敖其，今年48了，属蛇的，能唱能跳。她也是省级鱼皮服饰制作传承人。家里有一幅鱼皮画，都是她用手给缝的。那时也没有胶水啥的。用手绞图形，绞完了用手缝。她们家开着一个小博物馆。粘画儿这玩意儿吧不省年头儿，一整就掉了。这个你就怎么弄也不带开的。

敖其是个镇，后改的赫哲族镇。后改的纯赫哲族没几个。俺们去那个地方开座谈会时，他那个地方的66岁的人都不懂。吴明新老师在那旮瘩教赫哲语后，那边的人会说不少了。人家那儿吧到点就把吴明新拉到敖其来。8点到11点左右就下楼，车子再把他给送回去。人家那搁车接搁车送，各个年龄段的人都可以去学。俺这儿，去找都还不学。我都找了两三回了，没人管。后来我也不问了。（苦笑）

---

① 东北方言：最小的儿子。

二 "将来可能日本人会说赫哲语,中国的赫哲族倒不会本民族的语言了"

陈:赫哲语发展不乐观啊?

尤:不重视啊!要重视的话,一大天也可以弄半场啊!你啥事儿这么忙啊?你要真忙的话,你可以告诉俺们渔业村的村民啊,你告诉他们去学课去。有的时候就想,这越往后越难了,尤利军现在也忙,忙得够呛,也抓不过来呀!真是"天高皇帝远啊"!上面开会非常重视这个赫哲族,到下边了,就像小河的水就这么淌过去了,没了。去年乡长换届时,在同江市里做保证,保证把这个语言学好。现在都一年了,语言学什么好啊?到冬天了,谁去人家里学去啊?大冬天的,渔业村里又不烧柴禾。咱这儿从11月份就开始冷了。到4月中旬算是暖和一点儿了,5月初开江。

陈:这边的旅游景点到冬天还有人吗?

尤:没有了,这大冬天的!景点里也没什么玩意儿啊!里面就一个大莲花池子,去年还开了一池子莲花,今年啥都没了。不知道谁抠走了!不过莲花好搬家!池子里的水要埋汰的话,就搬家了。那玩意儿才怪呢,会搬家。

王:这赫哲语现在这边虽然还不太受重视,但你可以先从自己家里的人教起,把自己家的后人教会了或者多教一点,那也是对你们本民族做了一个大贡献啊!

尤:哈哈!我家小孙子还行,能说不少呢!能说会唱的!因为这语言吧,俺们在市里开会时,也和我一个同学吵过!他说:"哎!算了吧!全搁国际音标标吧!"我说你这是干啥呀?我说那你还要这个民族干啥呀?全用国际音标标呗?你说要是哪个音不会吧,可以用国际音标代一下,你说要是全用国际音标代那是不行的。虽然我说的对不对我也不知道。我们就吵吵了一两句儿。他有病,他气管给割了。他要是气管不割了,俺俩就能打起来。他们都写书呢,孙玉森①、董群都写书呢,他那个书写得怎么样,咱也不知道!写得好不更好吗?咱就买一本看看。

王:国际音标是全世界通用的一种记录语言发音的工具,任何一种语言都可以用它来记录发音。但是,它与实际的说话不是一回事!

尤:嗯!要是音呐可以用国际音标给矫正可以!你可以用国际音标记录语音,但他说用国际音标代语言,我认为不行。

当时我向民委领导要两三千块钱买个桌子凳子教学用,那时我家还是三间房子,民委领导说:"哪钱?没钱!"哎呀!当时给我气完了!后来有各个地方的学生到一堆儿学一学玩一玩儿哪,后来我就不想整了。整不动了,你想整没人支持你!

---

① 孙玉森,男,赫哲族,1956年12月14日出生于黑龙江省同江县街津口村,毕业于牡丹江师范学院体育系,中共党员,曾任同江一中教师、白酒厂工会主席、街津口乡副乡长、乐业镇副镇长、同江市文化局副局长等。1978年以来,他在工作之余积极从事赫哲族文化遗产的挖掘、文学艺术的创作和有关赫哲族的研究。他创作的歌曲《赫哲酒歌》被佳木斯市电视台拍成音乐电视;歌舞《冰雪渔歌》在中国第三届艺术节上演出并获好评;歌曲《赫哲人的歌》在"96全国文化长廊之歌"征评中获优秀创作奖;挖掘、整理并领舞表演的《东方萨满神》在日本"94福井国际艺术节"上演出,独舞《神鼓舞》参加了俄罗斯那乃族的文化艺术节。在挖掘、整理赫哲族传统体育项目方面,《叉草球》《鹿毛球》《挡木轮》等项目参加了全国民运会的表演,其主持表演的《鹿毛球》《挡木轮》在全国第六届少数民族传统体育运动会上获得表演一等奖。他创作的歌曲和收集整理的民间文学作品分别收录于《赫哲族民间故事选》《黑龙江民间文学》《北方音乐》。

二 "将来可能日本人会说赫哲语，中国的赫哲族倒不会本民族的语言了"

每年你们学生都有下来的，尤其是徐万邦①的学生比较多，每年都来。徐万邦的妻子尤文芳是我的妹妹，比我小一岁。她是我姨的女儿，他爸也是我叔。当年我和她一起在同江上学，当时他家条件好，我叔挣工资，我爸打鱼挣不了几个钱儿，我妈为人缝裤绑也挣不了钱，再说了，俺们家姐妹儿一大帮，也得吃喝，所以，我13岁就没念了。

1996年的时候，从日本来了几个学者，让我去北京教课，有30个学生，当时于晓飞也去了。在中央民族大学附近的旅馆住，一早一晚教课，在那待了一个月，徐老师也去了。

王：中国赫哲网办得怎么样啊？

尤：尤俊生弄呢，他在依玛堪艺术团呢。他原先是电厂的，他是我老姑家的，但俺们很少来往。我以前上网讲给那个哈尔滨的陈恕的，连唱歌讲故事带唠嗑儿，从5点多讲到11点多钟，云南来的几个学生给我录的，录完了给放到网上了，上网呢，无形中让我哈尔滨的一个学生给碰上了，完他又用电脑给录下来了给我看，后来又看到两次，后来就不知道咋整没了，现在电脑里一点也查不出来了，我的那些资料都没有了，早先这些资料一查就能查出来的。那些有用的资料不知道是咋的了，反正都没有了，查不出来了。早先我们开的那些座谈会啦民族交流啦，这些资料都有，后来也都没有了。当时讲的那个故事用赫哲

---

① 中央民族大学教授，民族学专业博士研究生导师。

语讲的，完了又用汉话给解释的。

　　我丈夫生前是个演员，爱唱爱跳，是民族干部。当时的几部电影《八月北大仓》《水上工农兵》等他都参与拍过。

　　将来可能日本人会说赫哲语，中国的赫哲族倒不会本民族的语言了。有一个日本的教授，学那乃语，那学得才好呢。他和李宁静一起来过，来了后俺们一起唠嗑，那教授学得可好了。年年坐飞机上哈拉待二十多天，跟一个老太太学，在她家吃在她家住。一年去两趟。等她学好了之后，领着那老太太坐飞机到日本，待了一个来月。

　　王：有中国的学者上你这儿来学的吗？

　　尤：有！但是他们都不行！拿书印的，完了照着读。不行，他们不认真学。他要认真学的话，他就不会着急忙慌地照着书念念就过去了。他没寻思这个词儿到底是怎么回事！在那儿稀里糊涂地一篇一篇地念哪！个个都是20多岁的小孩儿，都是老师派下来的。

　　王：我听二姑说，这个赫哲语的语气是很重要的，里面的寓意也是很丰富的。语气不同，意思可能就变了，这就是用汉字记赫哲语的一个很大的弊端。是吧？

　　尤：是的！每一个民族的语言的语气都不是那么千篇一律的，都是很丰富的。不掌握这个赫哲语的语气，就不算是赫哲语。

　　王：现在一提到赫哲族，就知道鱼皮服饰、《乌苏里船歌》、依玛堪等等。依玛堪现在有人在弄吗？

　　尤：依玛堪有人在整，吴宝臣不是依玛堪传承人吗？

## 二 "将来可能日本人会说赫哲语,中国的赫哲族倒不会本民族的语言了"

你想要了解依玛堪,你们就去找他去!

王:依玛堪讲些什么内容啊?

尤:就是说唱故事。吴宝臣讲的依玛堪我听不太懂!吴明新还行,他也是国家级依玛堪传承人。

王:有没有人是你们老百姓非常认可的唱依玛堪唱得非常好的?

尤:没有!这依玛堪连说带唱谁都会两句儿。这依玛堪是站在那儿或坐在那里稳当地说好好地唱,没有说带个鹿脑袋弄得像个神似的那么唱的。以前俺们前面有一个姓尤的老头,成天给俺们讲成天地说。那个时候俺们喜欢听故事,汉族人都是讲笑话嘛。那个时候,他就坐在那疙瘩,点个油灯,一屋子的人。那个时候没有这灯,点的油灯,有的在家拿点豆油来,有的从家拿点果油来。那老头就稳当地坐在那里,又管唱又管说。去世了的葛德胜,说依玛堪时也是那样的连说带唱稳当地,还有那个尤贵仁也死了,他也站在那里好好地唱依玛堪。依玛堪的意思我是这么想的,跟说那个大鼓差不多少,这个就是没有鼓。大鼓书说一会儿唱一会儿,咱这依玛堪也是说一段唱一段。人家那有大鼓,咱没有大鼓,它是大鼓书,咱这是依玛堪。我这么笨寻思哈,我觉得它俩差不多。大鼓书说两句又咣咣敲鼓,依玛堪说两句又唱两句。我认为它俩是差不多少。

王:说是说情节,唱什么呀?

尤:也是情节的一部分呗!比如说讲个故事,说有两个人儿,谈恋爱啦,一个小伙子没媳妇儿,看中一个姑娘了，又怎么怎么地了，讲个故事呗，完了接着就唱：啊，这姑娘又高兴又欢乐了，又怎么怎么地了，完了又停了，接着又说：这事儿就这么定了，爹妈同意了，爷爷奶奶又是怎么上香上供了。完了接着唱，唱完了又接着讲。我这么寻思就跟大鼓书差不多少。

王：唱的时候一般就是抒情呗？

尤：嗯哪！唱得高兴有高兴的调，唱得悲情就有悲情的调儿。有的时候是苦调儿，这都没准儿！一般就是抒情，有很多种调儿。

王：看来依玛堪与跳萨满是不一样？

尤：是，不能和跳萨满一样。萨满就是萨满，是神舞，跳大神儿。人有病了，就跳大神儿去，这是萨满。依玛堪与这个不一样，就坐着唱，唱完了说。不是像有的人唱的依玛堪，那家伙，神鬼都来了，一起划拉！整出啥玩意儿来啦？我也不明白！

王：你亲眼看到过怎么跳萨满吗？

尤：怎么没看见呢？我几岁就见过跳萨满。那个萨满跳的吧，人家那个蹦，蹲着，哪像那个幽灵似的？人家那个萨满"嘭、嘭、嘭"，可有劲啦！我看那个跳萨满的老头儿，体格老大，戴摇铃戴腰带戴神帽，人家稳当，"嘭、嘭、嘭"脚有劲。那个时候家家都是土，没有像现在这样的，跳得非常有劲，一蹦像个墩子似的，噗通！噗通！萨满跳得很稳当，不像现在有的人跳依玛堪时，像幽灵似的，一幽就过去了，轻飘飘的。这些人演出啥的，多会儿我也不去看！咱也不会，咱也看不懂！不如在家浇点花收

二　"将来可能日本人会说赫哲语，中国的赫哲族倒不会本民族的语言了"

拾收拾屋子。

　　这赫哲族语言吧，有语音没文字，只能用脑筋记，记不住就完了。从小学会了行，从小学会了就能自然而然就变过来了。语言不是那么好学的，一个民族的语言三天两天就能学会了？那肯定不会！用国际音标代替语言，我认为是不行！国际音标只能是记音，记录下来行，但是语言还需要说，说和写是两个系统嘛！赫哲语用国际音标记下来了，但没人说了，这门语言也相当于死了。国际音标能带出来这个赫哲语调吗？一门语言光记下音标而不说，也不行！

# 附录　2012年6月29日陈曲访谈尤文兰的故事专题

　　陈：三号三江口的乌日贡大会大姑您去吗？大部分人都会去吧？

　　尤：没有，有节目的人去，没节目的人愿意去才去。

　　陈：那您有节目吗？

　　尤：我没有！我多会儿都不去。去年就在这街津口广场，来的人不少呢！

　　陈：去年在街津口吗？

　　尤：嗯！年年都有乌日贡大会，去年是小型的，来年是大型的。

陈：今年虽然说是小型的，好像说不光是街津口的人吧？

尤：嗯！还有八岔和同江市里的人。小型的话一般就自己在自己家这块儿玩儿了，八岔的在八岔举行，饶河的在饶河的举行，大型的话大家都凑一块儿玩儿。

陈：听说今年哈洽会赫哲族也去表演节目啦？

尤：啊，去啦，你二姑（尤文凤）去啦。她们去就俩人儿。

陈：我在书上看到过几篇赫哲族动物故事，里面有一则老虎报恩故事，情节是这样的：有一群猎人结伴上山打猎，其中有一个小孩儿从小丧父，家境困难，也跟着队伍上山了。晚上宿营的时候，临时搭建的撮罗子外边老有虎叫的声音，很是吓人。每晚如此。大伙儿很害怕，于是商议通过向外面的老虎扔帽子，看老虎叼谁的帽子来断定谁出去喂老虎。结果大伙儿一齐往外扔帽子，老虎却径直走向这个小孩儿的帽子前坐下。这时，小孩儿不得不走出撮罗子，胆战心惊地走向老虎。当他走到老虎身边的时候，老虎并没有吃掉他，只是把虎掌亮给他看。他发现虎掌上扎了一根树枝。他一看老虎痛苦的样子心一软，就使劲儿把树枝给拔出来了。之后，老虎前肢跪在地上，不断地给他作揖表示感谢。老虎不但没吃他，以后每天早晨起来一开门，就发现老虎给他驮来很多猎物。从此，在老虎的帮助下，小孩儿和母亲过上了好日子。这个老虎报恩故事大姑您也知道吧？

尤：知道啊！现在这个"依玛堪"啊"说胡力"啊，

## 二 "将来可能日本人会说赫哲语，中国的赫哲族倒不会本民族的语言了"

我的想法是，只要你会语言，就像讲课似的，心里有啥，自然就能把这个故事说出来。以前的老人坐在那，一说就能说好几天。现在的人做不到了。

陈：您小时听过动物和猎人之间报恩的故事？

尤：也听说过，但不是每个人都讲得出来。我小时听的老虎报恩吧，是说老虎的嘴里卡住一根刺儿了，也是说一帮人都吓跑了，就有这个二十多岁的小伙儿没跑，老虎就张嘴直点头直点头。它一张嘴巴这小子就看到虎嘴里一根骨头在那立着呢。这小子就撸胳膊挽袖子就把手伸进去了。他也寻思了，反正我要不把骨头拽出来呢你死，我要把胳膊伸进去你一咬我就残废了。完了就寻思了，还是把手伸进去慢慢慢慢地把骨头往外拽，就给拽出来了。这个故事吧要说有它也有，为啥呢，要没有的话这个事儿咋讲出来了？

陈：我看我们学校有关赫哲族研究资料里面介绍说，大姑您是现在唯一一个能用赫哲语讲故事的人！

尤：我讲故事吧，我心里有啥我就说啥。今年敖其给我报了一个省级的赫哲族说胡力传承人，主要是因为我说赫哲语。

陈：大姑您给我们讲一段民间故事呗？最好是人和动物的啊、动物报恩之类的故事。比如说人和狐狸、人与狗之类的。

尤：讲呗！呵呵！动物故事有很多，有关老鹰的故事我给黄任远啊、于晓飞啊、李宁静啊讲得可多了。反正我想到什么我就讲什么。从前吧，有这么个小部落儿，也没几家人。那时人可少了,有几家呀?有个十家八家那都是大屯子啦,有的小的地方就有三家两家,就这样在江边打猎,以打猎为主嘛。哎呀有一天哪就刮了一阵大风,这个风刮得呀,黢黑黢黑的,满天乌云那刮的,啥也看不着了。完了一晴天了呢,这屯子刮得都没人了。房子都刮塌了,人都刮哪去了都不知道。反正这风是黑风,人家说这是鬼呀,来鬼啦旋风啊把这些人都卷走啦。人都卷走了,就剩下江边一个老太太老头子两口子,一刮大风呢,就在山边有个洞,那老两口呢就钻洞里头了,钻洞里头呢这大风就没把这老两口给卷走。完了他俩就过了很长时间哪,风也静了,雨也停了,也不打雷了不打闪了。完了这老头老太太一看天好了太阳也出来了,就搁这洞里慢慢往外爬就爬出来了,一看天挺老好的。远处有一棵大柳树,那个柳树年头远啦挺粗,早先的柳树挺粗,不像现在这个砍啊放啊,那时都没人动它。一个大柳树根儿底下有一个小孩儿,搁布包的,那小孩儿在那叫的。那老两口就光听见这小孩儿叫就不知道在哪儿,找也找不着,找了两天也没找着。有一天就来个大老鹰,挺大挺大的一个大老鹰就把这个小孩儿给叼起来,就好像听到一阵"呼呼呼呼"的风刮过来了,这老头老太太一寻思这不是又来黑风了吧?于是刚想往洞爬的时候,这老鹰就落这脚底下了。妈呀这样看,给叼来个小小子,小小儿的。哎呀这个老太太给乐完了,这个部落里一个小孩儿都没有了,还能捡个孩子,挺好,这命挺好!以后有养老的了。这一来二去呢,这老鹰天天给这老头老太太叼肉。这老太太就烀啊,把这个肉给

## 二 "将来可能日本人会说赫哲语,中国的赫哲族倒不会本民族的语言了"

烀熟了喂这小孩儿。什么鹿肉哇、狍子肉哇就给这孩子叨。这年头多不扛混,一晃就到十二三了。这孩子长得好啊,可漂亮了,能打猎。这老头儿就领着打猎呀打鱼。早先这鱼也多,打上这大鳇鱼了就不缺吃不缺穿了,不过就是没有穿的。那时有这个跑风船,就用这个跑风船装上狍子皮啦貉子皮啦狐狸皮啦,就同汉人换点小米子啦,换点儿针头线脑的啦,就这么活了。哎呀这孩子长得可漂亮了。一来二去这孩子长到十六七了,这孩子也打猎,形影不离地跟着这老头老太太。这几年过后哇,还是那样刮大风啊,这风刮得黢黑黢黑的,也不知道这风是哪儿刮的。这老头老太太和小孩儿又钻这山洞里了。刮了一阵子,这风又过去了。这风也停了,雨也停了。待到第二天中午吧,西南那一方吧,哎呀就觉得什么玩意儿通红通红的铮亮,慢慢儿慢慢儿地就过来了。这老头老太太就寻思这是什么玩意儿,又来鬼啦?这小伙儿就往天上瞅,一瞅就看见天上来个大仙鹤,仙鹤是个红脑袋,这疙瘩不是有一簇红毛吗?鹤顶上背着个大姑娘来了。这老头老太太不知道这是干啥来了,就搁那儿磕头哇!这小伙儿站在那儿,手里拿一个扎枪头子,寻思:"你要是来害我爸我妈,我就用扎枪头子扎你。"这鹤慢慢慢慢地就落在这疙瘩了,落了后这小姑娘就下来了。下来后这鹤就给这小伙儿直点头哇!完了这小姑娘说你别害怕,她是鹤仙。它是鹤仙里的头儿,它把我送来了,给你当媳妇儿。问你行不行?这老头老太太在那儿猛磕头,把头都给磕破了,起来一听,这小姑娘要给自己儿子当媳妇儿,乐完了。这小子也挺好看的，听到这儿这小子也乐得直点头说行行。这仙鹤就飞了。这小伙儿和小姑娘成婚后，过了一年多就生了一个小姑娘。这时一只老虎领着一帮老虎就来了，这仙鹤也领着一帮仙鹤来了！这老鹰也来了，就给他们跳呀唱呀，给这帮人儿乐得！呵呵呵呵！

陈：这小孩儿是树生的神话，蒙古族也有，也是说刮大风啊把人都吹走了，一个小孩儿在树洞里面大哭，小孩儿哭累了渴了，汁液顺着树枝掉进小孩儿的嘴里。

尤：对对！这故事也有这个情节。这个故事还是听我这个奶奶婆婆讲的。我结婚早，18岁结婚，父母包办，我那时在勤得利上班多好啊！父母说赫哲人还得找赫哲人，找汉族人不行。那时我在八岔上班儿，上了两年，父母说不行非得结婚。

我奶奶婆婆说汉话不行，只能说赫哲语。说汉话吧，磕磕绊绊的，就像朝鲜族老太太说汉话一样。她讲的可有意思了，那时没有电灯，点的是罩子，都那样高的灯，点火油，睡不着觉她就给我讲。那老太太讲得可好了。那时我岁数小没有孩子。她讲的我都能记住。

陈：那您还给您的孩子们讲这些吗？

尤：讲！他们都乐得哈哈的，都说我是中毒了，中他们太奶奶的毒了。哈哈！哈哈！

陈：我外婆也给我们讲故事，主要是讲孝顺的故事。孝顺的儿媳妇有好报，不孝顺的儿媳妇儿遭雷劈。

尤：嗯！那是呗！

陈：那您给他们讲这些吗？

## 二 "将来可能日本人会说赫哲语，中国的赫哲族倒不会本民族的语言了"

尤：也讲，但是他们都不愿意听。我家孙子、孙女儿、外孙子都有十三四个，都搁外地呢，不在跟前儿。

陈：您给您儿子讲过吗？

尤：哪有时间啊？他们小时读书，完了就回来打鱼，后来就结婚分出去过了。有孩子我就给看孩子，人家白天黑天在外打鱼不搁家。

陈：有没有关于熊瞎子的故事？

尤：有哇！那时也是有一对老头老太太住在江边打鱼，老人岁数大了，年轻的时候挑水啊劈柴呀啥都能干，一到岁数大就干不动了。有一天，这老头上山打猎去，这老头儿叫巴彦，溜达呗，捡了一个小黑瞎子回来，他家养个狗，打猎的不都养狗嘛，不大的时候捡回来的。捡回来后就喂它。那时都是地窨子，哪有砖房啊，都是挖的地窨子。老头在地下铺的草，一个黑瞎子一个草垫，一条狗在地窨子里。完了就待了一年半年的，这黑瞎子就长大了。老头出去干活儿了，挑水直晃啊，挑不动啊，这黑瞎子一把就抢过来了搭在肩上，嗖嗖的。那时挑水都是用小木桶挑。从那以后，这黑瞎子就天天给他挑水天天给他挑水。冬天了，这黑瞎子搁脚一踩一个窟窿，一踩一个窟窿，完了就搁水筲往上拎水。这黑瞎子后来就走啦，这黑瞎子是公的，要找媳妇儿吧，就走了。走了半年吧，哎呀，又领回来一个母黑瞎子，又领回来两个小黑瞎子，那就是它的小崽子呗！哎呀，这黑瞎子就舔这个老太太呀，舔呐，还回头瞅这母黑瞎子，就好像说我是这人养大的呗！一看那意思可能就那样！这俩小黑瞎子都来舔。后来老头说了：

"你们都走吧,你们上山自由地去玩儿去吧!走吧!"这黑瞎子们不走!一到干活儿的时候,就去挑水去。这母黑瞎子"哼哼"搁手打那木头,打完了用脚踹呀,把那木头踹得一咕噜一咕噜①的。小黑瞎子就往老头家跑,老头老太太乐得够呛。完了黑瞎子一家说啥也不走了,哪也不去了。这不是动物报恩吗?!这一小儿就给养大的!养狼就不行啊!狗和狼就差远了!

陈:我也看过一则养狼和养狗的故事。故事说一个猎人打猎的时候捡了一狼崽儿,他寻思把狼养大了给他抓猎物,于是决定养狼。同行的人劝他放弃,他不听。把狼养到半大的时候,狼每天吃不饱了,饿得不行,半夜趁主人睡觉的时候想吃掉主人,这时狗保护主人,与狼撕咬到一块儿了,听到狗叫声,主人醒了,他看到狼把狗咬得奄奄一息,正准备来吃他呢!同行的人听着狗叫声也赶过来了,他们一起把狼给打死了。这时他才幡然醒悟,说养狼是错误的,狼不像狗是养不家的。

尤:这个我也知道,我给于晓飞和李宁静也讲过,给她们乐得!

陈:大姑,您还听没听说过狗报恩的故事?

尤:听说过呀!说一个猎人带着狗上山打猎,累得没招儿了,就睡在路边的草丛里了。这时发山火了,这狗怎么招呼他,他也没醒过来。狗一看这火越烧越近了,它找到一小水泡子,往里一滚,毛上沾着水,回到主人身边,

---

① 东北方言,普通话意思为"一截一截的"。

## 二 "将来可能日本人会说赫哲语,中国的赫哲族倒不会本民族的语言了"

把水抖到主人身边的草上。一趟趟地,这狗就这样救了主人,自己却累死了。这个故事吧我听别人讲过,这个人是谁呢,那年我上哈尔滨开会,有一个蒙古族男的讲的。

陈:这个故事满族也有。

尤:是!一个满族人也讲过,这个满族人不会讲满族话,大概30多岁,是个老师。他说他听一个满族老太太讲的。那年有满族的、鄂伦春族的、达斡尔族的还有咱赫哲族的,还有日本的、新加坡的,还有韩国的去了四个教授。那个会议开了可能12天还是13天我忘了,大家轮流讲故事。

我也讲了。那时是三天讲一个课。你这一个人儿就这一天,有的吧说不上来的时候,就得让你停了想,想完了再讲。可累人了,那可真累啊!

陈:赫哲族还有什么动物报恩的故事吗?有没有鹿啊狍子报恩的?

尤:狍子也有,但是狍子也没有什么大力。

陈:鱼有没有?

尤:鱼有!这玩意儿吧,你心里想着这鱼怎么养活人怎么救人,完了你就能说出来呗!有的人讲过能记住点,但有的记不住。说有个这样的故事:有一个村庄吧人人都在挨饿,还有这个瘟病啊得了就一家一家地死,有的吧饿得吧都走不动啊。这个小子吧成天打鱼,打鱼吧打上个大红鲤子。打上来之后,这大红鲤子就掉眼泪,就哭,就一个劲儿地掉眼泪。完了这小伙儿就问,说:"你怎么还哭呢?别哭哇,你要是有怨的话我把你放回去吧?"那鱼就是哭。后来那小伙儿就说："你为啥总是哭哇？你要是有冤情的话我把你放回去吧？"那鱼就不哭了。那小伙儿就说："哦，把你打上来，你怕死啊！那把你放江里吧。"小伙儿就拿手把它捧着就放江里了。游游游，这鱼就没有了。把鱼放走了，这小伙儿就说了："我把你放走了，我们全部落还指着喝鱼汤救命呢！我怎么整呢你说？"后来他又打却打不了了。

  这鱼呢也是龙宫里的公主跑出来了，她回去以后，就赶了一群鱼让这小子一网给打上来了，好多鱼呀！把这小子给乐得呀。后来突然刮来一阵旋风，这个水不就是打转转吗？这红鲤子就顺着这个溜劲儿就上来了。上来一下子就蹦到这小子的船头上了，一下变个姑娘。这小伙儿说："哎呀妈呀，这哪儿来的这么个姑娘啊？""你刚才不打着一个大红鲤子吗？它就是我！"她说，"快点儿吧，我帮你往上拽拽，赶紧往上整鱼，回去给大伙儿吃吃。"回去后，这姑娘整了一口大锅，煮了一大锅鱼肉，大伙儿都去吃去。就这样，把这全屯的人都给救了。这大概就是人救鱼，鱼后来又反过来救人。赫哲族这样的动物报恩故事还是很多的。

## 二 "将来可能日本人会说赫哲语，中国的赫哲族倒不会本民族的语言了"

图5　调查者与尤文兰合影

# 三
# "爱哭的孩子有奶吃"
—— 赫哲族第一代教师尤玉镯、毕桂英夫妇口述

时间：2011 年 7 月 29 日

地点：同江市街津口村尤玉镯家

被访者：尤玉镯、毕桂英夫妇

访谈者：陈曲、王志清

[访谈者按] 尤玉镯，男，1940 年生；毕桂英，女，1944 年生。夫妇二人是当地的小学教师，赫哲族教育发展史上的一项项空白因他们而改写，第一位赫哲族教师、第一位赫哲族女教师、第一位赫哲族校长、赫哲族教育史上第一位全国优秀教师、全国优秀班主任等都出自该家庭。如今，父母亲加上五个子女的小家庭共计 18 口人，当教师的有 10 人，两个儿子、三个女儿、两个女婿、一个儿媳，全是正规师范院校毕业生，被当地人尊称为赫哲族的"第一教育家庭"。

1950 年，中华人民共和国第一所赫哲族民族联合小

### 三 "爱哭的孩子有奶吃"

学在黑龙江省同江街津口成立。1959年,尤玉镯初中毕业在这里开始了他的教师生涯,结束了赫哲族没有本民族教师的历史。1962年,学校迎来了本民族的第一位女教师,她就是刚从师范学校毕业的毕桂英。40余年过去了,老两口教过的学生中已经出了30多名大学生、60多名中专生和一个教育世家"后备队"。

作为少数民族的优秀教师,尤玉镯曾当选第八届全国人大代表,多次进京受到党和国家领导人接见。在担任小学校长与人大代表期间,尤玉镯一直为民族教育和家乡建设争取经费而积极呼吁,从小学教职工的危房改造到街津口莲花河大桥的竣工通车,"路上行人口似碑",他实实在在所做的一件件好事都被赫哲族群众铭记于心。

对自己为赫哲族奔走呼吁的工作历程,尤玉镯引用"爱哭的孩子有奶吃"这一俗语予以概括。虽然他已经退休,身不在讲台,仍心系民族教育事业。对于当下赫哲族教育的各类不良现状他依然充满焦虑,期望通过笔者公开发表的文字进行呼吁,其为民族教育奉献的拳拳之心溢于言表。

阅读信息提示:

1. 中华人民共和国成立初期国家的民族教育政策与赫哲族青少年的实际求学状况。

2. 赫哲族教育工作者对本民族教育工作的态度与意见。

3. 赫哲族老人关于抗日战争时期日本侵略者迫害赫哲族的民间记忆。

4. 族际通婚家庭中子女族属的选择。

5. 文物：马粪纸制作的通知书见证了国家在"大跃进"时期遭遇的困难。

图1　尤玉镯、毕桂英夫妇合影（陈曲拍摄）

## 三 "爱哭的孩子有奶吃"

毕桂英（下简称毕）：我是国家供我念书的，我感谢毛主席感谢共产党。我们俩是第一代赫哲族教师，我们那时都是汉族老师教我们。赵天祥老师是我俩的启蒙老师，汉族的。在勤得利农场场部，我们每年都去看他去。有时看他两次，不给他买酒，岁数大了，今年86了。我们老师就说："桂英啊，你们可要感谢共产党啊，咱们的政府啊，国家对少数民族教育的政策好，供你上的学。"那个时候我们赫哲族也跟汉族似的，重男轻女，我爷我奶奶让我哥我弟弟上学，我奶奶说："臭丫头蛋子，早晚都是人家的，供她没用！让她搁家带孩子，喂猪喂鸡！收拾屋子！"那时我经常去学校，老师在屋里上课，我就在窗户底下听。当时赵老师问我，我会。他就和我爷爷奶奶说，让这个孩子上学去。我奶奶还是那一套："臭丫头蛋子，早晚是人家的，不用念书。"那时我虚岁9岁了。赵老师等我爸妈干活回来了，我爷爷奶奶也都在家，赵老师说："大娘啊大爷，哥哥嫂子，你们就让桂英上学去吧！"我爸爸妈妈对我们都一样，不重男轻女。就是我这个奶奶爷爷太重男轻女。我奶还说："臭丫头蛋子，早晚是人家的，不用念书！供哥哥上，过年再供弟弟上！"赵老师就说："这回呀，不让你们供。"那时在家这边只念四年，五年六年就上同江念去。赵老师就说："念小学四年之前，你们就只供她吃饭就行，也不用拿学费书费，什么都不用拿！穿的衣服裤子都国家发！等念五年六年上同江去了，家里就啥也不用管，就相当于家里就没有这个人了，什么都不用你们管！"我奶奶一听，说："那谁管呐？"（笑）赵老师说:"毛主席、共产党管!国家管!"

哎呀!那个时候,家家屋中间都有毛主席像,我爷我奶、我爸我妈就对着毛主席像就磕头啊!我也跟着在那儿磕头!我就那么样式儿的上的学!跟我年龄同样的也有哇!我有工作!她们都家庭妇女,围着锅台转!她们都和我同岁或者大一两岁小一两岁的。所以我非常感谢毛主席!

陈曲(下简称陈):您是哪一年上学的?

毕:我是1952年上学的,我1944年生。我母亲是汉族人,我的姨妈、舅舅什么的亲人现在都在沈阳皇姑区、铁西区,我们每年都上沈阳去看他们!

赵老师可能是1950、1951年来我们这儿教书的!我记性不太好!俺俩的启蒙老师都是赵老师,他可好了!汉族老师!他对我们的要求严,我爷奶我妈我爸都是文盲、睁眼瞎,不认字儿,全靠我老师培养!那时我穿的花衣服花裤子都是发的,学生蓝什么北京蓝,冬天发的棉衣棉裤。感谢毛主席,要不然我也是围着锅台转的家庭妇女!

当时上学三四天,我班里来了五个人,三个男的两个女的,我那时虚岁9岁,我记得,老师都提问我,都让我在黑板上做题,还跳舞唱歌的,我就看着他们拿着个小本儿在那记,我那个时候不明白,但是我的胆儿大,说话回答问题时一点儿都不害怕。等我参加工作后我老师告诉我:"你记不记得,桂英?你刚上学三四天,上边来了五个人?后来又来了七个人?"我说我记得啊。"那就是来考核你的!看你有没有培养价值!"那个时候国家刚建国,

三 "爱哭的孩子有奶吃"

国家也非常穷啊。先来有五个人，后又来两个人，里面有一个老太太、三个老头，他们那时考察我后，就告诉我老师，说："这个孩子国家就供了，能念到什么程度就念到什么程度！"

陈：那你们那个班有几个像你这样国家供的啊？

毕：就我自己！

陈：那时你们班有几个学生？

毕：一年到四年大概十五六个吧！班里也有女生，有赫哲族的，也有汉族的。我们家那时有八九口人，是一个大家庭！劳动力少，就我爸，我妈也跟着做点。那时就打鱼也种点地！所以我就感恩的思想，我就努力工作，来报答国家，非常感谢国家感谢党！老尤家人少，劳动力也多点。我家是个大家庭，劳动力少。

陈：您工作时是师范毕业？那时多大啊？

毕：我师范毕业，19岁那年毕业，念了10年！我奶就说："桂英啊，别念了，快回来吧！"那时我奶我爷都78、80岁了，我哥也结婚出去了，我哥结婚出去后，也就不管他们了！要不我还接着念！1962年10月份回家，国家整整供我10年书！毕业就参加工作，当班主任啊！我是赫哲族第一个女教师，那时我们这里有学校！那时他（尤玉镯）比我大4岁，他虚岁22岁参加工作，我虚岁19岁参加工作。参加工作就一直当班主任。教的孩子有出息的很多，家长都很感激我，有小学老师、中学老师，还有大学的老师呢！这些学生领着老婆孩子，年年来看我！去年有一个学生领着丈夫回来看我，给我买一大堆营养品。她丈夫是哈尔滨市里的，他说他岳父母说应该感谢我。我说这个一方面孩子本身认学，二是家长管得好，再加上老师认真这三方面的原因加在一起，共同使得孩子成才了！这孩子说："老师，是您教我怎么做人，还教我们有自学能力，让我们能自学，您开发了我们的智力！"我寻思教给他们自学的能力了，即使五年六年的老师不认真了，学生一样能自学！所以她说："我启蒙老师给我基础打得好！"那时她的口头作文在市里都得奖！她爸妈就说了，"感谢老师你啊！"我就说了，我也就是给他们从一年到四年打基础。他们就说："启蒙老师的作用才是非常大的！"我那个时候就是教他们从小讲五爱，爱学习、爱劳动，要诚实做人，要勇敢，一辈子做好事不要做坏事儿！在学校时要遵守学生守则，要遵守国家法律！在生活中要尊老爱幼！在工作中要遵纪守法，踏实肯干，等等。我有些学生也都成才了，很多都比我有能耐，有硕士、博士，有大学老师，有的是教授还带着研究生。每年正月初一、我的生日，有的学生回不来，有的学生就给我打电话问候，有的大年三十就给我打电话！同江的学生他们都回来，我就给他们说了，这家家都过年的，你们就别回来了！他们就初三回来！什么政协主席啊，佳木斯民委主任什么的，他们都回来看我！他们都没有忘了我！去年还有个学生的孩子念大学呢，回来看我，硬塞给我一百块钱，说叫我自己想吃什么就买点什么。他爸说了，说我教的学生都没有违法乱纪的，在各行各业都干得很出色。

陈：大娘，您退休后就一直在这个地方啦？

## 三 "爱哭的孩子有奶吃"

毕：嗯！退休后就一直住在这个地方，我有心脏病、高血压，还有风湿性关节炎，他们都劝我们搬走，我们不搬！我们俩总出去旅游，1996年我们上海南了，随团旅游的。海南地方真美啊，人还文明。见到我们就说："阿姨，您好！"还给我们让座。我们也去湖北的张家界、四川的九寨沟，景色可好了！我们还去过长江三峡大坝，湖北武汉都去了。湖南的大米饭吃不要钱。我们自己拿钱出去旅游，我们也不喝酒也不抽烟，我们自己也都有工资。我们就出去看看祖国大好河山，感觉很好。有一次，我去北京我都感动得哭了。前年，我去北京301解放军医院去做复查，做完甲状腺复查后，我们出去溜达呀，坐地铁，地铁的台阶可高了，我不有关节炎嘛，给我累得直喘哪！这时从后面过来一个小男青年，也就20来岁儿，他还有一个伴儿，也就十八九岁儿。他就过来我面前就蹲下了。他说："您这年龄就是我奶奶辈儿的，我背您吧！"我说不用不用。他非常有劲儿，他坚持从下面把我背上去。我说不，我能让他背吗？我当时就非常感动。北京人真好！不管我们到哪儿，都给我们让座儿。

王志清（下简称王）：大爷，您工作了多少年？

尤玉镯（下简称尤）：36年。在八岔10年。1962年参加工作，1965年调到八岔去了，待了10年。1974年我们又调回来了。

王：街津口小学什么时候修的？

尤：这个楼是我退休后第六年建的。我们在的时候，教学楼是平房。

王：校长当了多少年？

尤：20年吧。在校期间当的人大代表。

现在这个教师新村是我当人大代表的时候提了3年建议，要求全国人大所属的各部委来解决这个问题。后来又把我这个建议转到国家建设部，国家建设部答复的。那时候国家财政也比较困难，说暂时还解决不了，说以后要是有条件优先考虑。第二年我还提。第二年提的意见转到省政府，省政府答复的意见与建设部答的意见基本一样。第三年时我还提，这回也就是1995年吧，答得挺好。省政府有关领导十分重视，决定省财政厅拨一部分，地方财政拿一部分，教师自筹一部分，教师所在的学校拿一部分。通过这四个部分把问题解决了。我一看到底能解决多少啊。当时我要的是60万。后来到省政府所属的办公厅去看看，他们也下来检查了一次。到1996年2月底，我到北京开会，正好去那看看。一看，具体措施还没定下来。省领导批示之后让省教委牵头有关方面，民委啦、计委啦、财政厅啦几个方面。现在的发改委，那时就叫国家经济计划发展委员会，省经济计划委员会，简称省计委。后来一打听，才知道给10万。要的是60万，才给10万。后来我在开会前正好还有点时间，上教育部看看。我就闯到教育部的纪检司，直接找司长。司长姓黄，后来他接待完了之后，也说这个解决不了，后来他又让我找计教处葛司长。葛司长说了，你们乡一级的教委有什么事情报到国家教委，必须要由省一级的教委向国家教委打一份报告，我们在制定下一年度建房资金的计划的时候，会把这个考

## 三 "爱哭的孩子有奶吃"

虑进去，然后还得经过国家计委批。国家计委把这个报告，就是省一级交上去的当时承认给 15 万的报告，给否掉了。国家计委答复是：县乡一级的教师住房目前还不能解决。所以这个问题也解决不了。这怎么办？回来后，我天天打电话。当时我们开会时，黑龙江代表团有六个组，我们在第四组。我们的组长是单书记——单荣范，他是我们省委副书记。小组会议上我们也口头谈，谈了半个多点吧，我把我们学校的教师住房的条件谈了谈，外面下大雨屋里下小雨。当地老百姓住了二三十年的房子，后来基本上卖给我们了。这样的话就把我们教师住房给基本解决了。解决是解决了，但这房子破啊，这墙也是下点雨哪都倒。就这样谈完了，单书记就说："行，等会后你给我写份报告。我签署意见后，我今年就让你们住上好住宅。"我当时那是非常高兴啊，今天算是碰上救星啦！后来散会后，我在房间里写了一份报告，同江的公章我都带上去的。写完报告后，到打印室打印后就盖上公章，让他签署意见。他签署意见也是这个意思：省财政厅拨一部分，省民委拿一部分，佳木斯市政府拿一部分，完了同江市政府拿一部分，教师自筹一部分。靠集资的办法把教师的住宅问题解决了。我们请主管文教的周铁农审阅，他是全国人大常委会副委员长，那时他是我们黑龙江省副省长，主管文教卫生的。后来是马国良副省长，他主管省财政的。马国良副省长出面批了，省财政厅给批了 45 万，佳木斯市政府给批了 12 万，到那拿钱的时候，佳木斯财政局局长就说了，这个佳木斯财政情况你也知道，职工的工资都发不出去，你看能不能少要两万？我也知道，佳木斯市财政也确实紧张，所以这12万，我就拿了10万。回到同江，我也打了一份报告，县教育局、环保局、土地局等好多部门都收费，在建房基金里头收费。我说这些部门应该收费，市政府要是免去我这笔钱，就相当于给我这笔钱了，另外我再要5万元现金。我交到市里面，市领导很痛快，当着我的面马上就给签字，叫财政局把5万元给我了。后来有一个台湾地区的什么经济学会的会长叫潘长雄，他来到同江，在同江一中投了20万。后来同江市的副市长、书记，还有主管文教的副市长陪着他来到街津口参观，当时高副市长就告诉我说，老兄啊，这个潘会长就是来支持咱们同江教育的，你想要什么钱？我说好，谢谢啊！我要什么钱？我要建房钱！我当时没当着他的面说这个钱。后来在酒桌上，市教委把我安排在潘会长那一桌，我提一杯酒，我说，我们街津口赫哲族学校在省和国家调查表册上都是按单设学校办的，其实这个学校是汉、赫哲、满、朝鲜四个民族的学校，但是主体是赫哲族。所以这个学校是赫哲族的单独设校，在这种情况下，我的赫哲族学校教师有赫哲、满、汉三个民族的老师，到目前来看，他们的教学能力、教学水平还是不错的。要想把他们留住啊，就得把他们最困难的住宅问题给解决了。我把这个问题提出来以后啊，省委省政府都非常重视，给我拨了一些钱，但是还有很大缺口。我说在这关键时刻，会长能不能关照关照？给我些钱？说完了。我俩就喝了一杯酒，完了我俩就坐到位置上了。潘会长还没到两分钟就表态了，我们俩坐

## 三 "爱哭的孩子有奶吃"

在面对面，他就说，校长你好，我给你学校住宅投5万！你别嫌少，你把你这个汇款地址和账号说给我，我叫我助手在长春给你寄过来。当时在场的领导都高兴坏了，说老尤你又抠出5万元来。（笑）这就是像要饭一样，东拼西凑，凭着这张老脸，这张厚脸皮，找领导找开发商，要来这60多万。老师们交了7000多块钱吧，水暖气什么的都给安上了，就连灯泡都给上上了。老师们在一起，去年的7月8号搬进去时，家家都在搞庆祝，家里炒了十来个菜。我说有生以来，没想过住砖房，现在有了砖房，这是共产党给的，校长到处奔波找领导啊，所以今天一要感谢共产党，再一个就要感谢校长啊！

王：一共解决多少户？

尤：20户。这一栋房是住两家。一家是60平方米，一栋房是120平方米，一共十栋，一模一样。当时的教师已经结婚的都解决了，单身老师没有分配。我是2010年底退休了，退休后这个事儿其他的校长也不好办！见上面的人也不好见，跑账也不好跑。老百姓说要蹚出一条道来，有熟人你就能说得上话。我呢主要是当人大代表时跟省里领导能说上话，大家在一个屋子，围着一张桌子，大家当面说，当面批。那时候1996年3月份我写的报告里头，关于这个科教兴国方面我就联系到教师住宅问题，提到普九教育方面我就联系到老师待遇问题，比如工资待遇、住房待遇等。后来单书记就表态，说老尤你咋不早说呢？我说我提了四年这个问题，去年省政府开始重视了，今年8月来开会我又提出来了。

王：有没有人来实际考察过这个教师的住宅问题？

尤：我那报告上就带着当时教师住的破烂房子的照片，这是谁家谁家的房子，都标得很明显。后来省教委民族教育处的、财经处的、财政厅的、省计委的联合下来看一看，教师的住宅像不像我说的那样破。他们原定于5月25号下来，他们就通知我，我就在家等着吧，那天就别出门儿了。后来他们又没来，佳木斯来电话了，说，老尤啊，今天没去上，什么原因呢，咱们省教委民族教育处的处长啊他现在出不来，这两天要开会出不来。出不来这个日子就往后推了。往后推了怎么办呢？你就给佳木斯教委副主任打电话，让他联系省教委的各个部门，让他们来看看房子。他们来了之后哇，我领着他们挨家看。我说我写的报告有没有这么严重？他们说是！确实是这样！我说你们看好了吧？看好了你们就如实地向上级汇报！这样的话他们给不给钱那是另外一回事！他们说行，你放心吧！他们就把这个情况往上汇报了。单书记第一个批示！他也通过省委办公厅，我当时问了，我说单书记，你这个批示是我拿回来挨个部门跑啊还是你让省委办公厅下文件？他说你自己跑跑不过来，还是由省委办公厅往下传吧！

王：进乡那条过河大桥也是您给挣来钱修上的吧？

尤：哈哈，有人还提到这个问题啊？过去啊，咱们街津口冬天通客车，隔一天通一次，夏天就走山道，也隔一天通一次。从同江出发，经过清河，经过八连岔道，然后到这儿，得走110多里地。夏天要想直接从这通到同江那是从来也没通过，只到冬天大雪冰封这个时候才有车走，

三 "爱哭的孩子有奶吃"

那是非常不方便！夏天一开江之后，街津口河西有两个村，卫国村和卫星村。这两个村要买化肥买农药啊非常不方便，同时当地的农业村呐，在河西有八百多垧地，要想管理这些地呀，必须得绕行近百里，往清河那边绕，才能过去。后来我在1996年，每年我都向省里提意见，省委那个单书记我们很熟，当初那个样稿我还保存着，写在笔记本上了，这个笔记本我都留着呢！《关于建设三村至街津口过河公路桥的建议》，1997年3月6号："三村和街津口是黑龙江省同江市辖区内的三村至街津口之间的跨河当街水泥路桥，该公路全长30千米，末端有一条莲花河拦腰穿过，害得三村至街津口有史以来未能通车，只好隔河相望。因此希望在河上架起220米的钢筋水泥桥，才能天堑变通途。同江市政府在90年前多次向省政府请示修建三村至街津口的公路，这个请示得到省政府的高度重视，只能请省计委、省交通厅、财政厅帮助解决，三村工程计划投资600万，1994年至1998年竣工，1994年至1996年间已经开始运作，省计委以工代建，发改委257万，交通厅已投入77.1万，财政厅已投入25.7万，同江市自筹154.2万，合计已投资514万人民币。当时申报修筑三村至街津口的公路欠缺长远规划和长远考虑，未能把莲花河上过河桥因素考虑进去，给诸方面发展带来极大的不利。如今架起这座桥梁势在必行，提出这一要求的理由：第一，街津口赫哲族乡聚居着全国人口中倒数第二的赫哲族，而三村是个汉族乡，桥梁的修建有利于赫哲族、汉族两乡人民交流农业以及其他各行业发展的经验，互相帮助、互相促进，推进改革开放的步伐；第二，街津口赫哲族辖区横跨河东河西，河东是乡政府所在地，建有六个村，河西另有卫国、卫星两村，其所在地的农业耕地有800多公顷，给春耕、夏锄、秋收、运种、化肥、农药、运粮以及农田管理带来极大不便，农民只好绕行近百里去农田劳动，给农民从事农业活动以及河西卫国、卫星两村生活资料和生产资料的获得带来极大不便；第三，街津口赫哲族乡与俄罗斯仅一江之隔，此处山清水秀风景宜人，还有街津山国家森林公园，今年以来已向中外游客开放，是旅游胜地，架起这座桥梁，既方便游客，又吸引中外游客来到这里旅游观光，从而振兴当地的民族经济；第四，此处驻扎着边防部队，这座桥建成后，为国防建设服务，1973年绥远修筑了街津口至八连十字路口的公路，但这段崎岖山路又窄又陡，有的路段急转弯，全路段只能单行车辆通行，两车相遇只能在有弧度的指定会车台方能错车而过，23年来，在这条公路的路段上，因会车已有20人丧生，造成车毁人亡的重大损失，这条路已经没有利用价值；第五，同江市是国家新建市，财政造血功能先天不足，每年各项事业发展全靠国家、省政府拨款，无力承担修建公路和建桥的负担，鉴于这种情况，为修三村至街津口公路，省建有关部门已尽最大努力解决，另建220米的跨河钢筋水泥桥的600万人民币，恳请国家采取特殊倾斜政策方能解决。"全国人大会议上面这么一念啊，后来转到省政府来了，省政府一见我这稿子，先转到了省交通厅，让交通厅拿出意见来。省交通厅说的这个投资情况基

三　"爱哭的孩子有奶吃"

本跟我这一样，建这个沙石路已经投了多少多少钱，这个沙石路建成情况至1996年底只完成公路施工路面180里，四座桥梁没动工，该工程实际完成情况与计划完成情况相差很远，鉴于上种情况，我们考虑在公路全部完成后再考虑三村至街津口220米过河公路大桥的修建，桥梁建设基金已列入以工代建项目计划之中。这是省交通厅给省政府办公厅拿出的意见，完了省政府办公厅再根据它的意见给我的答复。"《关于八届全国人大第五次会议2343条建议的款》，您的关于修建三村至街津口跨河公路大桥的建议，现回复如下：三村至街津口的公路属于乡级公路，省交通厅1994年已对此工程正式立项，建设规模为三级沙石公路，全程30千米，桥梁180米、四座，从1994年至1996年底此项工程已计划投资514万元，现工程已经完成近半，集中财力完成公路修建是当务之急，三村至街津口之间确需架起一座公路过河桥，这对于少数民族地区经济的发展、方便农民生产生活需要以及开发旅游区都很有必要，但是国家以工代建资金为我省桥梁建设的投放是有限的，把建设公路的资金投放到建桥上会造成浪费。另外，根据国家以工代建桥梁建设资金一比一比一配套的要求，如现在建设此桥，总投资需600万人民币，按以工代建项目只能投入一半资金，同江市人民政府现在没有能力拿出300多万人民币的配比资金，因此，只有在整个公路完成后，才能考虑三村至街津口跨河公路大桥的建设问题。当前只能由当地政府通过摆渡机器船的办法解决过河不便的问题。黑龙江省人民政府办公厅。1997年6月。"

我是 3 月 6 号写的。

王：后来这桥是怎么解决的？

尤：这桥整个建成长度是 260 米，那可不是 600 万了，翻一倍还多呢，1400 多万。

王：这个公路桥是什么时候建成通车的？

尤：2000 年的 8 月份。1998 年下半年就开始了。

陈：大爷，您这个人大代表在任期间，为造福一方真是做了很多实事儿啊！

尤：解决教师住宅问题，后来听佳木斯市教委下来检查的人员说，佳木斯市管辖的 98 所学校，除了街津口小学解决教师住宅问题了，其他没有一所解决住房问题。这不也是"爱哭的孩子有奶喝"嘛，你要抹不开面子不说这个问题，上面也不知道啊！我就向上面不断反映才得到重视和解决的。

王：这会不会和民族地区有直接的关系？

尤：有点关系！有点关系吧不大。你看八岔乡、四台乡也都是民族乡，怎么办呢？他们只好等着啊！我也不要求，我也抹不开出去要（意指他们）。我 1984 年上省教育厅啊，要街津口校舍的维修费，我要了多少钱呢？要来 4 万，我们这个教育局王局长啊做我工作，说这个 4 万给八岔两万怎么样啊？张校长他们没法去，要也要不出来，你不管怎么说你要出 4 万，可怜可怜他们，给他们两万怎么样？哎呀，我说王局长啊，你也是经常上省教育厅、省计委要饭去了，这个难处你可能比我还清楚！非常难啊，我跟那些领导要点钱那真的与小孩儿跟他妈要点奶吃那个滋

### 三 "爱哭的孩子有奶吃"

味儿确实不一样！确实不一样！得厚着脸皮去要啊！后来那也不行，就这么地了，就把这个钱就这么分了。啊，你有意见以后再决定。眼见4万到底就这么给分了。一家两万。后来我真的发火了，我说你要是真这么办，好了，我马上就把你这个给退回来。为啥呢？我等省教委的人来看我维修没维修，到那时候一看没维修，一问什么原因，那我就这么说了！（笑）后来又给我补了5000块钱。

毕：1987年，我在佳木斯政协开常委会的时候，我陪着他出去找，也是答复了没有钱，后来我们的工资半年多都不给我们，我们那时的工资都归佳木斯管，把我们的工资都给占用了，憋着不放啊。哎呀！我就在佳木斯政协常务委员会上提出来，完了他们督促同江市政府解决这个问题。我在佳木斯政协开会的发言稿上要求我们的工资应该由教育局管，这样才使我们的工资月月发呀！（毕桂英补充了教师工资的问题）

尤：她说那个是补发工资，每年给我们的补发工资上面给拨来了，拨到乡财政，乡长一划，就给挪用了。后来我跟乡长书记用《国家义务教育法实施细则》好一顿掰扯，后来佳木斯市市长下来检查，她是佳木斯政协常委，她在上面提的议案。佳木斯提的议案，由同江市政府来答复这个问题。同江主管文教的副市长来了，到这来了，那天晚上把我们俩叫去谈一共该多少教职工的工资，并把当年应该补发的工资都给补发了。

王：这么多年有没有什么奖励？

毕：我的奖励是，1989年是全国优秀教师，1992年是全国优秀教育先进个人，还有一个奖品。

陈：大爷，你们当初上学都是国家供的？

尤：赫哲族的孩子从中华人民共和国成立初期一上学，每学期都有几十元的助学金，那时的几十块钱那就是非常不错啦！那时的几十元就相当于现在的几百块钱吧！不管你住宿不住宿，都有这个补助。我是富锦市第一中毕业的。我那时家里生活困难。当年我考上佳木斯师范学校，通知书到现在还留着呢！（后妈不让念。毕桂英补充）我的家生活困难，那个时候考完学了，录取通知书还没拿到手呢，我就去找我爸，我就说："爸，我毕业了，我又考学了。"他说你考哪个学校啦？"佳木斯师范学校。""哎呀，咱家困难，别念了，咱家还欠邻居180块钱呢！"欠这么点饥荒①就不让我去。

王：那时没去师范学校也能当上老师了？

尤：50年代的时候，中学生啊说实话还真没几个，那时人才非常缺乏。有文化的人非常少啊，要是念上4年5年书啊，那就可以在村里当上一个文书了，在村上可以当一个夜校教员。这个地方在1959年1月份就归抚远县管了，1959年下半年啊，农场和县就合并，856农场和抚远县合并后，把同江由富锦县划出来归抚远县。1959年抚远县把县城就挪到同江来了。这个时候，农场的场党委书记合并后在县里就当副书记，农业局的局长啊到县里就是副局长了。这个时候，农场非常缺人手。农场里的部队

---

① 东北方言，债务的意思。

文盲差不多占一半儿的人。场部里面各个部门各个场地安排串讲安排老师,有文化的人非常少,他们就找我叔,那时我叔在农场当书记,我呢爱画画不是吗?我叔就上农场设计科给我找工作去了,他那边同意要我了,这边的王文忠书记他说,尤书记有个这么样的侄儿,就说那不行,就在街津口安排工作,一个会计、一个老师,让他挑。我想了想,我本身喜欢画画和文学,那行吧,当老师吧。工作不到一个月,通知书就来了,我拿着通知书找我爸,我说我一定要去读书,通知书都来了。我爸就说哎呀,工作也有了,就别去了。所以,我的通知书保存了50多年,一直都是遗憾啊。哎呀!这三年中师没念上,后来我看我的那些同学念过师范的,他们的工资始终没赶上我的工资,差200多吧!哈哈哈!

图2 尤玉镯初中毕业证书(王志清拍摄)

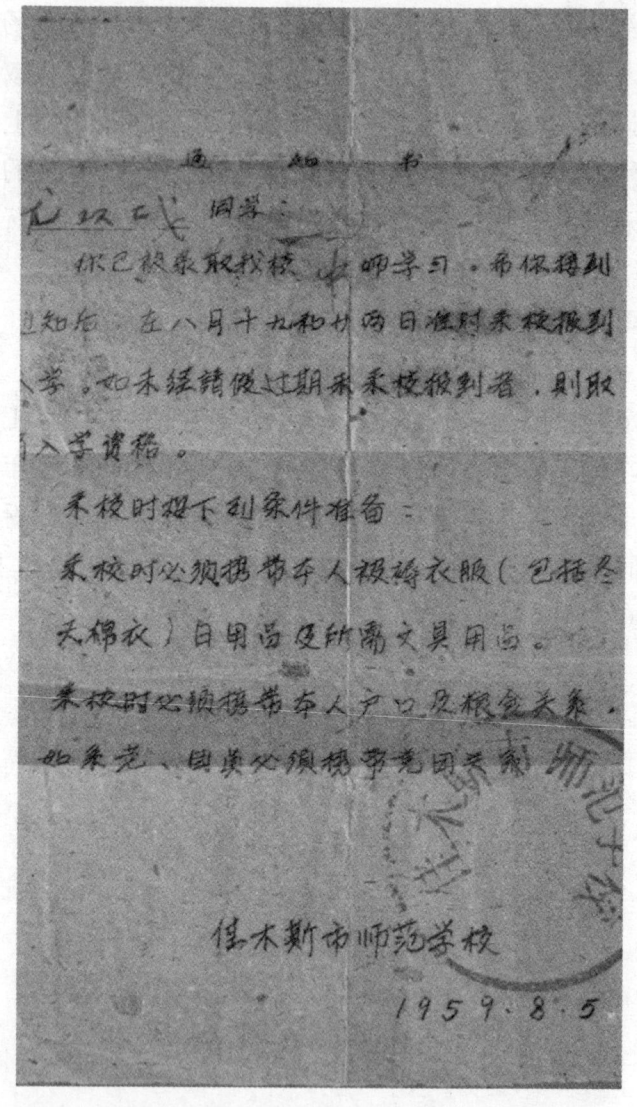

图3 尤玉镯当年的师范学校录取通知书(王志清拍摄)

## 三 "爱哭的孩子有奶吃"

当年的通知书颜色变黄色儿了,那时刚自然灾害,国家多困难,纸都不是好纸!再加上我把这个通知书放在箱子上,下雨屋漏了,都让雨水给泡上了。哎呀,50多年啊!我为啥一直觉得是一种遗憾呢?我当时非常爱好音乐爱好美术,我的老师朱崇生说,你家不是生活困难嘛,初中好像还没等念呢就想退学,你想考高中然后上大学那是不可能,你家供不起。师范学校呢每个月还补助12块钱的伙食费,你要上那里的话,你家只给你买一身衣服穿就行了,伙食费国家的补贴就够了。另外,你爱好音乐美术,你到师范学校之后,这三年你进一步深造,那将来就是美术老师音乐老师了。我一看,那真好,于是就考了这个学校。哎呀!我小名叫双成,我爸在前面加个姓就行了。

"他家妈是个后妈,要是亲妈肯定让他去上学了!"(毕桂英老人将此处强调了三四次)

尤:嗯,我家是一个继母,我和尤玉发是亲哥俩。我的叔叔叫尤金良,原先是我们街津口第一任乡长。后来是书记,后来调到县里当局长,后来当书记,后来调到水产当局长,后来又调到同江科协,在那退休。退休后到哈尔滨去了,因为他的老伴儿在七几年的时候就去世了,他退休后儿女都在同江、街津口,他就到哈尔滨弄了两处楼(呵呵)!我们是弟兄三个,还有一个妹妹。三弟2000年的时候就去世了,三弟和妹妹都是继母生的。我的母亲在三部落去世了,得了伤寒病,那时在东北解放前,1944年,伤寒病都蔓延到全村了,一家都死几口,有的家里父母都死了，只剩下孩子了。很多家都死在一部落、二部落、三部落的时候了。

王：您童年时在三部落的那一段记忆深刻吗？

尤：我们家在三部落时，伤寒病一次就死了几口人呢。我奶奶、我二婶子、我二哥，我二哥七岁时没了，我五岁，其实我是老三。

王：从那以后赫哲族的人口就急剧减少了吧？

尤：对，伤寒病就是日本拿赫哲族的人做实验，把赫哲族从江边赶到山上，怕赫哲人和苏联联合起来。日本人把打鱼的套船都锁了，让兵看着，把我们赶到深山老林里边，在荒无人烟的地方重新建村。盖上地窨子，也打不出什么水，就喝泡子水，泡子水也没有清亮的，有的地方有锈。日本人拿赫哲人做实验，给人打上针吃上药，人死得一窝儿一窝儿的。那时候谁也不知道叫伤寒病，老年人把那个叫什么？叫窝子病！一死一窝一窝，一死一家一家。把那伤寒病叫窝子病，传染性非常大。我奶奶、我三叔、我四叔、我大姑、我二姑五个人都这么死了。那年我五岁，我母亲去世时，到现在我还有点儿印象。在外屋里，我母亲就躺在那个木板上，死以后，那模样我到现在都还记得。

毕：日本人太狠了！

尤：日本人就拿我们做实验，到中华人民共和国成立后，我们赫哲人就只剩下300人左右。中华人民共和国成立后，那真是，咱们党的关怀！你搞生产，没能耐吧，我国家扶持你，你小孩儿上学，国家给你助学金。一般情况

## 三 "爱哭的孩子有奶吃"

下，都得到照顾。特别是 1979 年，省政府有一个《计划生育条例》，汉族人一夫一妻只能生一个孩子，那赫哲族允许生三胎。现在还是这样。但是现在吧，我家 5 个孩子，我大姑娘家吧头一个是姑娘，后来他们又要一个，剩下的不管是儿子家也好、女儿家也好，都是一个孩子。不管他们家就是生了姑娘了，也就那么地了。我这几个孩子家的孩子吧，学习都还不错！

王：大爷，你们家起名都是按家谱呗？

尤：对！我父亲从他们那一辈儿都是按"金玉满堂"字序排，我们这一辈是玉字辈。我父亲叫尤金清，我二叔在 1947 年就没了，叫不上名儿，我三叔叫尤金良。到我们的下一代，该满字辈儿了吧，我家大女儿叫尤满春，我哥家的大女儿叫尤满玲。后来我家生二姑娘时，我们俩琢磨来琢磨去，我们都是教师出身的，这犯满字儿往后都不好取了，哎呀，尤满啥？不好取了。后来干脆吧，我们家的都犯春字儿得了，姑娘都叫尤满春、尤艳春，第三个姑娘叫尤慧春。我哥家的两个姑娘都犯玲字：尤满玲、尤伟玲。他们也跟我学这招儿！呵呵！犯满字不好取了。

王：当年你们的班主任叫张石泉啊？

尤：这个人我没见着。1980 年时，我在黑龙江的五大连池，黑龙江在那有一个疗养院，黑龙江教师疗养院，我在那正好遇见佳木斯师范学校的一个老师孙进才，我俩住一个房间。我就问他，我说你们师范学校有没有一个叫张石泉的老师？他说有啊！我说哎呀！这个人啊本应该是我的班主任啊。1959 年下半年，我没去上学。录取通知书我也到手了，他也给我写了一封催我上学的信。但是我没去上，因为家庭困难。到现在一直也没见到这个人！但是我从侧面打听到这个人。哎呀！五十多年了！

毕：这就是后妈的事儿，要是亲妈肯定让上学！亲妈就是砸锅卖铁也会供你上！

陈：你俩是工作的时候认识的吗？

尤：她家以前就是在这里的！1953年的时候她们家搬到同江去了，她在同江完小念小学。我在这读了四年，第五年的时候就要考到同江去。考不上啊，就念不成了！我那不是吹的，人家都说少数民族的脑袋笨，我就不信那个！这不是吹也不是显摆，我当时考到同江县完小两科都是一百啊。这真不是吹的！后来他们都服了！凡是街津口的，两科都是一百的，都没有！后来到班级上学啊，我们班级那时实行一个月一考一个月一考，我和我们班长总是我第一他第二，我第二他第一。后来学年总结，我还是第一。六年也是。后来我到富锦一中啊，新组成的班级，班主任一看到我学习记录啊，立马就给我一个班长当。班长我都当了两年，到第三年的时候，从别的地方转来一位女生，她是从山东念书转过来的。她来之后，她成绩确实不错，她的成绩超过我了，她当了一年的班长，后来就初中毕业了。

毕：当年我搬到同江去的时候，他们都说我们少数民族的学生脑袋笨！我就不信这个！我刚到同江念书的时候，我老师经常过来看我！

尤：我们那个老师啊现在还在呢！他从一年教到四

三 "爱哭的孩子有奶吃"

年，到第五年时考到同江去念。当时，班里的学生基本上全是从街津口考去的。后来，赵老师在五几年的时候被评为模范教师。在优秀教师的资料上都有他，那材料我都看到了。自从我们参加工作后，我们每年都去看他，每次都带礼物！那老头前两天还给我打电话呢，"尤玉镯啊，你身体怎么样啊？"他还问我呢！呵呵呵！他还问我呢！我说我身体挺好的！他说毕桂英身体怎么样？我说也挺好的！他说你们身体都好，我听着也高兴！我们互相都问问。每年都去一次到两次。我们当面都对他这么说："我们能有今天，有工作，每个月有两三千块钱的退休金，生活有保障，多亏了有您的培养！"

王：什么时候到同江念五年级？

尤：1954年。1950年上学、1954年四年毕业后，8月上同江。

毕：少数民族的脑袋不笨，笨啥笨啊现在主要是有照顾！

尤：那时哪有什么照顾啊？没有照顾！越照顾越完！都有依赖性！国家在少数民族招生政策上有优惠政策。这样不好，这样不好！不应该有照顾！现在都有这照顾那照顾的，上同江高中，都得照顾150分啊！现在高考还照顾20分呢！哈哈哈！我在任时，我就和主管教育的书记提过这个问题，我说别这么老照顾，跟这些领导平起平坐时，就提过这个问题。能念多少念多少！高中三年或者初中三年毕业，那确实是有真才实学啊！你这样照顾吧，基础不行，你就是照顾上去了，他坐在这个地方，忽忽悠悠的跟做梦差不多！他听不懂！因为基础不扎实嘛！原来有一个初中考高中全要，让我这一提怎么的？照顾150分。结果同江市民委主任，他有意地到街津口乡政府来煽风点火来了，说是我到副市长那提出来的，说过多照顾了！这样照顾的话，考大学更加困难了，考大学就只能照顾20分。

为啥80年代后，孩子成绩这么差呢？这和咱们实行家庭联产承包责任制有很大很大的关系。这是为啥呢？我跟你说，这不1982年开始实行家庭联产承包责任制了，你打鱼，卖了钱属于自己的。你要是钱不够花，不够买渔船的钱，国家民委通过省民委、佳木斯民委、同江民委一批一批转补助资金，买了渔船给你补贴啊。完了一个家庭三口人四口人，好了！两口子一条船，成天打鱼，把孩子扔家。孩子上学嘛！孩子吃饭睡觉谁管啊？花一百块钱就给孩子雇个保姆照顾吃饭睡觉，有十天半个月才回来一趟。打的鱼在网滩直接就卖了，平常不回来。就是十天半个月后回来住一宿，大清早，太阳没出来就又走了。就这样，孩子常年扔在家里，让别人管，别人谁能管啊？别说保姆啊，就是自己的亲属，自己的叔叔爷爷奶奶也不好深管。自己的孩子不听话了，扇他两巴掌就好了。别人谁能管啊？你爱学不学就这个问题，佳木斯人大呀佳木斯民委啊下来搞调研，咱这个乡长书记、渔业村的村长都在这儿，我说我提个建议。我说为啥赫哲族的孩子学习不如汉族？不是脑袋笨，不是脑筋不好使，是家庭管理不善！为啥家庭管理不善？80年代搞家庭联产承包责任制，一家三四口啊，两口子下江打鱼了，把孩子扔在家，就花100块钱雇个保姆给孩子做饭，十天半月才回家一次，孩子的成长谁管？你给他吃喝就完事儿了！孩子就知道玩儿啊，写不写作业保姆根本就不管这个事儿！我说这个孩子的学习成绩能不下降啊？那个小孩儿，哪有那么高的自制力呀？没有！自理能力非常差！在这种情况下，孩子的学习成绩远远不如汉族的学生！

　　王：汉族也实行家庭联产承包责任制啊？

　　尤：汉族也实行这个家庭联产承包责任制，但是他们是种地，不兴下江打鱼啊！汉族不能打鱼！江面的网滩都是赫哲族打鱼队儿的，汉族的打鱼船连浅水地方也不让下！就只能种地。种地的话孩子一天三顿饭，孩子学没学习父母得管啊！后来我就建议，我见乡长村长都在这儿，我就建议学生家长两口子不要都下江打鱼，得留一个哇！跟别人搭伴儿一起打鱼，你就少挣点儿少花点儿吧！等到孩子参加工作那天，父母照样可以吃香的喝辣的，可以沾点光嘛！上面领导一听我这个建议，也认为我说的是对的。我说现在有的人吧，在教育孩子上感到力不从心啊！想把孩子的成绩提高，没法提高。在校内老师可以管，校外老师怎么管？管不了！

　　我说社会、家庭、学校三位一体呀，得联合起来，不然的话，孩子没法管！光靠学校、靠保姆，能行吗？我不信赫哲族孩子不如汉族孩子，我们念书的时候不输汉族孩子！我们那时上学，从小学到毕业，都没落在后边过！

　　王：这个问题被您作为赫哲族教育工作者提出来，这是很深刻的!

尤:我说你只顾眼前利益不行啊,你得考虑孩子将来的出路啊!我说江里的水产资源能老是这么多吗?现在就不行了。刚解放的时候,就在江边钓鱼,一天就能钓好几十斤哪!现在一天能钓十斤八斤的,也就觉得不错不错的了!这说明什么啊?说明水产资源枯竭了!家里也应该养养猪啦,养养鸡啦,不能光打鱼,得搞点副业!以后你孩子也跟你打几辈子鱼啊?不可能,你想靠这个富起来,像那样的话永远不可能!

毕:就是!(毕桂英老人附和说)

尤:上级领导在这里让我发言,我也不惧他!你什么领导我该怎么说我还得说。你看我哥的孩子也好,我们家孩子也好,没有一个打鱼的。我哥是开旅游船的,跑一趟"下列叶"① 500块钱,一年能挣一两万块钱,自己也够花了。我嫂子也是学校的老师,1998年退休了。他家的大儿子东北师大地理系毕业的,现在在大庆的哪个学校当校长!二儿子在中央民族大学毕业,现在是同江市宣传部的部长。大姑娘在同江市三中当语文老师,小姑娘在乡里当妇联主任。我的孩子呢全是老师。我老二媳妇也是教师,家是黑河的,达斡尔族,在齐齐哈尔念师范的时候吧,和我二儿子是同班同学,一起四年。

王:儿媳妇里面有没有赫哲族?

尤:没有!都汉族!

---

① 黑龙江省的一个地名。

## 三 "爱哭的孩子有奶吃"

王：中年以后的赫哲族家庭，两口子都是赫哲族的非常少啊？

尤：少！非常少！就像我们这样的老年人两口都是非常多，70年代后结婚的都非常少！赫哲族的姑娘和小子与汉族的姑娘小子通婚的人数基本是持平的。汉族小伙子娶赫哲族的姑娘，赫哲族的小子也到汉族找对象！现在基本是持平！

毕：我老儿子的媳妇儿她爸爸是汉族人！她爸有一次对我说，亲家母啊，我是汉族人，我是河北老坦儿！哈哈哈哈！我老二媳妇随她妈是达斡尔族！我孩子和汉族结婚吧，生的孩子报赫哲族的，我儿子与汉族媳妇儿结婚吧，也报赫哲族！自己都愿报赫哲族！报赫哲族的话，在上学期间国家都有照顾，一是照顾两个分数段，再一个是孩子在上学期间呢有一个助学金。一年有五六百的助学金呢！学费全免，在这基础上还给助学金！我们这里课本钱什么都不要，全是义务教育！现在上学不要学费，农民种地也不交农业税，完了国家还倒贴！现在农民日子好过！共产党好！毛主席好！共产党的政策好！

王：关外的农民地多的日子好过，关内农民地少的也不好过！内地的农民出去打工，孩子留在家里，成了留守儿童！

毕：哦！孩子没人管，也是这种情况！这样的孩子学习成绩肯定不行！小孩儿本身就喜欢自由啊，孩子越放纵越晚管教就越管不好。不过，现在的留守儿童政府开始管了，有的地方中央电视台就已经播出来了。

尤：唉！咋管吧？虽然想管，但不好管！

王：现在教育问题，就像涉及的赫哲族啊少数民族的教育问题真是很突出很关键！作为一个教育工作者，只能奔走呼号！

图5　调查者与尤玉镯夫妇合影留念

## 附录　当年的老师鼓励尤玉镯求学的书信内容

### 1. 佳木斯师范学校张石泉老师写给尤玉镯的信

尤双成同学：

你已被录取为佳木斯学校学生，希在三天内赶快来校报到。同学和老师们每天都在热切地盼望着你，国家和党期盼你学好本领，为教育好人类的新生一代，为培养生产出千万社会主义建设者与保卫者献身。快来吧，快快投身于神圣而光荣的事业中来。

三　"爱哭的孩子有奶吃"

如果有事，应来信请假。

　　　　　　　三十四班　全体同学
　　　　　　　班主任　张石泉
　　　　　　　　八、廿九

2. 富锦一中邓中直老师写给尤玉镯的信

尤双成同学，您好：

　　您现在已被佳木斯师范学校录取，希您在19、20号，带户口、粮食关系等等去报到。

　　　　　　　　　　　　富锦一中
　　　　　　　　　　　　邓中直 59.8.16

# 四
# "人从小得有个正事儿"
### ——教子有方的老船长尤玉发口述

时间：2011年7月30日

地点：同江市街津口村尤玉发家

被访者：尤玉发

访谈者：陈曲、王志清

在场者：付秀兰（尤玉发的妻子）

[访谈者按] 尤玉发，男，1936年生，是街津口乡为数不多的会说赫哲语的老人之一，曾经接待过日本、俄罗斯等国家及祖国各地的学者。老人没上过学，年轻时打过鱼、种过地，从1964年开始长期从事开船搞运输的工作，长达38年，退休后在街津口山开展"望远镜眺望俄罗斯"旅游业务。综合老人的工作轨迹，其工作核心始终把握着"方向"与"视野"这两个要点。

老人留给笔者的印象是健谈、幽默、睿智、热情。"人从小得有个正事儿"是整个访谈过程中老人频繁提及

## 四 "人从小得有个正事儿"

的口头语,也是老人为人处世秉持的一个重要原则。打鱼、摸虾、种大田与跑船、扛活、搞运输的经历使其形成了"上学读书才能有正式工作、稳定收入"的经验认识。他严格管教子女,鼓励他们积极求学。四个子女全部学业有成,在整个赫哲族中创造了一个教子有方、子女成才的奇迹。

阅读信息提示:
1. 抗日战争时期日本侵略者迫害赫哲族的民间记忆。
2. 赫哲族传统食鱼的地方性知识。
3. 赫哲族普通家庭朴素的教育观。
4. 赫哲语言渐行渐弱的代际传承轨迹。

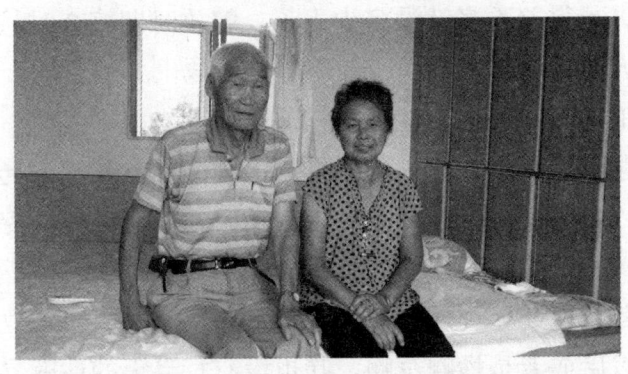

图1 尤玉发与付秀兰老两口的合影(王志清拍摄)

尤玉发(下简称尤):我叫尤玉发,我是1936年生,我妻子是1943年出生,她出生在饶河四排赫哲族乡。

王志清(下简称王):大爷,你们小时候街津口这块儿是怎样?全是打鱼的吗?

尤:都是打鱼的。在日本人打中国的时候,日本人把赫哲人都迁到离这里50多华里的东山农场那边儿,我们在三部落。我六岁时就迁到日本人建的三部落。1945年时日本投降了,那时候我们又回到这儿来了。

王:那时在三部落就得了这个窝子病?

尤:对呀!那时我们定居在哈鱼岛,大概有十多户人家,完了日本人来了,把我们赫哲人一起迁到一部落、二部落、三部落,我们就迁到三部落里。那时日本人给我们化验血型,搞实验,那个时候可能是给我们注射了病菌,我们一窝一窝地死,一天一天地往外抬人,一天就能死三四个的。我们家死了三口,我母亲、我奶奶、我二婶,有的一家死得就只剩下一口两口的。日本人走了以后,那时候人口减得差不多就没多少人了,解放时期核查时只有三百多人口。

王:当时很多人就死在三部落时期?

尤:是!那是刚去的时候,上霜冻了!几家一起挖地窖子,四五家或者亲戚们在一起挖个地窖子,有的挖个大窖子,住个十家八家三家两家的。那个时候没有房子啊,还在冬天搬迁。到那以后,没粮食,给我们豆饼。豆饼搁水泡以后或者是炒啊蒸啊,啥也没有!夏天的话就弄点灰菜、山菜。我们在那里待了三年,我是九岁那年回来的。回来时,老人死了不少,年轻人也死啊!我们把那个杨树放倒,吃那个杨树长的那个"冬青"啊,那个是中药嘛,它毕竟是木头长的嘛,老吃老吃人身体就"胖"①嘛!我

---

① 东北方言,浮肿的意思。

四　"人从小得有个正事儿"

们吃苞米、采山菜吃，后期日本人不给苞米了，就给干黄豆，有时候给你点儿小黄米呀，黄豆我们没办法，只能炒了吃！呵呵呵！那时刚搬到山上啥也没有，碾子啥的都没有！我们赫哲人本身就是打鱼的，后来我们有时就偷着回来，到哈鱼，打点鱼回去，才有点油水，不然啥也没有！就是豆面儿！

王：当时赫哲人就是打鱼的，为啥要把赫哲人赶到山里去啊？

尤：日本人来的时候，赫哲人就住在江边，黑龙江、乌苏里江、松花江边。黑龙江对面就是俄罗斯嘛！他害怕赫哲族人往俄罗斯跑。他也不放心，害怕赫哲族给俄罗斯人运装备搞情报，给俄罗斯人带路打他们。

王：给赫哲族的打击挺大？

尤：从三江口到八岔，从莫虹口、哈鱼、街津口、勤得利一直到八岔。八岔和勤得利是二部落、一部落、二部落搁东边排出来，我们是三部落。

王：那时赫哲族的家庭也都是每家每户打鱼啊？

尤：对呀！我们以前在哈鱼，为什么赫哲族不种地？三家五家，在比较背风的地方、好靠岸的地方，大家就一起挖地窨子，三家五家就住在一起，隔得很近，就像一个屯子似的。我们那时的尤姓家族是个大家族，听我父亲说，我太爷、我爷爷都在下列叶，俄罗斯那边儿过来的。那时黑龙江两边都住着赫哲族啊，俄罗斯就搁机关枪把赫哲族往黑龙江这边撵，你不走就用枪在你后边赶啊！你不走就用机枪扫。我们同江的赫哲族都是从下列叶过来的。

— 121 —

同江到哈鱼岛也就十五六里地吧！我爷爷我父亲就在哈鱼杠、韩加列，后来又逐渐地三家五家地往哈鱼杠聚，后来哈鱼杠聚了有40多户人，再以后就搬到三部落去了。我们祖先在下列叶时，我的太爷爷时也是大地主吧！哈哈哈！那是在清朝时，他穿绸缎打猎，骑马打猎，富裕人家才穿绸缎打猎！骑马打猎时，树枝就把绸缎给扯坏了。就像在北山打猎，乱七八糟的树枝就会把人的衣服给弄坏。所以，我的祖上也辉煌过一段时期，我父亲就刚赶上那么一阵儿。呵呵呵呵！那时可能还在清朝！后来我们大家族失火了，他们说在我们家族的下面有一条河，传说是失火时，金子化成金水形成的一条河。呵呵！现在还有这个大河口，金子能化吗？不说"真金不怕火炼"吗？就是个人工河！人工河说成是金子化成的，呵呵。我父亲活了快一百岁，他是1973年去世的。我们家到三部落的时候，哪家都死好几口人，天天都往外抬尸体！日本人说是得了瘟病死的，得什么瘟病，其实就是伤寒病！日本人说什么化验我们的井水，还化验我们的血型，弄点我们的血来化验，其实就是弄点慢性毒药让你吃，搞试验！后来，赫哲族偷偷跑回来打鱼吃，还打点猎！打猎打什么呢？大黑熊！一头黑熊几百斤，弄完了大伙儿分。那时过得像是野人似的哈！哈哈哈哈！逮着猎物大家就分着吃，那时没有卖钱，也就是维持生活，就是为了活着。

1945年刚进8月时，高射炮响了两天。第二天，打机枪、扔炸弹，当时在青龙山，有一个日本人修的大坝，那是日本人抓的劳工修的，白干！这个坝还在！后来俄罗

四 "人从小得有个正事儿"

斯人就开始打,用机枪打飞机。我们那时就跑哇,全村子都开始往外尥哇!呵呵!后来死了没多少,一家剩三口两口的。我们回来了。我们回来的时候,日本人把炮都扔在桥上了,青龙山那块儿不有个桥吗?就扔在那儿了。在勤得利的时候,那时海军陆战队下来时,我们就窜呐!我们的船就张着个破帆就往回走哇!呵呵!就这么回来了。回来没几天,我们又回哈鱼了。过去走时我们的破房子都还在呀!走三年了,回来后我们就把它给修一修。完了后来又经历"土改",我们就打鱼,打回的鱼没地方卖,就打着吃。这鱼打上来要储存的话,就这个生鱼片、炒鱼毛,或者搁点盐腌上煎着吃,搁鱼油煎着吃。

王:那时哪来的盐啊?

尤:和俄罗斯人淘换来的!呵呵呵呵!俄罗斯人的盐,手指盖儿那么大一块块的,黑的。跟他们要!那时就是用鱼肉维持生活。你看我屋外有一个仓房,赫哲族叫鱼楼,就像汉族人的仓房装苞米呀什么的一样,我们赫哲族就叫鱼楼,装鱼干、储存鱼干的。鳇鱼怎么储存?就把它拉成鱼条子,给它晒干吃。就像晒倭瓜干、地瓜干一样,小孩儿饿了之后,那就吃这个!再就是什么呢?把鱼烧着吃!用火烤,烤了烧着吃!一般都生着吃。

王:生吃?

尤:嗯!鱼晒干了,咬吧咬吧就吃了!就嚼着吃,生的!冬天的话,直接就蘸着咸盐面儿吃。像那个狍子肉也是!狍子肉稍微用火烤一烤,就用手拿着啃,好家伙!

王:狍子肉好吃吗?

尤：狍子肉好吃！那时候什么肉都好吃！

王：这些你小时候都吃过？

尤：好吃！那时，鳇鱼炸完鱼条儿，直接搁点咸盐面就吃！现在你们什么都生吃，什么咸鱼，什么杀生鱼，都是生的。赫哲族怎么生吃呢？搁那个活鱼，那个鲤子啊，不管什么鱼，都要活的，要吃生的，都要带鳞的。鲢鱼啦、怀头啦什么的，这个不能生吃！什么嘎牙子的，这也不行！得带鳞的，大马哈鱼不能吃！前年我们上大连旅游去了，日本那个什么考察团就吃大马哈鱼生鱼片，我们不吃这个大马哈鱼，吃了闹不懂的那玩意儿！冬天的话，我们吃生的，我们就吃大哲罗，二三十斤的，把皮剥了，用刨子推，薄薄的一片儿，蘸着咸盐面儿，就吃！后一阶段才搁点辣椒油、放点葱花儿，那时就放点咸盐，一人准备一个大口杯，边吃鱼边喝酒！

王：那些带皮的鱼扒下来做鱼皮衣服了，那些肉怎么办啦？推刨花吃吗？

尤：那些带皮的鱼肉还不能生吃。那些鱼把皮扒了，肉该炒鱼毛了，炒熟了，搁坛子、缸装上，饿了用来拌饭吃啊或者怎么吃。

王：大米有吗？

尤：有！但是只在过年吃！呵呵呵！有米、面，都有！

王：这些都是自己种的吗？

尤：这个赫哲族的人不会种地啊！呵呵！你看我外面的园子现在种得挺好啊，过去都不知道怎么个种法！不会种也不会施肥，只是打鱼、打猎，都是拿鱼到三江口去换点苞米、小米什么的。

王：您小时候看见有穿鱼皮衣服的吗？

尤：有啊！五几年都还有穿的！后期了就有布可以买了。那时布都买不着。那时候日本人产那个更生布，穿一两个月就坏了。

王：鱼皮衣服打鱼的时候穿吗？

尤：夏天打鱼的时候穿。那时候基本也不穿什么，就光着膀子。后期有布了，还有人穿。因为没办法，打鱼就得穿鱼皮裤子、鱼皮衣服，冬天的话穿狍皮、鹿皮。

王：鱼皮衣服穿着舒服吗？村里有些店里挂着卖的鱼皮衣服，我去摸了摸，感觉硬硬的，穿着应该不舒服吧？

尤：做鱼皮衣服的啊，有会做的也不会做的。那过去的赫哲族，鱼皮衣服做出来就是穿的，现在有的人做出来的鱼皮衣服就只是卖钱，砸吧砸吧搓吧搓吧就缝上，做出来的衣服刚硬刚硬的，一穿上那不得扎肉啊？熟好了的鱼皮非常软和啊，像羊皮、鹿皮一样，不带咯手拉的。你们到尤文凤家去过吗？她的鱼皮衣服是做得比较好的，她是鱼皮工艺的国家级传承人呐！她做的那个花纹做得好！他们就是外地人（指有些出售做工粗糙的鱼皮服饰的商贩）磕碜我们赫哲族。就我说的话，我说你们两个也就砸点鱼皮卖钱，你就弄个鱼皮衣服厝到那儿，谁能穿得了啊？呵呵呵！现在做鱼皮衣服，满街在做广告卖赫哲族的鱼皮画，其实都是外地人在做，没有一家是赫哲族的店！你看饭店也是啊！饭店他说什么赫哲族的风味儿饭店啊，赫哲族饭店,赫哲风味儿,把我们赫哲族弄得变味儿了,纯粹是不是赫哲族吃法,说成是赫哲族的。这就是外地人给祸害的,用赫哲族的牌子挣钱!呵呵呵!他们做的都不是这个味儿了,做的都变味儿了!嗯呀!就像蒙古族人吃羊肉似的,不是蒙古族人做的,你不能说就是蒙古族的风味儿。我有一个朋友,在内蒙古待了好几年,家是同江的,他杀了只羊,做的羊肉可真是一点都不膻啊!人家会做!他能把这个味儿给除了!那个鱼也是那样,吃生鱼他怎么个吃法呀,过去把那个鳇鱼打回来,哪个肥,哪个大,瘦干鱼不能吃,瘦干鱼肚子里有虫子。以前剖腹活鱼的时候,用刀把鱼梢上割开两刀,把还在蹦跶的鲤子割它两刀,挂树上,让它滴答半个小时,鱼血就控出去了。鱼腥就是鱼的血腥啊,不管你是什么血,都腥啊!把鱼挂树上,血空出去了,鱼腥也就没了。没污血的鱼肉那就煞白,搁醋一码它就不腥了。就把那鱼连血带腥的给你弄一盘,放点咸盐放点醋就给你端上来,那鱼我看不一定好吃!不过这鱼我也吃过!他们说你不吃你就是装啊什么的!哈哈哈!

王:你们从三部落回迁回来后,还是照样打鱼啊?不是解放了吗?生活没有啥改变吗?

尤:打鱼啊!虽然是1949年后,但是基础在那里啊!因为没有什么生产工具,就只有个渔船、有一个排钩、网、钓鱼钩哇什么的,大型的生产工具啊也没什么玩意儿,还有就是鱼叉、瓦棹子、叉鱼的快马子等。后来"土改"时,我们就去叉鱼去了。弄来的鱼,杀生鱼啊、炖个

四 "人从小得有个正事儿"

鱼啊,有点儿小米粥,喝点酒,不就饱了吗?

王:赫哲孩子开始上学了吧?

尤:是!1949年回来后,五几年又土改,有的有瓦棹子能打鱼,有钱才能上学,没钱怎么上学啊?那时同江区政府派来一个老师,姓赵!我们家穷,我没上过学。我们家尤玉富一个我一个,都供我弟弟尤玉镯上学。我父亲收养两个孩子,父母都没了,他比我大,然后我们就供他上学,不然他搁什么上学?我那时"土改"后就有十五六岁了,能干活,打点鱼、整柴火,弄点什么,搁汉族那里换点苞米、谷子搁碾子压,弄磨推。我父亲他们出去打猎,打猎回来的狍子啦、鹿啦什么的,卖了,换钱买粮。我和尤玉富同岁,后来我俩一起用碾子磨面,忙活一天,磨了三十多斤苞米面,一家人两天就给吃没了。呵呵呵,人多啊!吃没了还得推呀!这两天期间,你说干啥去?去山上拉柴火!后来上学,一家小孩儿五六个,我父亲打猎、打鱼换点钱,我后来晚上上夜校,我和我哥上夜校,有个老师在夜校,就搁那自学的,扫除文盲嘛!就这样,穿肩刺骨就这么给了个毕业证书。哈哈哈哈!

王:您什么时候结婚?

尤:我25岁结婚。我家一直供学生,尤玉镯在富锦三中上学,后来毕业当了老师有工资了,我始终也没有工资啊!我后来在农场干工作,后来一个月就十四五块钱,那时我家属在供销社上班,后阶段我家属到学校教书去。实际上那时候没钱念书。晚上上夜校后,能认点字儿,比大老粗强啊!看个报纸、写点信也行!呵呵!

王：您家老大什么时候出生的？

尤：我是1960年结的婚，那时候正好国家困难，后期六几年又开始"文化大革命"。第一个孩子是大姑娘，1961年生的。最小的叫尤伟玲，今年31周岁！跟我大外孙女相差不几岁，现在在乡政府上班，家在同江。

王：大爷，您看，你过去只是上过夜校，但是，培养的子女都很成功，你对孩子上学有什么看法？

尤：我吧，从小没念过书，我弟弟在富锦三中毕业后就当老师啦，我们家孩子就他出去了。后来我1964年就开始开船了，开船搞运输，到佳木斯、饶河、黑河等地方，我家属在学校当老师，她先在供销社上班，1973年后就在学校当老师，一个月挣点，我在外面跑运输也挣点，后来开船开了38年，反正干了大半辈子。给我开工资，那时也不想挣工资了。我从1964年就开船，我舍不得扔船，我就自己干。改革开放了，我不想挣工分了，我就自己干。他们就打鱼，一天挣好几千块钱。

我大儿子在大庆工作，我大孙子今年21了，我们家要都回来的话一共14口人。我大女儿在同江三中，大姑爷在同江电视台。我二儿子在中央民族大学毕业后，上同江县团委，然后慢慢地一步步发展。我那个北京的表妹尤玉芳，近几年年年拉学生来搞调查，也准备写一本家谱。

王：大爷，您那时开船大部分时间都不在家吧？

尤：我那时开船，大部分时间都在船上，有时一两天、七八天，十多二十天都不回来。上佳木斯的话，半个月是最快的，一般都要20多天。去时拉货，拉大豆啊什

## 四 "人从小得有个正事儿"

么的。那时没有交通工具,现在这大卡车,一下子四五十吨百十吨,我那船,拉 60 吨。我原来那船,能拉 280 吨。

王:大爷,您那时经常不在家,那怎么教育孩子呢?

尤:我们家几个孩子,我也不希望他们打鱼啊。我年轻的时候,十八九岁的时候,我打了五年的鱼。打鱼呢,虽然能卖点钱,但拿来就花了。再说了,打鱼也遭罪呀!过去是瓦棹子打鱼呀,哪有现在的机器船?我们过去一刮东北风啊,就顺水,那就挺自在的。瓦棹子,早晨 1 点来钟就起来排号,晚上八九点、十来点回来,打过一天能打来五六百斤,那时交给水产队呀,能挣 11 分儿。一分儿才两毛多钱,干一天才两块多钱。后来我们开船,船上有十几人,船上有什么木头啊、大豆啊,我们就自己卸。到那个码头上,我们自己卸。一个月我们自己就能挣三四十的,挺好,回来还算工分。后来我一走就 20 多天半个来月,到那儿就卸,再装上货就回同江。回来时只要一天一宿就到家。去时装大豆,回来装大米、白面、高粱米、苞米面什么的,在佳木斯粮库装。那时同江不产粮食,吃的粮都从佳木斯往这边运。

王:您是做生意吗?

尤:是啊!我们就是运输队的呀!我们挣大队的分儿。运回来就交给大队了,大队算我分儿,不直接给我钱。每次就交四五千块,搬运费自己得。那时生活很艰苦,我挣点搬运费,给我这老姑娘买奶粉啦,到富锦啦、佳木斯啦,到站我就买奶粉,那时买不到奶粉呐!哈哈,就给我老姑娘买奶粉。哈哈!有时候她不听话,我就说,那时该不给你买奶粉就好了。呵呵呵！那时挣一年，分个一百二百，还不够过年钱。不过那时也熬出来了，孩子也都有出息，也都挣国家工资，也没有打鱼的。我就两个孙子，上学回来我还拿点钱。

王：后来这船自己开了？

尤：这船呵，我自己开了。改革开放后，实行承包制，打鱼的都归个人了。我这船是1975年下水，后来我实在是舍不得我这船啊，从年轻的时候我就爱好我这船啊。这船卖给了佳木斯船厂，后来我自己又要回来了。他们都不干了，他们都打鱼的、开饭店的，我说好，我坚持我这个，保护我这个船不撒手。我就给乡政府说了，我说他们都搞改革开放挣大钱去了，我就挣小钱儿，我把这个船经管起来。因为后期就有车了，搞运输就没有活儿了。他说公用的吧，有时候乡政府用船的时候你就动弹一下子。我说行，需要用的时候我就给他们开一下，平时挣的钱就归我了。后来我雇了一个人，我开船。有的人愿意坐船，有时拉货，我上同江，我上哪儿都有人坐船，有的时候能拉上十个八个。刚开始的时候，我一夏天能挣八百块钱，买点粗粮够了。我雇的那个人，干一天，我给他五十块钱，剩下是我的。后一阶段旅游开始啦，我就拉他们旅游，有时候能赚三四百，那时候柴油才多少钱呢？一吨柴油才360块钱！现在1400多块了。那以后就雇了几个人就开始搞旅游。他们看我挺赚钱的，就有人学我，也买船干旅游。我的机器大，150马的。我的船，一桶柴油我能跑三趟。后来柴油涨价了，我那船才卖600来块钱，我那

四 "人从小得有个正事儿"

船还雇了一个人，跑四次给他200。我跑四次我能赚个800到1000来块钱。后来，2003年，他们旅游船也上来了，他们的船小，我的船马力大，耗油大，柴油涨价了之后，我的船跑一次就不划算了，再说了，跑一趟也给不了500块了。我一看，不行了，我也已经60多岁了，我儿女也都叫我休息了。我总共开了38年的船，算是圆满结束了，也没出什么事情，也没有什么落水淹死人的事，我这38年的开船生涯算是平平安安顺利落地儿啦！不干了！不干了，我这人也是好动的，待着也待不了哇！我就给我二小子说：你们不让我干，我待着干啥呢？我今年76，十年前才66。我说待着干啥呢？于是我就去买个望远镜，不是搞旅游吗？我就买个望远镜放在山里，呵呵呵！买个望远镜，我和我大姑爷去了一趟佳木斯买望远镜，我没舍得买8000多的，看天文的，后来买了个空陆两用的，才花1700多块钱。挺好玩的呀，有的人就要看，我说看可以，看一次得1块钱，不管看多久，就1块！一天也能挣个百八十块的。我就把望远镜放河边，让他们看对面的俄罗斯人！呵呵呵！他们都很羡慕我，说你这招儿还挺好的哈！我反正待着干啥啊？待着不动一天能赚个七八十的，就是一天赚个二三十的也行啊，也够我和我媳妇儿的吃喝了。

我这孩子为啥有出息呢？我这个从小教育啊，你别打鱼摸虾的，这个不是正事儿啊！我们家那时我去队里打鱼，后来我上船了嘛，我叔叔是乡长，我就说叔叔啊，国家发的那艘船，让我开吧，我不想去打鱼队打鱼了。我那时是队长，队长也当过、书记也当过。我说我爱好开船，就让我开船吧！他就说行，这是国家给的船呐，这是国家政府、毛主席给我们少数民族解决交通工具送的船，给同江发的"繁荣"号，给八岔发的"团结"号，饶河和四排呢发的"幸福"号。我开船的时候，河里的鱼有的是，什么都有。我从不让我的孩子上船，不管是大船还是小船，我从不让他们动，也不让他们撒网捞鱼，他要一动，一下网，他就会在课堂上想，哎呀，我的网可能挂着鱼了。那肯定就不能认真学习了。还想着待会儿我一下课，我要去看一下我的网。有的是有船的人家孩子上学时候早上撒一网，天天想着网鱼啦，最后啥也没成，只是打鱼的。我说啥也不让他们干这个。我一块网也不接，为啥不接网呢？我有网的话，他们三个偷摸地光打鱼了，不好好安心学习了。一旦撒下网，他们就会觉得，哎呀，打鱼真有兴趣儿啊！他们就对我说，你看人家的孩子也撒网。我说人家是人家的，我家就不许撒网，要不然我怎么不织网呢?！给你织下网，让你去下网打鱼摸虾，长大也去打鱼去啊？不敢！我孩子就不敢！我的船就放在外面，你可以玩儿，但是我的那个打鱼船你不能用。那船平时不用的时候我就吊起来，不让他们碰。要是不吊起来的话，我一上同江或去哪儿了，他们不就划船下河了吗？所以我就吊起来。有时候我要出去一天半天，他们一看我不在家，他们那时都十四五了，他们就和同学一起打鱼洗澡哇！我在下滩打完鱼回来，他们也搁那瞅着，看我那船什么时候回来。呵呵呵！经常我那船头刚一露头，他们穿上衣服就跑，就尥

## 四 "人从小得有个正事儿"

哇！我都不知道！呵呵呵！我那天才知道，那还是听他们说我才知道。哈哈！那天就是他们的同学在这唠嗑，尤利军才说："哎呀爸呀，我们那时和同学洗澡，见你的船回来了，一边穿个裤头，一边抱着衣服往回跑。"我说我怎么不知道啊？他说你知道不就完了吗？不过来揍我们吗？哈哈哈！就是这样的事情啊，我就不让他们下网。他们在学校要是考差了，老师等我回来后就会跟我说："这孩子该收拾啦，和老师顶嘴，你该伺候伺候他了！这孩子，你不收拾不行啦！"我也不能成天牵吧他呀！你就给他攒一块儿，他要是在学校和老师顶嘴，和同学干仗，我就攒它十次八次的，我再找着机会，照着他的屁股使劲就打呀！我打尤利军的时候，我那个老姑娘就在旁边看着我打他哥，吓得直哆嗦！她看我还在打，她就过来搂着我脖子说："爸呀，你别打我二哥了！"我说别打你二哥了，那他再不听话了怎么办？那样的话不揍他留他干啥呀？我那老姑娘就把我那条子拿走了，我一看，也不能老打呀，我就给他说了，我说尤利军，到年终期末考试时，你分数不及格，那条子还搁那好好保存着。哈哈哈，就吓唬他！我那两个儿子，他们1987年一起考大学，把他们乐得呀！通知书还一天来的。一个是东北师大，一个是中央民族大学。上学那天，我亲自开船送他们走的。到同江后，我那是小船啊，得坐同江到佳木斯的客船。我就给佳木斯客船的船长说，我说我两个儿子考大学，一个是北京的，一个是长春的，我说你把他们拉到佳木斯去。他说那太好了，船票不收，船票不收！我们都是朋友，我们都是开船的。

他说我们晚上都值班儿，床位都空着，他俩就睡床上吧！我说那行，一宿就到佳木斯了。第二天八点钟就到佳木斯下船了。我就这样从小就管着不让他们打鱼，不让他们挥霍，两个孩子一起考上大学，整个赫哲族同江，乃至八岔、饶河等地方都没有我家孩子有出息。我那个大闺女在齐齐哈尔大学毕业的，我那姑爷也是佳木斯师范大学毕业的，我两个姑爷都是挺好的。小姑爷当兵，回来分到林场。我们家的孩子出息了我也省心了，我们尤氏家族的孩子没有一个打鱼摸虾的。

王：尤氏家族挺重视教育的？

尤：对啊，这小孩子从小不教育他怎行呢？就像树一样，你栽的树，你不打理它，它会长得七里八歪的，你就得把树的枝杈整理好，人也是，人讲话了，"有娘养、没娘教育"，那这孩子完！这小孩儿必须管，七八岁以后一定得管到十二三，十五六你就不用管了，他就老实了。不过现在的孩子成天在网上待着，管都不好管呐！那时都老实，问题是没有那么多心眼，现在你管得了吗？就现在我也管不了。他头次上网了，他不给你学？管不了！

王：那时你怎么那么重视教育？

尤：我总认为我自己是大老粗啊！我就重视教育啊！我不让他们打鱼摸虾，就包括我种那几年地。那个垄，一千多米长那个垄，铲地一个来回回来呵，我那头大半截儿都还没到呢，上午十一点半下班，我就寻思，一千多米长的一条垄，别人一个来回儿了，我的还一出溜没到呢！唉！这活儿是干不了！哈哈！太累，我不想让他们干这个

## 四 "人从小得有个正事儿"

活儿！将来你人口发展，就是有点地你也不够吃。人讲话了哈，你打鱼也好、种地也好，要是一年收成好的话，算工资，一个月十多块就能保证吃喝了。你要是今天打不了鱼，明天拿什么买米呢？你要是念书考大学，完了工作之后，你们爱怎么生活怎么生活，你们是越好才好哇！我当父母的没有责任了。我费尽巴拉地把你们抚养长大，上完学找到工作，娶上媳妇儿，房子自己想办法也都买了。我父亲当年讲话了，我们既不欠谁也不坑谁，我们也不占人家便宜，我们自己挣的钱自己花着痛快。人从小得有个正事儿，你不管成家也好得有个正事，你别成天在社会上混吃，那不行！我那两个姑爷也行！我这人到哪儿我也敢说，就是遇见领导，什么市长啊、书记，我也能上桌儿！你让我上桌我就上桌呗！说老实话，说话喝酒咱们有理。

王：大爷，你们小时候不说汉语吗？

尤：都说汉语呀！十多岁儿就说汉语呀！那时候没地方说赫哲语！有时候跟老人说话，他们说赫哲语我们也就说赫哲语，后来十二三岁的时候，这帮年轻小孩儿都愿意说汉语。总觉得说赫哲语这舌头有点硬似的，还是说汉语痛快！到十五六岁的时候都不再说赫哲语了，有的老人也说汉语。现在的老头老太太在道上碰到，说个三言两语的，打个招呼，也不成天说赫哲语！现在这村里会说赫哲语的不超过20个人。七八十岁的、六七十岁的，也就十来个吧！

王：昨天下午我们去的尤文兰家，她说得还行吧？

尤：嗯，她说得挺好！她和尤文凤是亲姐俩！为什么她们会的比较多呢?她们的母亲五几年的时候,为人家缝衣服,会缝活,她和她家的姑娘都说赫哲语。我有时候不会的赫哲语我还问她呢!

王:小的时候关内的汉人就来了不少了?他们也打鱼吗?

尤:嗯!他们也打鱼呀!他们不像我们赫哲族人这么懒!呵呵!他们也种地、种菜!现在赫哲族也是,既打鱼又种地,秋天也有一笔收入,再打鱼的话,收入就出来了。这两年也挺好!去年两个人打了两个鳇鱼,卖了十一万六。鳇鱼产籽啊,产的那个籽也按一千四五百元一斤啊!二三百斤的鳇鱼一个就卖好几万呢!要不就奔着打鳇鱼呢!

王:现在江里还有这么大的吗?

尤:有啊!一千来斤的都有啊!我一到冬天,江里刚上封的时候,我就准备了4把钩子,一把钩子50来米长,4把钩子200来米长!成天下上,保证有鱼!鲤子、大鳇鱼!四五十斤的,我打过650斤一个的鳇鱼。不过现在已经很少很少了。

王:因为鱼少了,赫哲族的也开始转型了吧?

尤:对呀!你看现在打不着鱼改种地,连带开饭店的,什么赚钱就干什么。开饭店的话,他们一年也不少挣。打鱼呢,有时碰到个大鱼能挣个几十万,打不着大鱼的话也能挣个万把来块钱,刚够生活费。

王:这房子都是国家政府给拨款修的?

尤:都是!我这个不是!我这个是1980年自己盖的。

## 四 "人从小得有个正事儿"

我这砖还是我自己在同江用自己的船运回来的。那时盖砖房，我是第一个，第二个就是我屋后边的那一家！那时个人盖砖房的都是赫哲族的比较多，汉族舍不得拿钱盖房子。他们把钱搁银行呢！后期这房子盖的第四个年头了，国家盖了三批房子了。第一批就是教师新居，第二批就是蓝盖儿的房子，就是渔业新村，第三批就是道路两旁的房子。这些都是国家拿钱盖的，把房子盖好后，窗户安好了，里面的装修自己装。这三批都这样！全都是砖瓦结构。这都是国家给少数民族扶贫盖的房子。这换别的国家他办不到了，我们这么大个国家，13亿多人口，国家对少数民族也是够扶持的了！

王：还有哪几家过得好一点儿的？

尤：那些勤奋会过日子的都过得比较好，那些懒得哈的，都过得不行！哈哈哈哈！有几家过得也都不错！有的单纯打鱼过得好，有的也打鱼种地。后期渔业村打不着鱼了，就在哈鱼岛开辟了一片地，都分的口粮田。一口人三垧地的口粮田，有的自己开一部分，有的承包了，承包完了自己不会种，又包出去，口粮田每人都有！

王：80年代村里还有不打鱼的吗？

尤：有！单纯打鱼的都过得不太好！后来我不开船了，我在村里又包了八垧地，我那八垧地往外包的话，一年我承包费一垧地300元，我往外承包一年就3000块或者2500块，一年一个样！这样的话我一年就两万多块钱儿！地孬的话一垧地就2500块钱，地好的话就3500来块钱儿！我这八垧地一年就两万多块钱儿！

王：这个是旱涝保收的呵？

尤：这个不旱涝保收！我往外承包还有个什么呢？那是1998年淹了，淹一年我就让你再种一年！他不赔了嘛！我说你第一年淹了，我还让你再种一年。有的时候也淹！有的有地就有收入，有的没地光靠打鱼生活就不行了！你要是成天打不了多少鱼你今天就完啦！他要是有地还打点鱼，秋天还有点收入，要是地多的话，有个三垧两垧的话，一年也能挣个一万两万的，这生活也就行了。还有开饭店，种地打鱼开饭店，哈哈哈！

王：开饭店是近几年吧？

尤：嗯，十多年！改革开放就开始开饭店！也差不多二三十年了！有的脑瓜死板，干瞅着那打鱼，那怎么行呢！打不了鱼你不就完了吗？有的一懒滩儿了，打不上鱼，完了！一年里五六个月的生活你就难了！

王：当初你家四个孩子都出去了，赫哲族就你一家吗？

尤：要是这几个地方的话，就我们家，出去一个两个的，也有！

王：你看你虽然没有退休金，但我看你的收入比他们多多了！

尤：嗯！我当初不开船了，我就包点地，养老费也就出来了！我那地包出来20年合同，我能活20年吗？呵呵！我那地合同满了，还能签！一年一垧300！

王：为啥想到包地？

尤：我那时才下船，脑袋太迟钝啊，对地不感兴趣，

## 四 "人从小得有个正事儿"

后来才开始包点地,我包了自己也种不了,不就白瞎了嘛,现在你包地包不着,3000 你就包不着。我那时就这么想,我脑袋要活的话,我那船就改拖拉机,我敢开呀!我就整一台拖拉机,搁那开个十天二十天的,我怎么也能整个 10 来垧 20 垧地!那可就发了!我们村里有个付铁军啊,他一开开了三四百垧地,后来渔业村收回一部分,他家还有 200 多垧地。他现在有车、有钱!种地大户!他自己在岛上雇的拖拉机开了一年,开出 2000 多垧地。后来一看太多了,村里收回了一部分!他真是脑瓜活,第一个在岛上开地!他家就在江边住,两口子,还打鱼!就那么多地还打鱼!他开地至少从 80 年代就开始了。那时候开地,基本上都淹了,泡汤了!始终不放弃,还是开地!

王:尤利民他三叔家的三个孩子,一个叫卡坦,一个叫曼格,一个叫阔力,都是赫哲语的名字呵?

尤:是,那是我叔专门给取的。他们的爷爷当乡长、书记、同江的什么局长什么的,也是一个赫哲族的名人,他是赫哲族街津口建乡第一任乡长。卡坦——狼,阔力——天上的鹰。特意取的赫哲语名字。

王:你家老二也会点儿赫哲语啊?

尤:他后期自己学的,他组织办了一个赫哲语学习班,他在上面学的。

王:依玛堪艺术团里那伙人应该会赫哲语吧?

尤:那些人都是些会唱会跳的!会唱会跳的那帮人可不是简单的人儿!那个老板是我们文化局文工团的团长,她现在带着一帮女的,退休的,开饭店。他们那些都是搞文艺的，会唱会跳！

王：吴彩云①也是依玛堪艺术团里的骨干啊？

尤：嗯，她退休前是同江市统战部的副部长，退休后就在这开个饭店，客人来了愿意听就给客人免费唱点！依玛堪传承人吴宝臣就是她弟弟！

王：吴宝臣唱得怎样？

尤：还行！有的地方听不懂，有的地方能听懂！

王：他家一直是干这个的吗？

尤：他们老吴家自个儿文艺细胞就有！佳木斯的吴明新就是和他们一家的！他们是亲叔伯大爷！跳舞啊、唱歌、萨满什么的，整个家族都爱好这个文艺，也都会！

王：你们老尤家擅长什么？

尤：我们老尤家不爱好跳啊唱的，也不擅长这个！

王：你们老尤家重视教育！

王：大爷，你们小时候还有萨满吗？

尤：有啊！

王：现在还有吗？

尤：现在没有了！

---

① 吴彩云，女，赫哲族，1956年11月1日生，祖籍黑龙江省同江县街津口村，系吴定克哈拉之后裔。1976年进入北京中央民族学院汉语言文学专业学习，1982年毕业，先后在街津口乡、同江市民族事务委员会、统战部等部门工作。1998年9月，吴彩云作为赫哲族妇女代表参加了第八次全国妇代会，受到了中央领导人的接见。1999年9月作为黑龙江省少数民族体育代表团成员，参加了全国第六届少数民族传统体育盛会，并在《挡木轮》团体项目表演中荣获金牌一枚。

四 "人从小得有个正事儿"

图 2 调查者与尤玉发合影

# 五
# "我们赫哲族的标志性文化就是鱼文化"
## ——在外地工作的教师尤利峰口述

时间：2011年8月3日

地点：同江市街津口村尤玉发家

被访者：尤利峰

访谈者：王志清

在场者：尤玉发（尤利峰的父亲）

[访谈者按]尤利峰，男，1964年出生于街津口。东北师范大学毕业后任教于大庆市第六十四中学。虽然远离家乡，但一直心系赫哲族的发展。他的工作性质与相关主张使其扮演了赫哲族文化精英的角色。与其他非物质文化遗产传承人不同，他侧重于从宏观层面强调赫哲族的文化发展方向，主张转渔为耕的赫哲族仍旧应该将鱼文化作为本民族的标志性文化。

阅读信息提示：

1. 赫哲族知识分子的文化自觉意识。

五 "我们赫哲族的标志性文化就是鱼文化"

2. 赫哲人对族际通婚现象的理解。

王志清（下简称王）：尤哥，你是哪年生人？

尤利峰（下简称尤）：我是1964年6月27日生，从小就在街津口生活。其实小的时候因为没有走出去，也不知道自己是赫哲族，也不知道自己与其他民族有什么不同，因为当地也有汉人，没有感到赫哲族与其他民族有多大差异，但小的时候总听别人叫我们鱼皮鞑子。真正走出去的时候才感觉到自己还是和其他民族有很多差异的。要说重视文化，也是在恢复高考以后，我母亲是街津口的小学老师，那时的街津口人家的小孩儿都打鱼，从小我父母就严格要求我们，禁止我们出去打鱼，他们总是教导我们说，还是要学文化，对自己以后的生活、发展都有好处。他们对我们的要求非常严格。这样的话，我是直到初中毕业以后才会划船。我父母天天打鱼，我却不会划船，我会捕鱼呢，是我初中毕业以后，跟我同学，那时还是生产队嘛，别人有病了，去打替班嘛，才学会的捕鱼。我一直上学，16岁离开家乡到外面读书、工作，差不多也30多年了。每次回到家乡的时候，尤其是改革开放以后，感觉家乡的变化很大。在外面工作期间，在与人家交朋友啊，交往的时候，因为我的头发比较特殊，（黄中有白）哈哈，不是染的。我小时头发就是黄的，天生的。所以每次与朋友吃饭时，都会刻意地介绍一下自己，因为客人一走进来就会看我头发，哈哈，所以我就介绍自己是少数民族赫哲族，完了他们就会问赫哲族在哪儿，生活在什么地方，生活方式是什么，和汉族有什么差别。然后我就会给他们讲赫哲族的文化。

在外边没感觉到自己和别人有什么区别,但一回到家里,家里人总会说赫哲族怎么怎么样,讲赫哲族的文化、生产、赫哲族亲属之间的关系,张口闭口就是赫哲族,赫哲人怎么怎么的,更多地感受到民族的力量。

王:赫哲族的族群认同是不是更多地像你刚才谈到的,在同外面的人交往的过程中,比如说他们问到赫哲族有什么等之类问题时,才会去想我们赫哲族的标志性文化?

尤:对对,我们赫哲族的标志性文化就是鱼文化。因为赫哲族本身和其他民族的区分主要是生产方式上。东北通古斯语族的民族主要是从生产方式来进行区分的,你看我们的宗教信仰都信仰萨满,语言的分化和生产方式的分化是同时产生的。你像鄂伦春与赫哲族之间的语言是可以相通的,为什么相通,因为我们赫哲族最早是从外兴安岭迁到黑龙江流域这一带的,那时与鄂伦春族都在一起,在地缘上有些接触,在语言上是相同的,后来由于生产方式的分化,语言也就产生了分化。

我说赫哲族的标志性文化为啥是鱼文化呢,因为他就住在江边,虽然也狩猎,但是打鱼是他的主业。所以他所有的生产、生活、语言、生活方式都围绕着鱼来做。你看他现在所有的东西都在退化,唯一的鱼在生活中还是这么重要呢?!主要是他喜欢打鱼,靠捕鱼来生活,用鱼去换粮,换穿的、吃的。他的生活离不开河,离不开江边。这是我说的鱼文化。还有就是这个民族在发展过程中,真正

## 五 "我们赫哲族的标志性文化就是鱼文化"

发展是在中华人民共和国成立后,尤其是改革开放后,发展得特别快。国家的民族政策对赫哲族来讲,真是受益。国家在扶贫呀、帮助民族发展上,你看 20 世纪 90 年代的时候,你让赫哲族去种地,没人去种!为啥呢?因为他本身不会种,另外呢,他守着大江,他只要把鱼打上来就可以去换钱,他换来钱就可以生活,所以没人去种地。但是 90 年代后,为啥赫哲人不得不去种地呢?因为光靠打鱼已经维持不了生活了,生产方式必然就会出现转变了。生产方式转变加上国家拿钱买农具,买种子,分田到各家各户,于是就形成了现在这样也打鱼也种地的生产方式。国家给赫哲族盖房、修路,以前开荒种地都是国家拿钱。每次回到家乡,看到的变化都是非常大的。

所以说,你问任何一个赫哲人,他都会说感谢共产党,因为国家对赫哲族的帮助扶持力度是非常大的。每个赫哲人都是受益了。在国家的民族政策扶持下,这个民族还是在向前进。这几年,民族经济发展了,民众生活水平提高了,现在更多地在保护民族文化上了,就包括每一个赫哲族老百姓,都感觉到民族文化非常重要。没有民族文化,就没有一个民族的标志。没有民族文化的话,你怎么才能体现你这个民族的特点?

王:近年来,有人要问到你会不会说赫哲语的时候,你的感受是什么?

尤:作为赫哲族来讲,我感觉到非常遗憾!我父母都是纯正的赫哲族,我作为纯正的赫哲人不会说赫哲语,我是感到很遗憾的。但是这个语言要是学起来也不是很容易的。这个问题我们自己人在私下也探讨过。这个语言的学习需要一个语言环境，大家都不说，即使你学会了，没有交流的对象，没有讲述语言的环境，要想真正恢复语言是非常非常难的。要是像我父亲这一代人走了，赫哲语就真的消失了。我非常感谢这些文化人啊，对赫哲族的文化、语言等收集整理做了很多工作，我作为赫哲族的一员，我的研究却很少。最近半年吧，我也在看这方面的书，也学习了很多这方面的知识。我看有关赫哲族方面的书比其他少数民族如鄂伦春族的书要多。

王：20世纪30年代凌纯声先生的《松花江下游的赫哲族》这本书是最早介绍赫哲族的历史文献，很有学术研究价值。

尤：我在网上也搜了，看到一本20世纪90年代的再版。我非常喜欢和关心搜集学习有关我们赫哲族的历史、文化等方面的书籍，作为一个赫哲人，我必须得了解我们民族的历史文化。这样的话，才会更好地想怎么去保护和发展本民族的文化。

王：是的！作为赫哲族高级知识分子，你有这样一份责任去保护和弘扬本民族的文化！

尤：这一点上，我弟弟比我做得更好。他现在算得上我们赫哲族的头人，在赫哲族经济发展和文化发展方面，他做了很多的工作。

王：赫哲族乌日贡大会你还回来参加吗？

尤：回来啊！其实老百姓是非常愿意参加这个乌日贡大会的，我已经连续参加了三届乌日贡大会。我从2001

### 五 "我们赫哲族的标志性文化就是鱼文化"

年开始,参加了饶河、抚远、佳木斯三届乌日贡大会。这是一个沟通民族情感的大会,不管你从哪儿来,只要你是赫哲人,都可以参加。赫哲族本身人口少,到一起的都是亲属。平时大家都忙着工作,没有机会见面,这个大会就提供了这样一个沟通和交流情感的机会,也有利于促进文化的繁荣,因为在大会上会有祭祀、民族体育、民族饮食等方面的展示。现在我弟弟做的这个事吧我非常赞同,他们每年在同江的都搞一次。四年举行一次全国性的乌日贡大会。乌日贡大会有利于促进民族文化发展、传承民族文化,也有利于民族之间相互团结,促进民族之间的交流和沟通。尤其是赫哲族上了年纪的人都非常愿意参加这样的活动,因为有一种民族情结在里面。

王:就像昨天我们聊到的那样,越是上了年纪的人,寻根的意识越浓!

尤:是,我也是这样才关注乌日贡大会的。自己不管咋说也算是个文化人儿,致力于民族文化研究也好,希望本民族能更好地发展。

王:乌日贡大会更多的是营造了赫哲族的精神家园!

尤:对!对民族团结、促进民族发展都有好处,举办这样的大会,也让国家感觉到这个民族非常有活力,非常团结,非常向上,因为国家对这个民族投入了这么多的财力物力,也应该看到这个民族发展得还不错。作为国家民族大家庭的一员,我是这么感觉的,应该维护国家团结、统一。我们赫哲族在国家民族政策的帮助下,经济发展了,老百姓真正受益了,我们和当地的汉族群众也相当友好，关系也都挺和谐的，即使有一些摩擦呀，但不会上升到民族问题。

王：放眼国际形势再反观国内民族政策，还是要感谢国家，感谢共产党的民族政策。

尤：是，我非常拥护共产党，共产党执政能使国家安定，经济能快速发展，老百姓能受益，你像巴基斯坦、泰国等一些国家，总是为了争夺权力，各个政党之间相互争斗，影响了国家的安定和发展，我们国家挺好，稳定压倒一切！国家稳定，经济才能发展！作为一个民族来讲，在一个非常安定祥和的社会环境里面，民族才能够发展。你像赫哲族在伪满洲国的时候，社会动荡，老百姓受害呀！日本侵略中国东北时，把我们整到二部落、三部落去，他们拿赫哲人做实验，想要灭了我们赫哲人啊！最后没灭成，剩下三百多人。

民族文化的保护现在国家很重视了，我看每年的夏天有很多人下来采访，不论是学生也好老师也好，大家对赫哲族文化都很感兴趣。这两年我也在关注这个赫哲族文化这一块儿。比如说参加乌日贡大会，还有做一些赫哲族的鱼皮服饰等。鱼皮服饰和鱼皮画近几年发展得特别好，当然鱼皮衣服是我们赫哲族历史流传下来的。我前一段时间参观了一个鱼皮服饰展，看完后我非常震撼啊！以前做的包括演出的服装啊，从做工到设计的样式和颜色都非常单一。后来经过不断的创新，在乌日贡大会上展出的服装四季都有，我感到很震撼。

王：这是不是旅游产业的开发促进了赫哲文化的

五　"我们赫哲族的标志性文化就是鱼文化"

发展？

尤：这方面也起到了一部分作用。一方面赫哲服饰文化能够吸引游客，另一方面通过文化宣传，本身具有经济效益在里面。当地人做鱼皮服饰和鱼皮画以及开饭店，围绕着这个文化做文章，能获益，也能吸引游客。游客来看的不只是山水风景，主要看的是文化，鱼皮文化啦饮食文化啦等等。我们赫哲族的饮食文化也很独特，一鱼能三吃，甚至能做到六种吃法。所以，从这方面来说的话，经济和文化真是相互促进的。

王：国家近年来搞的这个非物质文化遗产项目，赫哲族有很多的项目，我认为对赫哲族文化的保护和发展也有一定的促进作用吧？起码给这些个民间艺人一定的待遇和名誉，这是一种很积极的措施。对赫哲语的保护能不能也有点效果？

尤：赫哲语这个问题吧很不好弄，因为会说它的人太少了！就像我父亲，他不说赫哲语已经很久了，有些单词也都忘了。把一些老年人召集起来一起聊天的话，他有些生僻的不常用的词汇也能捡起来。语言的问题我感觉难度很大。我弟弟他们干的这个事情你可能不知道，他们办语言培训班，每周一次，让每个赫哲族干部都去学习赫哲语，这也算是保护民族文化的一部分吧。你要没人去做这个事情，慢慢地这个语言不就没了嘛！

王：通过官方的手段来做这个民族保护工作！

尤：对！我们学校里也开过这方面的课，但是真正懂赫哲语的人太少了，学生又不爱学，真正想学的，你像咱们这么大年龄的人,想学也真是不容易!孩子要学这个就像学外语似的,很难!不像你们(指笔者的蒙古族身份)似的,从生下来有这样的语言环境,不需要专门去学。我们不是不重视这个语言,是真的重视不起来!

王:濒危语言的传承问题很难解决!

尤:是,因为它本身还没有文字!用汉语的谐音来记的赫哲语词很不准确,它传达不了赫哲语交流时的各种感情因素和语调,非常生硬。即使用国际音标也不行,也不能保证每一个音都对!

王:你能不能谈一谈赫哲族的教育方面的问题?毕竟你也是从事教育工作的。从你的家庭教育谈起吧,因为你的父母把你们姐弟四人都培养成了大学生,这在赫哲族中也是值得称道的。

尤:这要说的话还得从我母亲说起。我母亲虽然说没受过很好的教育,小学毕业,但那时的小学毕业那也是很不错了。因为她受过教育,所以呢她在我们小的时候,教育我们一定要有文化,自己的生活才能有所改善。后来包括我父亲,我父亲先是打鱼,后来开船,他也教育我们,有知识有文化才能改善生存状态。我父亲在我们很小的时候就告诉我们,"不要去'和(huo)了'水"①。什么叫"和(huo)了"水,就是不能去打鱼划船,那打鱼多辛苦多遭罪啊?有文化以后你会改变命运。这是从小对我们的严厉要求。我小的时候特别淘,我们姐弟四个就我最

---

① 东北方言,搅和、玩耍的意思。

## 五 "我们赫哲族的标志性文化就是鱼文化"

淘。我父亲对我严厉到什么程度,我们家的小板凳还在,罚我跪小板凳,严重的时候就用条子抽我。因为我不听话呀,老爱打架,和人满山跑。我母亲在学校里面当老师,自己孩子犯错误的话都知道,严重的话就跟我父亲报告一下,我父亲再来收拾我。从小严格的家教对我们的成长非常有利。我初中毕业了才学会划船,会下网,以前都不让去做这些事。尤其是我当年非常淘气,不爱学习,老想着停一年,回家体验打鱼生活。我母亲说啥也不同意,她说:"你好好学习吧,先考上再说。哪能停一年再去考的?"我们都考上了大学,对村里人来说是一种刺激,也是一种很好的示范,他们都把我们当成榜样去学习,所以很多人后来都把孩子送到外面去学习。

王:对整个民族的影响很大!

尤:我小时很淘,淘到什么程度,把厕所的墙都推倒了,那个厕所的墙是木头的。

王:你小的时候就是在街津口小学念的吗?

尤:是!我们那时候学生都不好好上学,三十多位同学里面只有两个人出去了,剩下的都在村里打鱼呢。

王:哪一年结的婚?

尤:我是1990年结的婚。我爱人叫王红艳。她是农场人。我的儿子叫尤田,刚上大二。

我们赫哲族家庭很少有家谱,我们家有家谱。但是我们的家谱丢了,在三部落的时候丢了,我们家谱要存在的话真是对赫哲族历史文化的一个重要见证,非常遗憾,因为可能就我们家有家谱。就在1945年,八一五之后回到屯子住的时候，忘拿回来了，不是丢了，听我叔爷爷讲，是放在了房梁上忘拿回来了。所以家谱丢了之后名字的辈分就不知道怎么延续下去了，但是我们这一代犯"满"字儿。我姐姐叫尤满玲，我二叔家的大女儿叫尤满春嘛，但我们男孩子没按这个取名。我们的尤姓是复姓，其实叫尤克的。其实赫哲族的几个大姓都是这样简化过来的。在伪满洲国时期，同汉族人居住后，才改为汉姓，简化成尤姓。

王：你家小孩儿会点赫哲语吗？

尤：我还只能听懂几句对话，他就更不会了。他这一代的孩子，民族意识都非常差了。像我们这一代人还有着民族情结，民族认同感还很强。我现在也想在这方面做点工作，主要是为了自己的民族。

王：这种文化自觉意识更重要，自己的事情自己办嘛！现在赫哲族正面临着渔业向农业转型，这过程中肯定会遇到问题吧？

尤：这个经济转型过程实际上是一个不得不转的过程，不转就会面临吃不上饭的境地。现在打鱼维持不了温饱，而且你付出的多回报的少，另外成本也高，从船到网，一套网具做下来得两万多，网的消耗还大，整不好一夏天一套网钱都挣不回来。所以说在这种情况下，不得不去种田。在20世纪60年代，你让他种田，肯定谁都不愿去。那时鱼多的是，打鱼是辛苦，但是呢收获也大呀，生活还过得去。到20世纪80年代时，鱼还挺多的呢！80年代后期就不行了，你不得不转变生产方式了。生产方式

## 五 "我们赫哲族的标志性文化就是鱼文化"

转变后,文化照说也应该发生转变,但是大家还是围绕着鱼来做文章。大伙儿开饭店围绕鱼来做文章,挂赫哲族的牌,做赫哲族传统的鱼来吸引游客,取得经济效益。所以说打鱼虽然已经不是重要的生产方式,但是文化的中心还是围绕着鱼来做文章。赫哲族的文化就是鱼文化。从生产到生活到精神世界都是围绕着鱼,鱼符号出现在赫哲族所有的活动中。赫哲族夏天打鱼冬天打猎,有几个猎人专门从事打猎的,但是主要还是打鱼为生。

王:赫哲人以前主要吃鱼,那粮食也吃吧?

尤:不种粮食啊,吃也是换来的。打来鱼后用鱼换,或者把鱼卖了变成钱买。

王:你的爱人是汉族,那你对赫哲族的传统婚姻有什么了解吗?

尤:赫哲族的传统婚姻在20世纪70年代就推行不下去了。我记得小的时候,我有一个姑姑嘛,她现在也有60多岁了,她在找对象的时候必须得找赫哲人,找汉族人一是家长不让,再一个民族内部的人都会说:"你怎么把姑娘给汉族人了呢?"这个是不允许的!也不是绝对不允许,但从民族情感上他们不接受,老人不愿意。但赫哲族本身的人口太少,你看我们屯里的人跟我岁数一般大的人和我都差辈儿了。差到什么程度呢,比如说大家在一张桌上吃饭,有把他叫爷爷的,他又管人家叫叔叔的,而做叔叔的可能是跟他叫爷爷的那人的侄儿,这不弄得挺乱了嘛!所以赫哲族里没有不是亲戚的,都是亲戚。到20世纪70年代,这种族内通婚的婚姻形式就发展不下去了,怎么办？就得和外族通婚。

和外族通婚以后，从民族发展来讲是有利的。但是本民族文化保持的根就松动了。如果是统一民族的话，民族语言、民族文化等方方面面都会保持得挺好。到20世纪80年代，和外族通婚时，没人说这个了，老人也不说也不讲究了。发展到现在，跟谁结婚都行！哈哈！所以这个婚姻问题到20世纪70年代末就彻底突破了。

我们家为啥个个都考大学出去了呢？虽然我父母都是赫哲族，但他们是跨部落通婚，我母亲是饶河那边的。赫哲族分两个部落，我母亲的部落被称为赫津恰克拉人，居住在黑龙江以东的饶河、八岔一带。咱们叫奇楞人，两个部落之间的语言也有差异，饶河和八岔的语言差不多。我们这一代还是比较聪明的。现在要是族内通婚的话很不好，为啥呢？后代不聪明！因为有血缘关系的话，后代肯定受影响。你看赫哲人为啥都长得挺有特点的，一看都是赫哲人，而我家人瞅着就看不出来？主要就是我父母是跨部落通婚，从种族上来讲，没有血缘关系，比较远。有血缘关系的族内通婚从人类学上来讲是一种退化。近年来，这种族内婚姻都突破了。我认为你讲的这个口述史是很有价值的，为啥呢？因为它不带有任何色彩，我认为从研究上来讲，这个是最有价值的。

王：口述史就是强调文化持有者真实的声音，你们是怎么认为的，是怎么讲的，我们只是转写而已。尤哥的爱人是汉族，那对于赫哲人的饮食文化能接受吗？比如说吃生鱼片？

## 五 "我们赫哲族的标志性文化就是鱼文化"

尤：她不吃，我儿子吃。她只吃里面的菜，从来不吃肉。我儿子是他小的时候骗他说很好吃，他就吃了。我对他说："你得吃生鱼片，这样才是我们赫哲的好儿郎呢！"

王：我在采访中听到他们现在其实是吃不起江鱼的啊？真正的江鱼非常贵吧？

尤：是，一条鱼都得一百多，真是舍不得吃的。打鱼的吃小鱼儿，为啥呀？大的卖呀！现在更多的是游客来了给他们吃。当地人是消费不起江鱼了。

## 六
## "干什么事儿,就得往实里做!操实它!"
——赫哲族"头人"尤利军口述

时间:2011年8月5日

地点:同江市宣传部尤利军办公室

被访者:尤利军

访谈者:陈曲、王志清

在场者:尤利民(同江第四小学教师)

[访谈者按]尤利军,男,1966年4月出生于街津口村。中共党员,1988年毕业于中央民族大学,同年7月到同江市团委工作,先后在八岔赫哲族乡、街津口赫哲族乡担任领导;1997年调任同江市民委主任。

尤利军在街津口赫哲族乡、八岔赫哲族乡、同江市民委工作期间,致力于同江市赫哲族各项事业的全面发展,在赫哲族产业结构调整、加强赫哲族乡基础设施建设等方面成绩突出。1999年10月作为少数民族代表在北京参加了中华人民共和国成立五十周年庆典。

## 六 "干什么事儿，就得往实里做！操实它！"

尤利军由于民族身份和工作原因自然而然地担当了赫哲族"头人"的角色，他具有双重身份，与其他赫哲族群众一样共享该民族的文化传统，又是政府工作人员，作为民族代言人为本民族争取了更多利益。作为民族精英，其所获得的国家认可的话语权对赫哲族的文化传承与变迁起到了关键作用，例如当下各个赫哲族聚居区一年一度召开的乌日贡大会、街津口依玛堪艺术团的成立、八岔赫哲族乡的赫哲族渔耕生计方式转型等各项经济文化措施都是在其极力倡导和支持下才得以可持续发展的。

阅读信息提示：
1. 赫哲族官员讲述民族意识形成的心路历程。
2. 民族精英与民间领袖天然一致性现象的分析。
3. 民族精英在民族文化传承中担当的角色与发挥的作用。

图1 调查者与尤利军合影

尤利军（下简称尤）：民族情结不是通过物质支持和援助就能够化解得了的。赫哲族在中华人民共和国成立前比较独立，有自己的生活，处于一种半原始状态，有民族语言，有自己的生活习惯，有相对独立的生活区域。但是，中华人民共和国成立后，赫哲族一下从半原始状态过渡到社会主义社会，这是一个巨大的历史性跨越和发展！但是，它马上就被汉族文化给融合了。你看现在赫哲人4000多人，其实生活在民族村的也就1000来人。街津口400多人、八岔400多人，就算1000人，饶河两三百人，那边敖其村进入赫哲村以后，没有一个人会说赫哲语，抚远还有一部分掌握着赫哲语，有100多人。所以，算上敖其的话，总共才1500多人真正生活在赫哲民族区域。赫哲族主要聚居地街津口乡有6个行政村，赫哲族没有一个行政村。街津口600户左右1000多人，不到2000人，真正的赫哲族人不到400人，在这个主要聚居区里头都不占主要人口。街津口算是比较大的了，八岔也是这个现象。我小的时候还记得，有一些老人，比如说尤树林啦等等，会唱依玛堪，会说赫哲语。现在这个现象很少，基本没有了，像我们这一代都不会说了，更不要说下一代了。你说要是再过1000年，还有我们赫哲族？（笑）找不到这个民族的任何踪迹了。表面上的东西都没有了，你要看的话，只能上博物馆去看了，或者到我们相关研究部门的资料室里头，看看当年赫哲族穿什么样的衣服，当年的赫哲族有什么样的艺术，说什么样的语言。（笑）

　　王志清（下简称王）：你刚才说得很对，赫哲人永远存在，但是赫哲族可能已经不存在了！

　　尤：再说了，这种民族情结，看不到摸不着，少数民

六 "干什么事儿,就得往实里做!操实它!"

族为什么那么热爱自己的民族,你要从表面来看的话是看不着的。这种情结可以遗传,这是血液里藏着的。我不懂生物学,但是我相信这个东西能遗传。平时可能看不出来,但是一到关键时候,比如说大家都是赫哲族,在这个县城里还有几百赫哲族人呢,你看有谁穿着赫哲族的衣服在大街上走喊我是赫哲族?等我们一搞乌日贡节的时候,都出来了,都穿着自己的民族服装。前几天我们在街津口搞的乌日贡节,同江雇了3台大客车,我跟我们民宗局局长说,谁要想去的,咱们多花点钱,多雇台车,都拉到街津口。大家都穿着民族服装非常高兴。等节日一结束,第二天又返到民间去了。

图2 乌日贡大街

图 3　乌日贡祭祀

六 "干什么事儿，就得往实里做！操实它！"

图4　穿着民族盛装的赫哲族女人（陈曲拍摄）

图5　乌日贡大会上的萨满祭祀仪式（陈曲拍摄）

图6 乌日贡大会上的放河灯祈福仪式(陈曲拍摄)

乌日贡大会是一种认同,近年北京的赫哲族搞乌日贡节,他们每次搞都邀请我去,我们作为聚居区的代表参加,参加节日时,我们都带着节目去。这个活动就是民族同胞聚一聚,喝点酒啊唱唱歌啊,很高兴。我今年是有特殊情况,我们部里开会,要我一定要回来。我是头一天去的,节日那天我就回来了。我的儿子在那念书,还有我的侄儿,我一再叮嘱他们一定要参加本民族的活动。他们答应得好好的,第二天我回到家以后,我给我儿子打电话说这活动搞得怎么样啊?他说没去!我很生气,为什么不去啊?认同感减弱了。要搁我,不请我都去!是不是?我买张机票我就去!为什么?我是赫哲族啊,我应该支持这样的活动!我儿子的身份证、户口本上也都是赫哲族,他在北京那么近,而且还是星期天,没有任何理由不去,他就不去!现在我的爱人说是满族也可以,说是汉族也可以,

## 六 "干什么事儿，就得往实里做！操实它！"

她的血液里可能有百分之五十是赫哲人了，一点一点地变成了赫哲人。前几年你们中央民大的刘越①搞了一次抽血实验，进行血抽检。我不知道实验结果分析出什么民族元素出来，但我认为这个东西就是有！血液中流淌的东西能够影响到你的思维。所以，一旦有事情出现的时候，他会首先想到我是赫哲人，我要参加赫哲族活动。

小时候，我的那些爷爷奶奶、姑奶奶们，我们这个家族很大，他们到我家去，完了我父亲他们都用赫哲语交谈。不知道他们说什么，听不懂，当时也不太感兴趣。有的时候到亲戚家去玩，这些老人用赫哲语交谈。也听过像郭树林啊讲依玛堪。虽然这些都是生活中很平常的现象，但至少给我的观念里灌输了这一种概念——我是赫哲人，我们是赫哲族家庭，这个是赫哲族村子。那个时候汉族人去的还不算太多，应该说赫哲族的文化还是占主体，比如说生活习俗、饮食啊、生产生活啊都显示了赫哲人文化上的特点。那个时候没有意识，给我的感觉就是我这个家庭就是赫哲族。这种家庭的潜移默化的影响很大，其他也没有更深的感觉。在那个时候，应该说少数民族本身具有它自己的一些特点，你比如说勤劳善良、热情好客等，每个民族都有这么一些特点。但它也有一些不足，比如说赫哲

---

① 刘越是赫哲族第一位理工科女博士，毕业于中国农业科学院作物科学研究所，专业方向为基因工程，现在中央民族大学任教。刘越长期从事生物化学与分子生物学专业的研究，特别是在功能基因组学方面进行了颇有成效的工作。刘越主要致力于人类遗传学方面的研究，其中"赫哲族及其邻近民族白细胞抗原基因多态性分析与起源进化关系研究"填补了赫哲人遗传分析学的空白，也为赫哲族同东北邻近民族的亲缘界定提供了有力的依据。

族人一喝完酒啦，两人撕吧起来，或者两三句话合不来就会与人急了！他就是这种，不知道要含蓄一点，就包括我父亲也是这样，他不知道什么叫含蓄、修养或者我们叫理性。我想什么就说什么，我怎么想就支配我怎么去做。完了汉族人以前管我们叫老鞑子、赫哲族野蛮。在汉族人脑子中老是有一种叫歧视也好，不正确的认识也好，在一些人身上体现出来了。相对来说，汉族人从哪儿来的？山东啊、河北啊，包括辽宁那边，他们那边文化相对来说比较好一点，人还是相对文明一些。我刚才不是跟你讲嘛，历史上的赫哲族是从半原始状态直接过来的，穿着兽皮、鱼皮，那时候拿着鱼叉，那时还没有现在的网。我们现在来看当时的赫哲人，就是原始人的生活状态，住在草窝棚里。所以，相对来讲，汉族人的文明发展程度和认知能力是比较强的，少数民族则较弱。所以说在当时我们这样的年轻人思维里这也不是什么光彩的事情。赫哲族野蛮、赫哲族爱喝酒，包括现在我有时候接待，他们就说赫哲族人能喝，我也不去反驳赫哲族不能喝，我只是说，我比较能喝。（哈哈哈，大伙儿都笑了）这是我小时候受的环境，包括家庭的、朋友的、外界的影响。有些时候在同江，汉族人骂赫哲人是老鞑子、鱼皮鞑子，很多人就跟他们干起来了，最后的结局还是赫哲族人比较野蛮善于打架。挺悲哀的！

为什么他们老说你是老鞑子呢？为什么说你是鱼皮鞑子呢？为什么说赫哲族都是大酒包呢？本身就是不礼貌对人不尊重嘛！你看现在，就我自己来说，已经有10年或

六 "干什么事儿,就得往实里做!操实它!"

20年都没听见有人说我们是老鞑子了。同江人素质高了,或者是我们自己进步了!你现在上街津口村,如果别人都不告诉你这是赫哲族村,或者你对这个毫无了解,到这村儿转一转,你不会感觉这是赫哲族村!你不上北山的民族园去,你就在村子里转转,一点儿都看不出来。我们小时候啊,外面来个人,我们都到大街上去看去。来一台农场的大胶轮车,一个村儿大家都出去看。所以说,我小的时候环境的影响让我感到:一我是赫哲族,二赫哲族落后,不被人尊重。

我考大学的时候,以我的分数我就觉得只有考民族大学最有把握。中山大学的分够的话我就不上民大。真的!这是心里话。上民大不是我梦寐以求的选择,是我无奈的选择也好,是我急功近利的选择也好,反正上民大比较有把握,所以我第一志愿报了民大,后来就被录取了。但是我在民大生活的那段时光呢,我是非常快乐的!我是初中一年级时,同江招了两个快班,一共招了一百人。1979年,我和另外一个同学一起从街津口考出去的,我俩成绩是比较优越的。那个时候条件非常艰苦,我们13岁,冬天自己生炉子,现在13岁的孩子还不会呢,咱们的伙食也不好。伙食能吃饱,但是就是冷。我的手当时全冻了,冻得像馒头一样,正赶上那一年呢,中越反击战的时候,越南那时与俄罗斯关系比较近,中国非常担心俄罗斯在中国与越南打仗的时候从中俄边境上进来。那时的形势非常紧张,每家都存有干粮,我家都买了好几十斤的饼干,那时的饼干就是随时都准备,俄罗斯人来了,好像就准备跑到山里去的感觉。所以现在想来,那时就非常可笑! 其实俄罗斯人打进来了,他又不会见人就杀,所以仗一旦打起来了,最安全的就是边境上的人。我妈那时就说,"哎呀! 不行,你赶紧回来吧!"我就在这儿念了半年。完了考高中,在农村待了两年多,我又考上高中。那时的生活条件非常艰苦,后来就考上民族大学了嘛! 在民族大学的生活我感觉是非常好!

没考上大学之前,我从没出过同江这个县,就连旁边这几个县富锦等我都没去过! 我哥小时候因为我爸开船嘛去过佳木斯,后来我哥回来了,他说动物园老好了,老多鸟了,就在一个大屋子里。我当时就在想,这鸟儿长什么样儿呢?(哈哈哈)考上大学我们一起坐火车,我们俩一起走的嘛! 我们坐的船去的佳木斯,到了佳木斯之后我强烈地要求去动物园。(哈哈哈)我哥我俩,还有我那个校友,我们三个上动物园转了一圈儿,觉得也挺好,但是比我想象中的差不少! 完了再上的北京。

民族大学大部分都是从农村来的孩子,小县城的也不是那么多。像省会呀地一级的孩子很少,大部分都是农村来的,都没见过啥世面。我记得那时候校车来接我们,路过天安门,我在睡觉呢,睡得迷迷糊糊的,就听见很多人在叫"天安门""天安门"。然后我就看见了,用现在时髦的话说,这就是传说中的天安门!(哈哈哈哈)看着特别宏伟,挺好! 到了民族大学,感到特别兴奋! 非常好! 伙食也非常好! 比我们高中强太多了! 高中时一天两顿大玉米馇子,一顿馒头,天天吃不饱。饿得实在不行了,学校

## 六 "干什么事儿，就得往实里做！操实它！"

外面的田里的大黄豆熟了，就堆在我们那个操场里。我们饿了，就抱一抱豆子回来，就炒黄豆。那时候寝室自己烧火供暖。炒完了一人抓一把，感觉挺好！到了民大后，吃得挺好，玩得也挺好！农村来的孩子也没见过什么世面，文化活动也多。我记得那时有一个政治系嘛，那时政治系在民大是一个比较大的系，经济、法律、历史啊等都在一起。有一次，新老生跳舞，老生邀请新生跳舞，吓得这些男生们四散奔逃啊！（哈哈哈）没见过！

王志清（下简称王）：今年校庆你回去了吗？

尤：校庆的时候我没回去！那个时候我正在清华参加新闻发言人培训班。上一个校庆的时候，我正在北京办事儿，恰好赶上了，包括校庆系庆我都赶上了，都参加了。我经常去民大，我儿子在那念初中嘛！我在民大附近的家属楼里租了个房子，我家属在那待了一年，我也经常去那儿。前年春节就是在那里度过的，还赶上中华人民共和国成立60周年大庆。我们在家里看电视，飞机从我们窗户前飞过去呢。

我是1999年国庆的时候去的，赫哲族代表嘛！国庆观礼，包括晚上在天安门城楼上，每个民族都有代表。

大学毕业的时候我非常想留在北京，我当时在学生中也是非常的优秀，每年都是什么优秀学生干部啦、三好学生啦，在学校里面入的党，感觉很荣耀的！我们上一届留了13个人，我说凭我，留在北京那都是理所当然的事儿！是不？当时怎么说呢，不像现在，不是说你想留在北京，在北京漂也可以，当时方方面面比如说户口、分配指标、留京名额等,但是当时就是傻乎乎念书,不知道后面这些事。没人去替你出主意,父母都在农村。当时至少得做系里的工作,系里分配,是吧?那一年也赶上国家号召大学生下基层,我们班就留了一个,就留在学生处了。当时北京商校也要学生,要两个,一个管学生工作的,一个教书的。当时系里推荐我去管学生工作,于是我就在那儿等着被分配呢!到了系里开毕业生分配会,大家都去了,我才发现让我到佳木斯去报到。当时很沮丧,回到佳木斯党校。回同江是一件很偶然的事,当时我在我姐家住,我姐的一个同学张世伟,因为他是我姐同学嘛,我姐经常领她的同学到我们家去玩儿,所以也都见过。当时我们就随便聊两句,他就说还念书呢,我说没呢,他说在哪上班呢?我说没呢,等着分配呢!他说准备上哪儿?我说准备上佳木斯党校。他说你去佳木斯党校干什么呢?你回同江,你是少数民族,你回同江很快就能发展起来。那时我也没什么主见,那时有人给你领领路,回家就给我父母说了,我父母也说那不挺好的吗,同江搁家还近。后来就给我叔说了,我叔也说挺好。我说上哪儿啊?他说上我这儿啊!到共青团挺好,几年都能发展起来,共青团是发展最快的。于是我自己到佳木斯把档案拿回来了。那时档案不允许自己拿,得需要组织同意。我当时就说了,档案丢了就不找你了,不用你管了,回同江我自己找工作,不用你给我安排工作。当时别人就想了,念一回大学,不留北京留在哈尔滨也行啊!那个时候农村孩子思维不开阔,也没有魄力。当时我也有些同学在北京,几年后也都在北京定下来

六 "干什么事儿,就得往实里做!操实它!"

了。但是,我的同学们大多数都回到地方的小县城里工作了,按道理说那时真是缺大学生,怎么也能分到地市一级的城市,结果都没有,都分到县一级了。那时的心情不是太好!但是很快就调整过来了。只要有班上,当时念高中上大学,主要是能有个班上嘛,你想,农村的孩子,没有什么过高的要求。有一天,我在一公路边与一个瓜农聊天,闲唠呗。唠着种地的辛苦,我说我小时候到地里干活儿铲地呀,一眼望不到头儿的地垄沟哇,什么时候能铲到头儿啊这地呀!我就说为什么念书,就觉得农村那活太累!一遍一遍地弯着腰啊,干割割不完,受不了这活。当时很快就调整过来了。当时县里的本科生很少,很多单位都需要。当时在共青团就是因为共青团委书记他把我留下了,欢迎我去,当时民委想要我,我不去,为什么?我当时就是觉得离赫哲族越远越好。这就是我受以前的影响。那时候很多人就说:"哎呀,赫哲族三句话没到就想照顾,干什么都想照顾,生孩子都想多生几胎,孩子考试还照顾。"好像我们不照顾就活不下去的感觉,所以我当时就不想到统战部去。我就走自己的路,我不跟民族搭边!我在汉族圈里一样能把工作干好。当时就是这种想法!但是后来赫哲族的大学生非常少,县一级的就更少,组织上就是把我这个路给我堵回来了。我是1988年参加工作,1989年我就是先进管理工作者。1990年扶贫工作队抽人,又给我安排到街津口,1991年回来,上了一年班,1992年抽调年轻干部去挂职,又给我安排到街津口当村党支部书记。1993年当八岔乡的副乡长。我本身不愿意搞民族工作，但组织就是把我不断地往民族工作那块儿靠。

原先不想做民族工作，但做这个工作就得做好。那几年国家的民族政策也挺好，跑省里跑北京跑项目要钱。政策才能保障利益长久，你给他盖上砖瓦房、修上路、安上自来水，表面上看来很好，但农民买不起煤买不起粮食，你不让农民自己手里有钱，自己能凭能力挣上钱，那也是不行的。所以说那几年就是想办法制定政策，包括赫哲族产业结构调整。当时为什么能调入民委，主要是赫哲族产业调整这一块搞得挺好，尤其是八岔的产业结构调整是最好的。现在赫哲族村里最有钱的就应该是八岔的赫哲族，当时我在八岔当乡长的时候，应该说为八岔的老百姓带来了最有利的政策保障，包括合同，土地开发，合同的签订一系列都很规范。所以现在每家每户都有好几垧地，非常富，人均收入一两万，在所有一百来个村里算是最富的。你别看街津口表面很好，其实很多人家日子过得并不好。他们当时签土地合同的时候相当不规范，一签就签了30年。30年是什么概念？就是30年以后你才能把集体的地拿出来重新分配。现在地都在个人手里。八岔的老百姓这十多年来都分了两次地了，所以我从来都不担心八岔的老百姓过日子。

那几年当民委主任的时候，为赫哲族干了不少的实事儿，在这个过程中，血液里的民族情结起了很大的作用。从不想做这个工作到积极地做这份工作再到对民族工作的热爱，都体现出来这个东西，这个东西已经在骨子里了，虽然需要拐一个弯儿。有一种责任感，确实有责任感。我

## 六 "干什么事儿,就得往实里做!操实它!"

干的这一系列工作,都是围绕赫哲族的。我这些年在民族干部提拔上始终坚持一个观点,我给领导也说过,我说在民族地区搞民族工作,你让汉族人来搞,他始终是为了完成工作任务,除此之外就没有其他的原因了。我可以做一个好的领导,做好民族工作,汉族人也可以做到,但是少数民族干部在做这个事情的时候,不仅是责任问题,我们是带着感情去做。这是一种热爱,对民族感情的热爱。我现在是宣传部部长,还在分管民族工作,在历史上也没有说宣传部长还分管民族工作的,这是我自己争来的。要权力是以前我从来没做过的事,之前都是领导们看我工作得挺好才提拔我的,这时我要揽这个活儿。我一直有着这种观念:我们赫哲族的事情我们自己处理,我们都是带着感情的,我们能把这个事情做得更好!因为我们太了解这个情况了,每家每户过得怎样,我们都很清楚,一共才几百户人家,是不是?我在街津口和八岔两个地方都工作过。另外一个,处理少数民族的问题,我就说这个国家也要求少数民族工作要少数民族干部去干,一是你不了解这个民族,二是你贴近不了他们。去年八岔乡的一个人来上访,叫我几句话就给干没电了。我就讲:没有我在那里工作给你们打下底儿,你们今天还要什么地?要是你们也像街津口似的合同签个 30 年,合同都是有法律效力的,你们还能有什么权力要地呀?是我在那边当乡长的时候给你们留下的资产,你们现在还要地还闹事儿,闹什么事儿啊?你对汉族人这么说,他就急啦!你赫哲族我也是赫哲族,对吧,有什么说的?自家人说自家事儿,有什么好说的?要是汉族人这么说，他马上就急了：哦怎么地？瞧不起我们赫哲族哇？是不是？咱们都是赫哲族，有事就说事儿，就不涉及民族问题。所以说国家在不同的场面都需要少数民族干部，因为在稳定过程中起到了很好的作用。

陈曲（下简称陈）：国家搞非物质文化遗产时，赫哲族这么多的文化遗产，比如说赫哲族鱼皮服饰、桦树皮制品等，你作为宣传部部长，都做了哪些事情？

尤：我做的工作前半部分是抓经济，后半部分就是抓文化。从硬件上来讲，基本设施已经建设好了，比如说住房、公路、水电等，最主要的前期任务基本完成。现在就是要谈进一步发展的问题。近几年我发现一个非常严重的问题，就是民族文化问题，这个民族啊，房子就是住得再宽敞再好，它也是有共性的，什么才是这个民族代表性的东西？民族文化才是这个民族具有代表性的东西！民族文化是一个大概念，它包括饮食、服饰、音乐、舞蹈，还包括生产用具、生活用品等，也包括我们的技术，这些就是赫哲族的文化，跟别人的就不一样。要是这些都没有了，那这个民族也就没有什么特征了，尤其是赫哲族的老人们都去世了，赫哲族还没有自己的文字，都是口耳相传。但是现在传的人没了，这个东西怎么继承下去？这几年我主要的工作方向、工作的主要思路和具体措施都在向文化这方面倾斜。2009年，同江市委、同江市人民政府出台了关于加强民族文化发展的意见，就是如何发展民族文化，每年拨款专项文化资金，专门发展民族文化。这个就是我们自己出的。为什么要出台这个文件？主要是让相关领导

## 六 "干什么事儿,就得往实里做!操实它!"

重视这个问题,同时也想把这个文化问题抓起来。你比如说我们的民族节日问题。以前的乌日贡大会四年一开,到2013年才能轮到同江。我在1997年刚到民宗局当局长的时候就轮到同江了。多少年?16年之后,这个节日才能轮到这个地方,这意味着什么?意味着这个地方16年里都没有自己的节日。以前乌日贡节叫乌日贡大会,相当于那达慕大会,但那达慕大会是每年一次。在我们同江的地界上,乌日贡大会只能16年才开一次,所以说,从去年开始,我们年年开。去年我们分开开,今年集中在街津口开的。这个为什么要开?不是说少数民族简简单单地像汉族人过春节一样,大家在一起吃点饺子,乐和乐和,有的还整点酒,是一种休闲,一种节日。乌日贡大会不是这样的一个节日,它是啥呀?它是一个少数民族文化传承的平台。我们开乌日贡大会的日程就是文艺演出,文艺演出演什么?我们要求都必须演民族节目。流行歌曲啦那就别放这里啦。什么民族音乐、舞蹈啦,最好是用本民族的语言来表演,穿民族服饰。你看,我们年年开,不断有年轻人加入我们这个群体中来。他要是演出呢,演出的过程其实就是一个学习的过程。你比如说这个民族舞蹈,赫哲族这个冬钓,他年年学这个舞蹈,哎,他就知道了这个就是赫哲族的,它本身就是赫哲族百姓生活的一种,你比如说"图鲍姆"、桦皮高帽子等类似的一些节目,都是非常具有民族特色的文艺演出形式,演的就是赫哲族在民族生活中提炼出来的艺术的表现形式。所以说年轻人学习,包括做鱼皮服饰,因为你必须得穿民族服装啊,什么鱼皮啊做什么的都有，我们鼓励创新，做了你就穿上，展示出来。通过这个，鼓励孩子们说民族语言，说依玛堪，或者讲故事。今年我们搞活动的时候，有一个小孩儿，用赫哲语和她奶奶一起唱歌表演，我当时就和民宗局局长说了，拿一千块钱叫主持人说一下现场作奖励。你看，学赫哲语是受到表扬的。对吧，我还给你现金，表演给那些赫哲族老人看，嘀！这个挺好哇！

咱们推崇民族文化，鼓励大家学习，这个文化不就传承了吗？我们每年搞这个活动，不断地有新人加入，民族文化一年一年地通过这个舞台延续下去。再过20年，我们还开乌日贡大会的时候，这些赫哲族音乐啊舞蹈啊服饰啊等带文化的东西，都能够展现。

还有体育比赛，民族传统体育比赛，不是掷铅球还是三级跑。对吧？什么顶杠啊拉杠啊这个插草球啊什么的，这些个东西是需要力量的，这些就需要年轻人参加，需要一些比较壮实的二三十岁的小伙子参加。通过比赛，他知道了我是赫哲族，我会赫哲族的体育项目。是不是？年年搞年年搞，赫哲族的传统体育项目20年后它还能保存下去。

我要这个资金搞这个活动，就是想通过这个来保存赫哲族民族文化。我现在想，这个乌日贡大会不叫大会了，改为乌日贡节。四年叫大会，每年叫节日。到那天我们都过节，父老乡亲们都聚在一起，而且我们就像个人家办大席似的，不用随礼，管两顿饭，车费都不用你出。这钱从哪儿出，就从我们每年市里安排的少数民族活动资金里

六 "干什么事儿，就得往实里做！操实它！"

出。用节日的方法，中午办大席，晚上在街津口的大操场上放7口大锅，现炖活鱼。大家在外面聚完餐，就在外面举行篝火晚会！就是这样，通过这个传承民族文化。

另外，我们还办语言班，但是这个语言班没坚持住。前年办了，但是这个民宗局的局长调到街津口当乡长之后，这一块儿就没人抓了。另外我们办的赫哲族网站，这个网站都是从我们民族文化活动资金中拿的钱，给人开支，特别维护，这些都需要资金嘛。我们搞这个服饰研究，落实赫哲族鱼皮的，都是从这个活动资金里拿钱。

乌日贡大会主要是加强团结、传承文化、增进友谊、促进发展，它不是简简单单地过个春节，它的意义远远大于现在把传统节日变成休息日，什么端午啊中秋啊都放假。和普通的节日比这个还要重要，为什么这么说？它是民族文化传承的很有效的平台。通过这个活动，把咱这个民族文化传下去，要不也不搞这个了。不是说了吗？16年一次的乌日贡大会，都忘差不多啦！老百姓开不了。你看，如果在佳木斯搞这个活动的话，一个代表队只能去25个人，它有一个要求，去多了它接待不了。整个地区只能去25个人，代表大家去过这个节日，这面儿多窄？我要这样过的话，整个同江的赫哲族人们都能过这个节日，包括他们的亲人们，汉族姑爷们汉族的媳妇儿，如果我们朋友不错的话也可以领去，没问题！我们需要造这个声势，我们需要扩大这个影响，需要大家共同参与，扩大参与面。

咱们不去责怪以前的干部，至少来讲，你作为民族干部，你需要有一些远见，包括汉族干部一样，应该有一个这样的远见，我们应该能够预测未来。你看现在赫哲族在哈鱼岛种地，为什么？没地方去了！涨大水淹了，颗粒无收！没办法，所以还得想办法向上面申请修水利，修水利这个问题还不好解决。我们没有地，没办法。但是也不是没有地，现在街津口四屯、五屯、六屯的地都是街津口以前的自留地，是他们繁衍生息的地方。为什么八岔那么好的地，都是江边的地，都是高产田，都变村子了？当时我们的领导要是有这个预见性的话，留了一万公顷土地的话，那现在我们的赫哲族那得富裕成什么样？要是民族干部有远见，这是我们世代繁衍的地方，就划一块地方作为我们的预留发展地就好了，但是没这个远见。现在我们做民族工作管事儿的人看着这个民族文化一点点儿地消失，熟视无睹，顺其自然，你想想，用不了多少年，这些文化你永远都看不着了。

  各级党委各级政府包括国家都非常重视，挺好，但是做起来也有很多不好解决的问题，包括我们本民族自己的认同啊、大家的支持啊、社会发展的环境啊，包括资金啊等方方面面，有很多需要解决的问题，不是你想做就做，做了还能达到什么样的效果。我就这么想的，我在干这个民族工作，我就要尽我自己的力量把它干好，我不干的时候，别人怎么干那是别人的认识。至少说在历史上，说起赫哲族这些人，扳起手指头算时，数我还是一个办事儿的人，这我就达到目标了。我不能要求每个赫哲族人都要像我似的想问题或者这么办，有可能后面还有人比我干得还

## 六 "干什么事儿，就得往实里做！操实它！"

好，也有可能没有我干得好，都有可能。这就包括你刚才提的依玛堪了，鱼皮服饰、鱼皮画呢等带一些赫哲族文化的东西啦，我怎么看？我是这么认为的，现在国家重视非物质文化遗产，这是好事儿，但我不客气地讲，好政策有点儿用偏了。我前两年连续写提案，写的就是让非物质文化遗产的项目落实到基层，连续两年，但到目前为止给我回答的都是官话。非物质文化遗产那是随便说啊？文化系统这些比如说文化馆啦、博物馆啦什么保护中心啦，或者哪个大学啦，都在研究这个问题，就包括你们也在研究这个问题。这个工作需不需要做？需要，但我在想，我们出一本书啊，两年三年都出不出来，人家在这调查20天一个月，这书就出来了。你看，这就是文化的差异，而且人家把这个东西调查以后，从理论的角度分析问题，旁征博引，说得有据有理，让你看了不得不服。学术水平很高，也很具有收藏价值，好不好？好！我刚才不说吗，我们要出一个同江市民族教育读本，专门有一节，要写赫哲故里，他们写的东西我不太满意，让我给改稿子，所以我把这些书都找出来了，研究研究。这些都是理论专家写的。这些都是很学术很有参考价值的。但是，什么叫传承？你那不叫传承，叫保护！我不讲了吗？50年以后，到街津口转一圈儿，到八岔转一圈儿，你说赫哲族找不着东西了，什么也没有了。没人会说赫哲族话，没人会唱赫哲族歌，没人会表演赫哲族的舞蹈，对不对？没有任何的东西！这哪有啊？博物馆有！那我们去博物馆去看吧！到了博物馆一翻书，哦！赫哲族原来是这样式儿的。谁去看？

学者能去看！老百姓工作一天忙完了说，我想聊聊赫哲族是怎么回事儿，上哈尔滨博物馆去找去吗？不可能！他也犯不着！是不是？非物质文化遗产保护最后给保护没了，所说的非物质文化遗产都给整没了！都在大学图书馆里面放着呢！都在博物馆里放着呢，见不着！所以说你安排一部分资金放在基层，至少放到县里来。县里干什么？做传承嘛！你比如说，我搞这个乌日贡节，对吧？你支持我这个节日，让我指挥，我怎么得也需要十万资金啊？就让政府出。你让老百姓集资过节，那玩意儿不好整，整两年不得整黄了吗？这必须要政府，政府出钱来支持传承民族文化！你要是每年拿出一大块来过这个节日，我觉得压力很大！我给民宗局说，民宗局局长说，明年就不开了。我说接着开，永远开下去！他也想着这钱花着心疼，因为这钱在他手里。哈哈哈！那如果说你非物质文化遗产保护有这个项目有这个资金，你给我五万，我自己筹5万，这不是简简单单地过节，这涉及传承民族文化的一个平台呀！对不？这就是民族文化传承，让活着的东西50年后还在，你到2060年，你去，赫哲族的文化还在，他们还穿着民族服装在那乐着呢舞着呢！一看这民族还有生命力呀！还有特征在，我们要做这个工作啊！要活着的东西传承下来！我们搞这个活动，500年、1000年我们不敢保证，但至少能传承40年、50年吧？你不是支持保护吗？是不是？比如说依玛堪，现在没人会唱！依玛堪传承人，我比你们更清楚，他们能唱几段？可能能唱两段，两段还不全！要不然唱一个小时这就算高手！真正的依玛堪歌手能

## 六 "干什么事儿，就得往实里做！操实它！"

唱好几天哪！你看那个什么单田芳、刘兰芳，一讲就讲几个月，那以前的依玛堪就是这么讲的啊！家里的依玛堪书那么厚一本，从头讲到尾，还几天都讲不完！那以前那人就是有这个本事！现在，国家拿钱辅助这些人，省里有这个依玛堪保护中心，前年把这些人整到哈尔滨整了一天，完了回来了。去年，在同江搞了一个比赛，整几天，结束了。他们这么搞有什么意义啊？你把依玛堪几天录完了，出一本书，我相信你这个可以做得到，但是这种传承有意义吗？一天你就整会啦？你看民间表演很多人都不会说，对吧？你学，你认真学！你把这个项目落下来，由县里负责，基层文化站，抓这个工作。你会唱一段依玛堪我奖你 5000 块钱，你没学会但仍在学，我也奖你 5000 块钱，我们验收哇！培养出几个人，把他变成职业依玛堪艺人，对吧？我不能靠政策来养活自己呀！我天天唱依玛堪就能填饱肚子，能盖上大砖房，家里电器齐全，那不比种地还来得快嘛？是不是？关键是还达不到这个条件，现在是什么呢？很多人都是从兴趣来学这个。那你们搞传承，在人口较少民族里，我几次在省里开会呀，包括文化部搞非物质文化遗产工作调查的副司长，省里的保护中心负责人陪着来的，座谈会的时候，我当时还不分管文化工作，完了我们部长就说你去吧，你敢说，你能讲明白这些事儿你去说。我就去了，我也没惯着文化厅，我就说，你们这样搞传承肯定是做不到位！那个文化部副司长也说，你们这个省里的项目都是怎么上去的呢？对不对？你本来是基层保护基层保护，保护在基层，将这些基层的人给他们点刺激给他们点鼓励，给他们钱，而且有很好的验收机制，让他们学会了！你在街津口也好，八岔、饶河也好，在这些地方你能培养出一两个会唱依玛堪的专家来呀！你不能只会讲一段两段啊！你怎么能给我唱几个小时啊？你就天天拿着自己背，或从民族语言学起再死背，你给他们5万块钱你看他们使劲不使劲！是不是？你项目基金下不来，我们地方政府资金也有限，你不是国家倡议保护吗？而且，你是对人口较少民族特别是特少民族你才这么重视，当时我就讲了，当时民族工作的副省长在，我说省财政一年多大个摊子，这点钱你拿不出来？黑龙江赫哲、鄂伦春这样的较少民族的文化保护，你一年预算个百八十万，你也不是什么难事儿吧？我们省民委主任看了我一眼也没出声儿！哈哈，反正我也没说什么好话，当时副省长也没出声儿，到现在还没看见一分钱，今年财政干脆一分不支了呢！我说也没用，说了你们也不听！还让我开会前左一个提案右一个提案，我写了你也不落实?！那我说了干啥？我还不如不写呢！

就是说吧，干什么事儿，就得往实里做！操实它！昨天还是前天我还和人说，我说这人都是有利益驱动的，必须得有机制有一个能让他做的兴奋点。你比如说那天我到街津口，街津口党委书记跟我说，我们这里有二十多个做鱼皮画，为什么？这你不用给他出主意，游客来了他会买，买就有利益，对不对？这个不用你照顾不用你扶持，如果在街津口办一个鱼皮画培训班，我想肯定有很多人报名去学去！至少我这个学好了技艺提高了，我这个画能卖

## 六　"干什么事儿，就得往实里做！操实它！"

出去！它有功利性啊！是不是？那你看依玛堪，它有没有功利性？要是给他解决了一些东西，你看他唱不唱？你说他要是唱好了，吴玉梅，她们开个饭店，墙上那些画，我给她们出的主意，我说你那些画，贴在墙上。客人来了吃东西，你整点赫哲族的特色，她们都是有能耐的人物，都参加过这个活动那个活动，都是有身份的人，我就跟她们说了，你们就把你们年轻的时候参加活动的照片放大出来，她们还能演一些小节目呢，来的人还可以吃饭顺便看点小节目。你在那演节目能要多少钱？把它变成商品，有些客人啊、领导来了说我想听点依玛堪，我会唱啊！唱一段多少钱？这也是几条腿儿走路嘛！政策一部分，通过市场化解决一部分，你让他作为一个职业的艺术家，对吧？唱流行歌曲的、唱民歌的，一场演出几千万，你让我们民族歌手唱一次不要钱。我不跟你捣乱，你不是要听依玛堪吗？我就是不让你见着。你说采访一次给我50块钱，那我不能要，你要是给我5000块钱我就要！哈哈哈哈！50块钱太廉价了，还不如白给说呢！我是官员，不能跟你谈钱！但是老百姓呢？

国家不是谈传承吗？你把资金用在刀刃上，比如说依玛堪，你背会一本书给你2万块，背会半本给你1万块，背三分之一5000块，背一段100块，这样你才能给他积极性，睁开眼睛就开始背，晚上睡觉前还能默一段儿。你得想招，是不是？

文化馆、博物馆为什么没能把这事儿做好呢？应该把这事儿操实！国家文化部门看到很多人口较少民族的文化流失得差不多了,咱们得抢救啊,得保护啊,得安排资金去抢救!好!本来各级文化部门挺穷,这下可见着钱了,都变成咱们的课题整吧!最后也都出成果了,包括省博物馆馆长也给我一本书呢,就是关于鱼皮画的,都变成他们的了。但是我就说了,基层文化他们都做了什么?有什么实际意义?我不说了吗?出几本书放在博物馆里、大学的图书馆里,会有人看的,会有学者去看的,包括我要整一些东西我还要借鉴借鉴呢!但是跟传承的目的差得太远了!现在我们不仅是要保护,我们还要传承。

王:这个问题您谈得很深刻,尤其是关于对赫哲族文化的传承这一块儿!您也给我们传授了文化保护的一些经验和看法,我们深受启发!非常感谢您的谈话!

# 七
# "赫哲人献你一束花"
## ——赫哲族作家孙玉民口述

时间：2011 年 7 月 31 日
地点：同江市街津口村孙玉民家
被访者：孙玉民
访谈者：陈曲、王志清
在场者：苏青英（孙玉民的妻子）

[访谈者按]孙玉民，男，1961 年生，赫哲族作家，中国作家协会会员，中国赫哲族工艺品协会主席，鲁迅文学院第十二届中青年作家高级研讨班（少数民族作家班）学员。1983 年开始发表文学作品，迄今已在《北方文学》《北大荒文学》《民族文学》《光明日报》《人民日报》等几十家刊物上发表小说、散文、诗歌多篇，著有散文集《碧绿的明冰》、诗集《赫哲人献你一束花》等。

访谈过程中，孙玉民非常积极地向我们展示了外出参加作协活动的照片，如数家珍般介绍了参加的文学笔会，自豪之情溢于言表。"感恩"是其谈论的主题,感恩于中国共产党对人口较少民族的民族政策,感恩于生他养他的街津口的山山水水,感恩于赫哲族创造的灿烂的渔猎文化。用感恩之笔继续书写着赫哲族的历史、现在与未来,正如母亲为他起的名字一样,"玉米的玉,人民的民"。

阅读信息提示:

1. 国家背景下人口较少民族作家的创作特征。
2. 赫哲族渔猎生活文化的文学化呈现。

图1 调查者与孙玉民合影

孙玉民(下简称孙):我是1961年出生,我是黑龙江省省级非物质鱼皮画文化传承人、作家。

我们孙家在街津口是一个大姓,整个这个街津口,我们孙家是第一户人家。在这荒无人烟的时候,我们祖上来到这里,这里第一户人家,就是我爷爷家。当时,在街津口的这个地方和得嘞乞这个地方,捕鱼、烧窑、烧炭,把炭卖给过往的商船,他们拿去作为燃料。然后,换回一些小米、小布匹,就这么生活。赫哲族有几大姓氏,尤、

七 "赫哲人献你一束花"

葛、孙、付、毕等。赫哲族把姓氏叫作哈拉穆坤，别的我不说，我就举一个例子，姓孙的姓氏本来不是跟汉族姓氏一个意思，赫哲族的这个姓氏是由图腾崇拜而来的。比如说，我们孙木恩，赫哲语是"独角龙"的意思。和汉族交往后，为了简化，就把孙木恩简化为孙。

陈曲（下简称陈）：以前这边的汉族有很多是当年"闯关东"过来的吧？

孙：东北太冷，为什么没有什么人到这里来？就是因为东北太冷！我每年就参加全国少数民族作家培训班，从2007年开始，我每年都去培训，并不断记录和采风。一边采风一边找感觉，从地理、人文、气候等方面考察，我发现，这边的确很冷，所以这边能来的人特别少。我从18岁开始打鱼，我那时打鱼，一条船上两个人，前面一个人，后面一个人。后面的人瓦棹子划桨，一边划桨一边撒网看方向。前面这个人只管往前划桨，不管到哪儿去，后边这个人掌舵，后边这个是把头，前面这个人是"小古子"。我高中毕业18岁。

陈：您会赫哲语吗？

孙：赫哲语只会一些单词啦！原来吧，我父母在我小时候全用赫哲语对话，我们都听不懂。我现在想起来有些后悔，当初多学点就好了。因为那时赫哲族、汉族混居，一出门就和汉族人唠嗑。当初就应该多向父母学学赫哲语，毕竟是我们的母语。

18岁开始捕鱼，那时是划桨。那时打的鱼很多很大，一条鱼都好几十斤呐！哲罗、胖头、鲤鱼什么的，干了5

年。我们那时捕鱼是一个什么情况呢,街津口上游 20 多里有一个滩地,下游 20 多里有一个滩地。这就是赫哲族的两个滩地。那时我们捕鱼呀,现在想起来,我非常向往那种生活。那时候,在岸上,一趟房子,渔民都住在里面,有一个大喇叭,房子底下就是船。十条二十条渔船吧,有指挥的,该谁撒网了,就出船了,就往江里划,划完了就往江里撒网,横江开始打鱼,那鱼不是顶水嘛。横着七八米,看该到地方了,指挥就用大喇叭喊,该谁谁撒网了,于是就隔四五十米一条船,隔四五十米一条船。那时还是划桨打鱼,后来有了机动船,我就开机动船了。那时划桨的船一到逆水的时候,二三十条船,我就开着机动船把它们给托回来。这江里十多里或者七八里见不到一条船,不是像《乌苏里船歌》里唱的"满江渔船鱼满舱",满舱倒是满舱,但是鱼可不是满江,这是现实生活。鳇鱼在黑龙江里是最大、最好吃的一种鱼类。在古代的时候,鳇鱼是进贡的。鳇鱼非常好吃,冬天的时候我们用它来刨花,它的肉还不腻,它有油性,香但不腻人,肉质细腻,非常好吃。在江里头,鳇鱼和鲫鱼非常非常好。如果你要吃生鱼片,这两种鱼是最好的。

在八几年的时候,我们已经有了这个生态意识了。那个时候这么大的鱼(比画为不到一米的鱼),我们就把它给放了,放生。放生的时候,把那鱼的鼻子尖儿咬掉一点儿,然后放生,等它长大。长大后我再捕上来,要是没有鼻子尖儿的鱼,就感到很亲切,鱼长大了就好像自己养的似的,回来了。

陈：所有的鱼都这么干吗？

孙：几乎是。这都仿佛形成了一个习惯。还真有没鼻子尖儿的鱼给捕上来的。我承包后捕鱼吧，捞上来的鳇鱼都这么粗，一排来长的、两排来长的。一天光我放跑的鳇鱼就好几条，撑不住。鳇鱼非常有劲儿，尾巴这么有劲儿地一甩，船都能弄沉。你要跟着使劲一拽，人也跟着下去了。还有一种就是鱼要是往下扎的时候，人在船上要是顶不住了，就往水里一跳，跟着鱼上下地跑。这种就需要人的水性特别好。我不敢！我打了那么多年的鱼，我也不会游泳。所以你看捕鱼的人，不一定个个都会游泳。至少有一半的人都不会游泳。只要多加小心也没事儿。那时都出去捕鱼了，家里也没人看孩子。

我在大集体干了两三年，1982年开始承包责任制。说到这里，我就非常感谢共产党，感谢政府。承包一开始，国家就给赫哲族发了新船，成批的，每户都有，都是机器船。我现在心里非常感谢共产党，感谢国家非常重视我们少数民族。有机器船了，就没有人力划船了。这些个老渔民吧都非常非常高兴。但是刚开始的时候吧，是六马力的、直杆的，一摇镐头，船就走。那时候呢，船是皮带传送的，那时候我就看出来了这是什么结构的，这一摇，就往前走。我就跟老渔民说，我说这船，皮带一拉动，这船桨就转动，船就往前开，要是把皮带调个儿，这船桨就反转，这船就会往后退。后来我就这么一实验，这船还真是像我说的那样往后退了。我觉得这个很有意思，很新奇！

陈：你们对以前祖辈使用的打鱼船有没有什么留恋的？

孙：留恋啊！这个问题就得一分为二地看。你说要是从往前发展来看，从捕鱼的方便来看，你还得接受新的船，它不用人力啊。你要是因为怀恋而用旧船，那你就得用人力。但那种渔船，它只能存在于过去了，也只能当一种纪念和回忆了。

陈：这种新式渔船的使用，打的鱼是不是增多了很多？

孙：嗯！数量增多了，产量增多了。渔船的数量增多了，鱼的产量增多了。还有个什么呢？不是承包了嘛，每户打鱼挣的钱，不用往上交了，挣的钱都是自己的了，所以，赫哲族人很快就富起来了。我打的最大的鳇鱼是400多斤的。我在我出的散文集里边，我把我自己打的鳇鱼那照片放进去了。不过我那还不是最大的，只有200多斤。在80年代的时候，这样大的鱼是非常多的。现在这样的鱼很少很少了，几乎没了。

陈：是不是给打没了？

孙：有好多种原因。一是污染；二是渔船多；三是机动渔船吧有声音，渔船有震动，有噪声，鱼像人一样，要是老是生活在噪声中，也是很不舒服的。再比如说这个街津口的山，以前赫哲人狩猎嘛，打猎的猎物很不少。现在人多了，把地给占走了，野兽也就逃之夭夭了，说不定到哪儿去了。

我家里生活确实还不错，做点小买卖吧，主要是体验

七 "赫哲人献你一束花"

体验生活。因为来旅游的人吧，人非常多，接触到的也非常多。大千世界、无奇不有。人的思想，各种各样的都有。所以我接触的这些人吧，我就采访，接触就是体验生活。我是少数民族作家协会的，我们每年都有一个集会和体验生活报的项目。

陈：您什么时候高中毕业？什么时候开始搞创作？

孙：我是1978年高中毕业。我从小就喜欢小说，那时我还小。我家哥儿三个，我大哥上过高中，那时高中生非常少，我二哥上过初中，他们那时的水平都很高，他们看《三国演义》《水浒传》，我那时还在上小学五年级，看不懂，但是我能把那些字给认下来。我一理解了，我就看。这两个哥哥和他们的朋友们有书都互相传着看。他们看完的书吧，我就捡他们的漏看。他们看完了，就我看。像四大名著、《林海雪原》、红色经典的书、名著，我都看过。那时我看的时候心里很急，巴不得写下自己的体验、自己的心得，就是想写，但是呢，拿笔不知道怎么个写。等上初中的时候，我就开始写读书笔记。我在初中时写的作文，都被老师拿来在全校做示范。我那时作文和书法还行，数学不行，我偏科。我初中的时候开始研读写作的基本理论，杨朔的写作理论对我的启发是非常大的。我完全是自学写作。

陈：您写的内容是什么？

孙：我全写的赫哲族。赫哲族是我的根。我现在写散文比较成功。我在2006年出版了一本自己的散文集。这本书我写了好几年了。这是赫哲族的各个方面我都涉及了。张抗抗到同江来考察，我发表的文章被她看见了，她非常感动，还特意到基层来看我。看我的时候，我就把我这些年写的东西交给她，回去之后很快跟我联系。中华文学基金会给我出版机会帮我出版了。我一分钱也没花。要说这本书的出版，我非常感谢张抗抗。

我的散文基本上我一投都能发表。《北方文学》《北大荒文学》等各大报纸我都投，投了就能发。

2006年我获得第一届黑龙江省少数民族文学二等奖，2007年参加人口较少民族作家培训班，2008年加入作家协会。在中国作家网上都能查到。第二届，我不知道，没参加。

陈：您出的这本书在赫哲族里有没有什么影响？

孙：那还是影响很大的！我出书以后，他们不是以人来感觉的，是看我的书。我写的书，反映赫哲族、反映街津口、反映赫哲人，都是反映人性的范围。所以他们看了之后都说，哎呀，你的心态怎么这么美好？我感觉他们看了我的书之后，纷纷对我是另眼相看。我的书出版之后，有很大反响，在我们作家协会、在我们当地，确实有很大反响，他们纷纷要买我的书，和我照相。他们看了我的书，确实很受感动。

陈：你的书出版以后，经济上有没有大的改善？

孙：我的书印刷了2000册，我只要把我的书拿出去卖，都还是很畅销的。在旅游区，每天都能卖好几本。那些旅游的人根本不在乎书钱，他们有的和我照相，还让孩子和我照。

## 七 "赫哲人献你一束花"

我是唯一的在中国作家协会的赫哲族作家。在全国少数民族作家大会上,《民族文学》主编当着那么多的民族文学作家面说:赫哲族才4000人,培养了孙玉民这么一个作家,他是我们的国宝。这番话让我很受感动。那时书还没出呢。他说的话在《文艺报》上发表过,很有影响。在80年代的时候,少数民族作协会长蒙古族的玛拉沁夫老师亲自到街津口来看望我,我也是非常感动。我当时很激动,我去找他去。当时他在乡政府大院儿等着我呢。他一见我就和我拥抱、握手。完了我们一起照相、合影。我在2007年参加中国较少民族作家培训班时,玛拉沁夫老师还给我们上过课!有留影了。后来我把这个相片和一篇作品《穿越时空的心心相握》发给黑龙江省《文艺报》,直接就给我发了,在当时很有影响。

图2 孙玉民的获奖证书(陈曲拍摄)

陈:您写的散文素材就是取材于赫哲族平时的生活吗?

孙:我主要写赫哲族的渔猎生活。我在每次劳动之前已经有这个思想准备,我要把它写下来。一边劳动,一边体会劳动感受。

陈:《碧绿的明冰》意境是什么?

孙:意境就是冬季黑龙江随着温度的降低,逐渐逐渐结冰,碧绿碧绿的,透明的。

陈:您作为赫哲人,在生产方式的转型中,是否感受到一种焦虑?

孙:这个焦虑还是比较朦胧的。我以发展的角度来看,那时捕鱼的鱼很多,一网好几十条。后来鱼越来越少,心里不知道是怎么回事儿,后来从获得的一些资料来看,才知道是上游的污染导致了鱼的减少,当然还有我刚才说的那些个原因。我在这个地方,我四五岁的时候,才四五户、五六户人家,现在的学校都是青纱帐,都是苞米地。方圆不过半里地吧,都是苞米地。五几年的时候,雨水多,把对面那几个屯儿淹了,都来这个地方避水来了,来了就不回去了。赫哲人的心眼儿都特别好,帮他盖房子、安家等等。完了人就开始多了。

我从1985年开始在文化站上班儿。我2004年退休。我在乡政府是一支笔,写大字块儿、写文件,这些是我的长项。那时乡政府不让我退休,书记已经叫一个秘书对我说不让我退休。但是当时我一直对写作有激情,于是我就坚持退了,待在家里边,搞我喜欢的写作。我上班的时候日子非常枯燥,总是写文件,我不爱写,于是我就退了。我初中时的书法写得挺好,工作后这个就直接用在工作上了。那时没有电脑,我就直接写,也不用打草稿什么的。

我在乡政府上班时,就我自己干活儿,我还得写大字块儿,我还得给领导写讲话的材料、报工作总结。上面一来检查,我就黑天半夜写大字块儿。我现在还是解放军七连的军外辅导员。我给他们不定期地辅导书法,还学鱼皮画。我现在还在工作站里教他们鱼皮画。他们的战士全国各地都有,一批一批地学,我的学生老多了。我给边区军防士兵教书法,战士的作品报到北京军区去获得了二等奖。现在他们七连外边墙上的大字块儿都是我写的。

陈:什么时候开始做鱼皮画?鱼皮画在赫哲族历史上是怎么流传下来的?

图3 孙玉民在制作鱼皮画(陈曲拍摄)

孙:我从80年代开始做,这个鱼皮画纯属后人创作,是模仿桦树皮画,受桦树皮画的启发。赫哲族搞旅游,刚开始的时候不太火,我拉游客玩。

陈:那时游客怎么过来的?是旅游团带来的吗?

孙:不是,那时的游客交通不方便,他们就是冬天的时候过来看看风景。

陈：赫哲族正儿八经的旅游什么时候开始？

孙：大规模的旅游从建完这个民俗风情园儿以后才开始的。风情园的建设我也参与了。风情园是市里按照十年规划目标来建的。赫哲民族园里面有一个很大的赫哲族工艺品展厅，国家给我一个柜台，让我卖鱼皮工艺品。我是那里面唯一的一家做鱼皮工艺品卖的，那是国家扶持赫哲族鱼皮工艺。完了我就把我哥带进来。后来我做鱼皮画，我得培养下一代，我就指导尤伟玲做鱼皮画。后来大家都开始做鱼皮画。那时是记者、电视台传得很快，一些制作的方法、方式，以至于都开始做了。

我现在除了在风情园有一个展厅卖鱼皮工艺品之外，我在北山还有一个点。我给游客照相、给他们望远镜看风景。我的望远镜只能看到对面城市的窗户。

我到1983年承包转产后，就开始给自家打鱼。国家发的165型直杵机器船，一摇就走。后来国家又给一批自动挂挡的柴油机，一挂挡就走。这种机器比以前的更方便更快，捕鱼的产量更高了。我干了两三年，国家的水产资源急剧减少，国家科技人员正在监控水产资源，鼓励赫哲族人走下渔船，种地。黑龙江边一望无际的大草原，非常肥沃，黝黑的土地。国家鼓励转产，给了两台船，一台75、一台60，还有两台东风牌收割机，全是崭新崭新的。我那时是渔业村团支部书记，带领三十几个小伙子开始赫哲族有史以来第一次开荒。

陈：哪一年？

孙：1983年！那时候首先开地，白天黑地地开出大

## 七 "赫哲人献你一束花"

片大片的地。这个草原和蒙古族的草原不一样,我们那机器一挖一翻,全是黑黝黝的土地呀,非常肥沃。我开了两年,到1985年我就上班了。我一开始在文化站当站长。我晚上看书写作,整宿整宿地熬夜写作。我坚持写作,那时翻地,大片的草原,里面有狐狸、野鸡等各种动物。我那时半夜的时候开地,驾驶拖拉机,前面有小鸟,各种鸟在拖拉机前面"哗"地飞起,那时就只有拖拉机有焦黄的灯光照着。还有狐狸,开地时,狐狸在前面,一看大草原要被开地了,焦黄的狐狸领着它一大家子六七个,开始稳稳地搬家了。就在我跟前,这个情景还在我脑海里面,我以后还要写下来。

王志清(下简称王):赫哲族有没有狐仙崇拜?赫哲族有萨满信仰不是吗?

孙:这个我对萨满没太多研究。但我想,萨满它也很有深意的。那时的人们没有科技条件,就用精神来弥补啊。后来我寻思萨满还是很可怜很无奈的。以后我还得写有关萨满的小说。

王:萨满哪一方面可怜?你是说这个人可怜还是这个职业可怜?

孙:我想是民众可怜。如果当时要懂科学的话,谁用萨满来治病啊!狐仙的故事我是听猎人讲的。猎人给我讲了好多好多的关于狐狸的事,他说狐狸就在前面,他就是扣不动枪的扳机,这个东西就是奇怪。我们家有个邻居,是一个猎人。我本身不太接触他,有一次我见他打过一次猎。周围都是耕地,中间有一个方圆几十里的荒草甸子。

猎人打猎吧有一个程序，就是找动物的脚印儿，这个猎人在这个草甸子边缘吧就找着个狐狸脚印儿了。于是他拿着枪就开始跟着脚印儿走。哈哈，这是我亲眼见到的情景。狐狸吧，太狡猾，猎人吧他太板，他就看脚印儿，他就不往前看，结果狐狸离他不远，就隔他二三十米，他就不往前面看，就看脚印儿。这狐狸领着他啊，围着这个草甸子转啊、转啊、转啊！哈哈哈，他就拿着枪跟着狐狸转转转。我就在不远处看着，我也不告诉他，就看着他们转啊转！狐狸一看转差不多了，走了！他说啥也没打着。现在来看，狐狸还真是很聪明的。

王：刚开始开荒，是国家允许的吗？

孙：那是1981年，我们集体给村里开荒，国家是鼓励开荒的。按理说我们每个人都应该分点儿，但是后来我们一边开荒一边种地，都给水淹了，颗粒无收。所以，后来就散了。完了有的去打鱼去啦，我就上班了。我先出去上班的。后来承包给农户了。大片土地承包给别人了。

王：你小的时候，都是以渔猎为主啊？

孙：我小时候啊，那时鱼多啊，以吃鱼为主。我打这么多年的鱼，我不吃鱼，我不喜欢吃鱼。我这人吧比较珍惜生命，我不想破坏生命。我一直坚持不杀生，舍不得鱼死，后来生活逼的我才杀生。其实我是非常珍惜每一条生命的。

王：您刚才说开荒后年年涨大水？

孙：嗯！

王：涨大水的时候邻村的人搬过来避水，然后就不回

## 七 "赫哲人献你一束花"

去了?

孙:1958年的时候涨了一次大水,那时的人们搬过来避水后,都回去了。所以在我几岁的时候,街津口就只有几家人。那时就有汉族人啦。我六几年生,1958年涨大水,那时汉族人已经过来了。

王:您爱人是赫哲族?

孙:我爱人也是赫哲族。但她不是本地人,她是吉林人,她和吴柏星他们是一个住地。吴柏星也是赫哲族的一支,他们的祖籍叫乌克地。

王:你爱人会说赫哲语吗?

孙:不太会!我也不会说。但是我的长相吧一看就知道我是赫哲族。

王:你们什么时候结婚的?

孙:1982年。我们年轻的时候,比赛着干活儿,吃得不行,所以生活还是非常苦。我年轻的时候非常干瘦,但是力气还是很大的。《走遍中国》节目摄制组到我们街津口,我还在上面讲话了,主要讲了一些我们在哈鱼岛上开荒种地的事。当时这个节目组来的时候,我在文化站搞的接待。

王:今年以来赫哲人被外界人关注得更多,赫哲人对自己的文化啊包括依玛堪啊,因为赫哲语言已经濒危,依玛堪的演唱,很多人已经不懂了吧?

孙:依玛堪吧,它是赫哲族的一种说唱形式,是有史以来在劳动生活中产生的一种梦幻般的故事情节。

王:依玛堪与萨满有关系吗?

孙：依玛堪与萨满没有关系。

王：依玛堪您小时候听过吗？

孙：我小时候听过，我听我舅爷爷说过。我舅爷爷是吴连贵。

王：和吴国祥是一支的吗？

孙：这我不知道。依玛堪在赫哲族中很有影响的。它的产生是在生活当中，是赫哲人业余生活中讲的故事，是一种连说带唱的演唱形式。

王：依玛堪是用赫哲语演唱吗？主要是讲故事吗？还是有其他的社会功能，比如说治病啊什么的吗？

孙：是用赫哲语演唱的。好像没有什么治病的作用，主要是单纯地讲故事，主要是娱乐。因为以前捕鱼吧，熬夜吧，没啥事干，就讲故事耗时间嘛，这时就讲故事嘛。依玛堪在60年代的时候就濒危啦！那时民间文艺家协会专程来抢救依玛堪，做了大量的工作，留下来一批宝贵的资料，后来也出了一些依玛堪的集子。

我当初是怎么开始上的班，我跟你讲啊，我毕业后捕鱼嘛，在捕鱼时，那时有一个文化站，有两个女的，一个叫何志敏，一个吴玉梅。她俩都是跳舞的，当时写个工作报告啊非常需要能写这方面文件的人。我有这方面的能力，我就开始在这儿上班了。后来我在1983年写了一篇文章《故乡的迎春花》，这是我的处女作，发表在同江县小报上的头版头条，后来又在首届黑龙江省散文作品选中评奖。这是中国文艺家协会和作家协会联合举办的。发表之后，全同江县一时轰动。因为这是全同江县第一次出现文艺作品。我就写的赫哲族两个少女在捕鱼,很有新奇特点,可读性强。这篇文章发表以后,我的名气在同江还是很大的。我以后不断有一些文章发表,我 2007 年加入中国作家协会。我的作品虽然不多,但是我的作品质量还是很过关的。

与孙玉民合影

## 附录一　赫哲族作家孙玉民散文作品中"不浪费"的民族志①

陈　曲

**摘要**：赫哲族作家孙玉民的散文作品中描述和呈现了赫哲族冬季捕鱼生活的地方性知识,在"不浪费的人类

---

① 本文发表于《鞍山师范学院学报》2012 年第 3 期,收入本书有删改。

学"视野中,赫哲族作家的作品呈现出文化主体的主体权与表述权和谐统一的民族志特征,本族群的作家作品是该族群民族志"不能浪费"的重要组成部分。

**关键词**:赫哲族　民族文学作品　不浪费的人类学民族志

赫哲族是我国北方人口较少的民族之一。中华人民共和国成立初期,经历了抗日战争时期的赫哲族仅存三百余人,到2000年第五次人口普查时期人口为4675人,其中黑龙江有3910人。赫哲族世代居住在黑龙江、松花江和乌苏里江三江流域,曾长期以渔猎为主,创造了灿烂的渔猎文化。目前赫哲人的主要居住地为黑龙江省同江市街津口赫哲族乡、八岔赫哲族乡、双鸭山市饶河四排赫哲族乡和佳木斯市敖其赫哲族村,称为三乡一村。赫哲族先民内部因居住的地区不同,群体不同,有不同的自称。居住在今富锦市大屯以上松花江沿岸者自称"那贝",居住在富锦市嘎尔当至街津口者自称"那乃",居住在同江市街津口以下至乌苏里江沿岸者自称"那尼傲"。"那贝""那乃""那尼傲"都是赫哲语,意为"本地人"。此外,居住在八岔以下地区和乌苏里江沿岸的赫哲族还自称"赫真"或"赫吉斯勒",意为"东方的人"或"上游的人"。原居住于勤得利以上混同江和松花江沿岸的还自称为"奇楞",意为"住在江边上的人"。在他称方面,因为1930年凌纯声先生出版了《松花江下游的赫哲族》一书后,赫哲族之名开始广为流传,中华人民共和国成立后,政府根据赫哲

## 七 "赫哲人献你一束花"

族人民的意愿,于 1957 年正式确定其族称为"赫哲"。

赫哲族有语言无文字,该民族的作家都采用汉语创作。孙玉民是当代赫哲族较有影响的作家之一,其是街津口人,1978 年高中毕业,下江捕过鱼,开荒种过地,当过渔业村的拖拉机驾驶员。1983 年发表了散文处女作《故乡的迎春花》,1987 年 8 月,他作为赫哲族的唯一代表参加了国家民委和中国作家协会主办的"全国十万人口以下的少数民族文学笔会",1996 年 5 月进入黑龙江省文学院学习。在创作方面,《故乡的迎春花》荣获首届黑龙江省散文作品评奖佳作奖,小说《你好,捕鱼的赫哲人》荣获黑龙江省第六届"黑土地杯"征文评奖二等奖,论文《浅谈赫哲族艺术人才的发现、培养与管理》获东北三省群众文化理论论文一等奖。除此之外,其公开发表的作品还有小说《乌苏里船歌》《最后一次》《迷恋的东方》,诗歌《冰上人家》《秋梦》,诗集《赫哲人献你一束花》,报告文学《燃烧的晚霞》,散文集《碧绿的明冰》等。丰富的生活经历与专业的理论学习为他的文学创作打下了良好的基础,赫哲族世代传承的渔猎生活习俗为其提供了丰厚的创作素材,一路走来一路歌,孙玉民在创作的道路上硕果累累。赫哲人写赫哲事,孙玉民的诸多作品中承载了赫哲族的生活文化,尤其是一幕幕渔猎生活图景,例如《捕鳇记》《碧绿的明冰》《最后一次狩猎》《冰上人家》等作品所描绘的生动场景展现了立体的时空背景中的文化主体——赫哲人的种种生活细节及其感受和体验。"如果说民族学者、人类学者是分别带着民族学、人类学的理念通过田野调查来撰写民族志,那么,从小生于斯长于斯的民族作家描述本土文化,带着情感和体验书写成长中的记忆,其作品自然也会彰显民族志特征"①。从"不浪费的人类学"的角度来看,就可以从另一个侧面领略到"不应该浪费"的民族志风景。

## 一、赫哲族冬季捕鱼技艺的诗意展示

所谓"不浪费的人类学"是指人类学个人或群体在一个田野调查点上将其学习、调研和理解的知识、经验、体悟以及情感用多种手段展示出来。著书立说以外,还可借助多种形式,如小说、随笔、散文和诗、现代影视影像手段等;邀请地方人士撰写作品或进行口述实录,甚至编辑和同一个田野点相关的跨学科作品,以求从该族群社区获得多元信息。人类学者对衬在文化底色上的人性发掘充满热忱,我们有点不满足本学科论著论文的单项收获,好像农田上功能欠缺的"康拜因"过后,还需要男女老少打捆、脱粒、扬场,乃至于用各种家什在后面拣麦穗一样,尽使颗粒归仓②。"不浪费的人类学"设计显然扩充了人类学研究的方法,民族志的内容因摄入角度不同而变得更为丰厚。孙玉民的系列作品中对冬季捕鱼生活的追述与记

---

① 刘兴禄:《当代湘西少数民族文学中的民族志特征探析》,载于《中央民族大学学报》,2009年第3期。

② 庄孔韶:《人类学世纪坦言——人类学者访谈录之六》,载于《广西民族学院学报》,2000年第3期。

## 七 "赫哲人献你一束花"

忆构成了赫哲族民族志"不可浪费"的一个重要部分,通过孙玉民的《捕鳇记》《碧绿的明冰》《冰上人家》等作品可以聆听文化持有者的声音。

《捕鳇记》告诉我们,赫哲语名为"阿真"的鳇鱼是黑龙江中一种极为贵重的最大型鱼类,体长可达五米多,最重者达1000多千克。有五行硬鳞,嘴很突出,呈半月形,两边有扁平的鳃。夏季在江河中产卵,过段时间后则回到海洋生活。赫哲族以"上山能搏虎,下江能捕鳇"为傲。在黑龙江三江口,即使在冬日的冰雪覆盖中,赫哲人仍然坚韧顽强地从事捕鱼活动,"通常情况下,冬钓的鱼钩是用铅灌铸成有头有尾的小鱼形,鱼头和鱼尾各伸出钩尖朝上的大号鱼钩,两钩中间的鱼肚或鱼脊上拴上半透明的粗胶丝线,胶丝线的另一端拴在一尺多长的钩杆的一端,把钩放在冰下水底,再绷紧钓鱼线,然后手持钓竿向上猛力一拽,收回,鱼钩复又沉到水底再猛一拽再收回,这样往复进行着,一下一下……鱼儿看到银光闪闪上下翻动的鱼形鱼钩以为是真鱼,就一拥而上抢食争吞,有吞进肚里的,也有被上下翻动的鱼钩刮着肚皮和其他地方的。钓鱼的人只要手感忽然沉重了,就知道钩上鱼儿了"[①]。

1971年11月6日,赫哲渔民乌莫肯破天荒地用比头发丝粗一点的胶丝线垂钓就轻而易举地捕到了一条500多斤重的大鳇鱼。赫哲人冬季垂钓捕鱼这一独特的生计方式

---

① 孙玉民:《碧绿的明冰——孙玉民散文集》,中国戏剧出版社,2010年生版,第18页。

与机智勇敢在作品中得到了生动的描绘。而《碧绿的明冰》则体现了赫哲人的生存经验以及他们与大江一样的无私境界,"年迈的父亲"是一个捕鱼经验非常丰富的老渔民,只要一看就知道哪片"明冰"下有鱼,哪片"明冰"下没鱼。当他看到一位年轻的渔民——一个没有捕鱼经验的汉族小伙子险入"青沟"——没有封冻的急流处时,他高声制止,并且"跑到这人附近用一小冰块在这人的脚前轻轻一砸,异样的结着大朵霜花的如纸一样薄的冰面破裂了,露出了深不可测的湍急的江水,盈盈漾漾,像魔鬼的眼睛在渴望地等待着人的生命,细心看去,这是一块像院落那么大的青沟,表面上封着一层纸一样厚的薄冰,总是这样封不厚,这是因为水深有热量,流急冻不住而形成的。这样的青沟,没有丰富捕鱼经验的渔民是不易发现的,突如其来的险恶把这个年轻人吓出一身冷汗,望着脚下的流水,他心有余悸,如果再往前迈两步,那是怎样的后果,简直不堪设想,他感动得连连道谢。接着,父亲怕所有的人看不出来这里是危险,索性用冰镩把整个暗藏的青沟的一层天然伪装薄冰打开露出融化的江水,让人们一眼便知,解除了危险的祸根,父亲还让这个年轻人到我们自己这片明冰上来下网。因为他在与这位渔民的言谈中看出这是一个没有捕鱼经验的汉族小伙子,根本不会找有鱼的地方下网"[1]。

---

[1] 孙玉民:《碧绿的明冰——孙玉民散文集》,中国戏剧出版社,2010年版,第128页。

## 七 "赫哲人献你一束花"

艰苦的冬季捕鱼生活也被某些智慧的赫哲族渔民经营得生机盎然，例如《冰上人家》中的巴图鲁在 1986 年冬季发明了铃铛网，"谁也不会想到，冰上能建房住人家，然而，勤劳智慧的赫哲人不仅发明了这个亘古以来的奇迹，而且还能正常地在木板房里的冰上架锅做饭，在温暖如春的室内收起网捕鱼，这就是赫哲族在冬季冰上最先进的捕鱼方式——铃铛网"①。巴图鲁是这个铃铛网的主人，长年在头顶冰天、脚踏雪地残酷严寒的恶劣条件下捕鱼劳动，使他萌生了改变这种现状的愿望，于是他潜心研究各种鱼在冬季的习性，发现冬天以狗鱼和雅不赤哈鱼居多，且这两种鱼尤喜贴边逆水上游，于是他利用这两种鱼的特性发明了能在温暖的屋子里捕鱼的铃铛网，"铃铛网就是将一道三四十米的粗线小眼网堵边横江截至二流，然后在二流这端贴网障子迎流缝上一个口吻网障子的圆向袖子网，对应岸边一侧网口留有一竖立窄缝，约高一米宽一尺半，这就是网门，七根透明胶线从江底网胶上垂直伸出木板房内冰槽水面上，冰下是网门垂帘，水面上宛如七根琴弦挂在板墙一侧。贴边逆水而上的狗鱼、雅不赤哈鱼遇到障碍的网障子就自然贴顺着网障子向里摸，意想绕过这个网障子然后继续上游，意念使鱼儿没有在意几丝竖线，当它从中穿过误入网筒时，鱼尾弹拨了七根丝线，这时冰上网房内看线的渔民看到摆动的丝线知道进鱼了，就立刻拽

---

① 孙玉民:《碧绿的明冰——孙玉民散文集》，中国戏剧出版社，2010 年版，第 189 页。

绳锁口,向上提网口丁字形网杆,待徐徐把网升到水上冰下时,再拽筒网后端,待鱼儿找出水槽水面放到屋地冰上地板时,解开后堵取出鱼儿,然后下杆放绳把网重又放回江底,摆顺七根丝线,恢复待鱼状态"①。铃铛网构造科学合理,使捕鱼比盲目下冬挂子网准确、稳定,产量很高,而且白昼和黑夜连续不断捕获。铃铛网奇趣横生,充满了劳动的乐趣。巴图鲁还介绍说:"那里鱼多得放下网眨眼的工夫就又挑线了,几乎不停闲地拽网起鱼,俩人白天黑夜在昏蒙的马灯灯光下换班看着七根网丝,常常熬红了眼也不觉乏累。这是捕鱼的乐趣支撑着。前几年,我的大儿子上了渔村保送的大学,回来后就推广科技捕鱼,看到我们这样辛苦劳累地捕鱼就发明了电子捕鱼,屋里安上了透明光亮的蓄电灯,又在七根丝线上安装电笆子,误进网筒的鱼儿用鱼尾不论弹拨哪根丝线都会接通电源,音乐盒里就会飘荡出悠扬悦耳的琴声,荡漾在铃铛网房里。在屋里睡觉或是打牌、做游戏的渔民听到乐曲后就知道进鱼了,捕鱼成了一种轻松愉快的游戏,让人在娱乐中收获,品尝劳动成果,这不能不说科技进步时代在飞速发展变化。春光满面的老渔民巴图鲁赞叹地说真是江水后浪推前浪,一代更比一代强啊。"②

孙玉民的作品忠实地记录着时代,在《捕鳇记》中也

---

① 孙玉民:《碧绿的明冰——孙玉民散文集》,中国戏剧出版社,2010年版,第66~67页。

② 孙玉民:《碧绿的明冰——孙玉民散文集》,中国戏剧出版社,2010年版,第47页。

透出了他隐隐的忧虑,"全滩 20 多只渔船,每只船每天打五网,全滩每天总开网数达 100 多网次,也需要几天时间才能捕到一条大鳇鱼,这与过去每只船一天可捕五六条大鳇鱼相比,真是相差甚远,这是随着岸边人口的增长,上游工业对水质环境的影响而导致鱼儿越来越少的缘故"①。

以上关于赫哲族冬季捕鱼的技艺是孙玉民散文作品的片段摘录,虽然显得支离破碎,但从人类学的视角审视,这些材料恰恰是凌纯声的《松花江下游的赫哲族》等经典民族志、黄泽教授主编的《赫哲族——黑龙江同江市街津口村调查》等权威著作所没有的独特素材。孙玉民的创作主旨是讴歌赫哲人的生存智慧与善良品质,其作品展示了赫哲人冬季捕鱼生活的地方性知识。其与林耀华的《金翼》等小说式的民族志并不相同,林耀华先生采用小说式的民族志写作手法是为了更好地表述经验和描述发生于田野工作者与被研究者之间的互动关系,孙玉民的散文作品则并不是刻意追求民族志的书写形式,而是纯然的生活经验的表达,是"故乡人说故乡事",是为自己的民族文化立传,可以称为民族志式的文学作品。就其作品所记述的赫哲族冬季捕鱼生活内容而言,"民族文学中的民族志书写是一种超越一般民族学科范畴的更自觉的追述回溯民族文化遗产的表述……主观性会强烈些,然而,无论如何,其民族志特征是显而易见的,我们通过梳理和透视,可以

---

① 孙玉民:《碧绿的明冰——孙玉民散文集》,中国戏剧出版社,2010 年版,第 40 页。

洞见另一种民族志表征"①。

## 二、蕴含民族志价值的本民族作家作品

就孙玉民散文作品中所描述的赫哲族生产生活内容而言,"我们看到作家作品中的民族志书写超越了一般民族志文本,它带着不同于民族学、人类学的理念,经过作家情感的过滤,以独特的体验和理解呈现出来,我们不能用简单的实证主义方法去一一核对,其间既有对民族民间文化的客观展示,也有情感化的书写和体验后的理解与解释,作为民族志书写的另一道风景,其参考与研究价值是不容忽视的"②。在全球化冲击下,地方性知识与族群历史记忆快速消失,人类学科的民族志撰写担负着记录、保护与拯救文化多样性的时代重任。单一方式表述的民族志已经不能够把握与反映文化的整体性,必须吸纳包括文学在内的诸多人文学科的共同参与,在孙玉民这一个案中,对赫哲族冬季捕鱼生活的描述已经做了有益的补充。

"民族志是对人以及人的文化进行详细的、动态的、情境化描绘的一种方法,探究的是一个文化的整体性生活、态度和行为模式,它要求研究者长期地与当地人生活

---

① 刘兴禄:《当代湘西少数民族文学中的民族志特征探析》,载于《中央民族大学学报》,2009年第3期。
② 刘兴禄、田泥:《彭学明散文作品民族志特征的初探》,载于《当代文坛》,2010年第1期。

在一起,通过自己的切身体验获得对当地人及其文化的理解。"① 在人类学界,民族志经历了从"前民族志"到"经典民族志",再到"实验民族志"的范式变迁。在当下,实验民族志的"文学性转向"与民族文学创作实践契合。国内有文学人类学者提出:"作为人类的符号化表征,民族志与民族文学写作都是在表达主体对某种文化及其价值意义的体认与经验。在这一点上,不论是少数民族作家作品还是民族民间文学,是小说故事,还是散文诗歌,或许它们并不符合所谓事实的'真实性'或'客观性'尺度,却往往超越于此,表达出真实的个体体验并揭示出经验背后更为深邃的文化意义。这也许就是民族文学与实验民族志'文学性转向'的合流点所在。"② 国外亦有人类学家提出:"除了在田野作业中被研究者的口头叙述以外,来自第三世界大部分地区的大量当代小说和文学作品,也正在成为民族志与文学批评综合分析的对象(例如:Fischer,1984)。这些文学作品不仅提供了任何其他形式所无法替代的土著经验表达,而且也像我们自己社会中类似的文学作品那样,构成了本土评论的自传体民族志(autoethnography),对于本土经验的表述十分重要。对于人类学家来说,第三世界的文学之所以重要,不仅因为它们是人类学者在田野中从事研究工作的指南,而且也因

---

① 陈向明:《民族志:步步深入(总序)》,大卫·费特曼,龚建华译,重庆大学出版社,2007年版。

② 李菲:《民族文学与民族志——文学人类学批评视域下的少数民族文学》,载于《民族文学研究》,2009年第3期。

为它们暗示了民族志形式可以被改造为对本土文学和民族志田野工作共同关注的文化经验描写。"①

综上所述，孙玉民的散文作品中传承了大量具有赫哲族特色的地方性知识，这些独特的技艺、方法和见解承载了赫哲人看待世界与自我的独特视角与情感方式。孙玉民的叙事方式与人类学的时代思潮达成了某种程度的暗合，在人类学视野中呈现为文化的主体权与表述权的和谐统一，孙玉民的散文作品作为本土话语的文化书写，成为赫哲族民族志"不可浪费、不能浪费"的重要组成部分。

## 附录二　有一个美丽的传说

孙玉民

有一个美丽的传说
流传在一个赫哲人的心窝
那是发生在一个清清的小河边
一位天仙驾着彩云翩翩落下

有一个美丽的传说

---

① 乔治·E. 马尔库斯，米开尔·M. J. 费彻尔：《作为文化批评的人类学：一个人文学科的实验时代》，王铭铭、蓝达居译，生活·读书·新知三联书店，1998年版，第110～111页。

## 七 "赫哲人献你一束花"

飘落在一个赫哲人的心窝
天上的梦想　人间的渴望
泊在同一个甜蜜的梦乡

有一个美丽的传说
甜透了一个赫哲人的心窝
脉脉的情谊　滚烫的热恋
两颗心在一起融化　梦已遂愿

有一个美丽的传说
陶醉在一个赫哲人的心窝
人间天上　依依惜别
为什么这是无奈的选择

有一个美丽的传说
珍藏在一个赫哲人的心窝
她像一道亮丽的彩虹
美丽着他的生活

## 八
## "赫哲语是我的母语"
——赫哲族退休干部董群口述

时间：2012年7月2日

地点：同江市董群家

被访者：董群

访谈者：陈曲、王志清

[访谈者按] 董群，男，1947年生，父亲与叔父都参加了苏联红军，中华人民共和国成立后回归祖国。董群于1965—1969年在北京中央民族大学一部读书，学历大专。1970年在八岔民族乡参加工作，1975年加入中国共产党。历任八岔乡党委副书记、街津口乡党委书记、同江市民委主任、八岔乡乡长、党委书记等职务，2003年离岗休养。1985年，他向省市提出"改善赫哲族生产条件的建议"，受到省政府及省民委的支持，实现了赫哲族机动船捕鱼生产。1994年提出"调整赫哲族产业结构的意见"，并为市政府、市人大起草了《贯彻国务院民族乡条例实施细则》

(32条），作为市人大地方法规下发执行，此举对赫哲族的资源占有、经济、文化优惠政策作出了明确规定，促使赫哲族结束了单纯的渔业生产的生存模式，走上了农业、牧业、渔业、养殖多种经营结构共同发展的道路。

近年来，董群先生热切关注赫哲族语言的濒危现状，致力于赫哲语的教学传承，积极编撰赫哲语教材，并且深刻意识到语言传承与信息化的关系，联系多方力量，积极探索赫哲语的软件开发工作。董群先生辩证分析了赫哲语和赫哲族文化传承之间的关系，尤其关注赫哲人的语言态度，注重语言的整体性传承，强调语言传承是文化传承之本。

在整个访谈过程中，董群先生多次情真意切地谈及赫哲族生产方式转型所遭遇的诸多问题与实际困难。根据口述史的撰写规范，受访者有权拒绝谈论某些主题，也有权封存部分访谈。应其本人要求，此处仅转录其个人的家族历史与保护赫哲语的相关事项。

阅读信息提示：
1. 赫哲人参加抗日战争的家族记忆。
2. 赫哲族精英保护与传承赫哲族文化的诸项工作。
3. 尤根深回忆录中赫哲族战士参加抗日战争的事迹。

图1 调查者与董群合影

图2 调查者与董群合影

## 八 "赫哲语是我的母语"

董群（下简称董）：整个赫哲族的生活从渔猎开始，基本在1969年就告别狩猎了，主要搞渔业。80年代中后期渔业也不行了，80年代中期到现在向农业转变，渔业占生活的比例就很少了。我是生在苏联，我们父辈儿兄弟①四个，一直都是渔猎生活，到1940年日本侵占中国以后，八岔也被占领了，我们家乡的父辈儿在1942年就参加了苏联红军，我父亲包括我伯父、岳父和我家属的爷爷也是苏联红军。那时八岔被日伪统治了，把散居的人吧统一起来住在一起。

王志清（下简称王）：那是三部落吗？

董：那不是三部落，八岔在三部落之外。其他散居的整在一部落、二部落、三部落，这是我考察过的，考察文物啊遗址。国务院还给我颁过一个证书。

图3 董群的荣誉纪念证书（陈曲拍摄）

---

① 董群的父亲董贵禄、伯父董贵福、三叔董贵寿。

当时日本人在八岔建了一个伪警察局,里面有 28 个伪警察,有一个日本宪兵带着家属统治这些人。当时我伯父是伪警察的警长。为什么他当警长呢？假的！名义上给他当警长,实际上是反日的。这个有政协资料可以看到。1942 年到 1944 年,抚远日本宪兵大队发现我们家通苏,就命令日本特务上八岔搜查。知道以后,我们家和我家属家一共 24 口人带上枪就过去了,上苏联了。原来就是苏联的侦查员,侦查乌苏里江、松花江下游、黑龙江黑河段一直到抚远的日伪驻扎的情报。这个情况被俩日伪军知道了,知道后就过去了。过去后继续做苏军的侦查员。不是过去抗联的 88 名编制里,我伯父、我父亲、我三叔、我四叔加上我家属的父亲和爷爷直接编入苏联红军系统,成为红军战士,不属于抗联。1945 年 8 月份,8 月 14 号,我爷爷、我岳父加上我家属的爷爷给苏联红军当向导,领着苏联阿穆尔舰队解放抚远、海清等黑龙江下游这一带一直到同江。同时,我岳父①还带着阿穆尔两艘舰艇,那时水大,一直到同江以西 60 华里这一代莲花河进入二龙山山头,解放了三部落。其中我三叔在解放抚远时受重伤牺牲了。中华人民共和国成立以后,我们家属还在苏联。苏联远东军区让我们留在苏联不回去了,参加苏联的军队系列。他们说你们中国也采取社会主义道路,和我们一样的社会主义制度,所以你们也不用回去了。那时我爷爷还在,他说我们是中国人,就领着我们全家回来了,参加苏维埃农业生产合作

---

① 毕清林,苏联红军,中国八岔村赫哲族人。

八 "赫哲语是我的母语"

社。1951年吧,表彰解放东北先遣部队有功人员,苏联奖给我们家四枚反法西斯战争取得胜利有功人员奖章,整个东北地区恐怕就这四枚。远东军区司令员签发的,交由苏联军方转发过来的。还有证书。后来这个奖章和证书还在北京民族博物馆展览过。这是一段历史。

图4

图5

图 6

图 7

八 "赫哲语是我的母语"

图8 苏联方面颁发给赫哲族战士的抗日战争奖章
（董群提供、陈曲拍摄）

我是在1947年生于苏联，我兄弟们都在那边生的。在20世纪30年代左右，同江这个地方非常封闭，没有交通、没有通信，所以这个地方的赫哲族根本不知道什么叫共产党，也受不到共产党的影响，只知道苏联和日本，所以抗日以后就参加苏联红军系统。那时有共产党也是地下的。抗联的成分很复杂，只要是维护中华民族利益的都可以抗日，有各种各样的地方武装，有自发的武装、民团的武装、地主武装，还有土匪。只要你抗日，都可以称为抗联武装，成分很复杂。当然抗联武装里面已经有共产党的种子了，但是不公开。后来中华人民共和国成立后，加入公社合作化，我们赫哲族在八岔参加合作社，一直到"文化大革命"。

我是7岁上学，在八岔上小学，在抚远县上初中，在同江上高中，1965年到中央民族学院学习。毕业回来后赶上"文化大革命",那时是反修哇,了不得,我们家和苏联有关系啊,把我们家打成东北地区最大一个投苏集团的头子,我伯父、我叔叔被无情地关押在监狱里。我四叔就病逝在监狱。1972年,我们家彻底平反恢复名誉。我那时已经毕业回来了,被派上山伐木。后来我在八岔农村中学教书,当数学教员。1974年左右,在八岔乡政府当党委副书记兼武装部部长。到1979年,我就调到街津口赫哲族乡当党委书记。1994年底又回到八岔当乡党委书记兼乡长。1995年后又到同江市民族事务委员会。

陈曲(下简称陈):您退休之后才编订赫哲族民族语教材吗?

图9 董群编著的赫哲语教材(陈曲拍摄)

董:这事从很早就开始了。赫哲族语言啊,历来都是以家庭为单位口耳相传,现在呢,口耳相传的家庭条件和

八 "赫哲语是我的母语"

社会条件都不存在了,所以只能搞赫哲语教学。现在语言已经濒危了,没几个会说的了,会听的人就很少了。

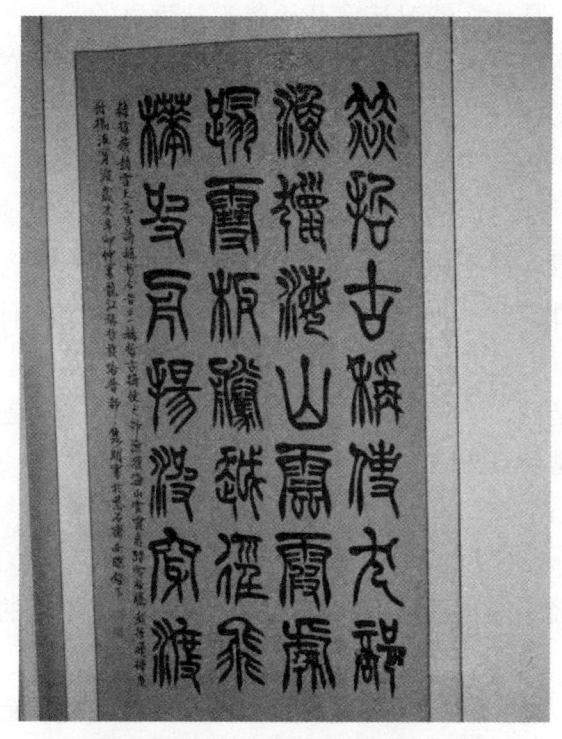

图 10 董群的书法作品(陈曲拍摄)

陈:董老师,您的赫哲语怎么样?

董:我的赫哲语一般。

陈:董老师,您小的时候和父母之间是用赫哲语交流吗?

董:我小的时候不懂汉语。我会俄罗斯语和赫哲语。到抚远上中学后我才开始学的汉语。所以赫哲语是我儿时学会的,能记住。这个赫哲语的问题,就在这人有没有留心这个问题。你留心了，你就记得多点，你不留心，就记不住多少。我从1981年就开始整理赫哲语的单词。

陈：是什么情况让您开始留心赫哲语的？

董：自己本身就是赫哲族，这个赫哲语自己有学习和传承的义务。

陈：1981年的时候，赫哲语说的人还多吗？

董：那时说的人就不多了。老人还可以，相互之间还说。一般人都不说了，没有说赫哲语的家庭环境了。80年代赫哲语就不再说了。上了年纪的人之间交流时还说。

赫哲语是我的母语，我从小有赫哲语的基础。赫哲语基本上是两个方言区，一个是奇楞方言，一个是赫真方言。我是赫真方言。

陈：街津口和八岔人之间交流没问题吧？

董：交流没问题，都懂！有些人不懂，年岁大的人懂。年轻人连自己的方言都不懂。现在上了年纪的人也不多了。

陈：是！我们采访过的尤玉发大爷就说得不错，尤玉镯大爷就说得不是太好！

董：嗯。尤玉发说得还行。但赫哲语保存较好的还是尤氏姐妹，她俩的口语不错，但是往深里说不行。她的口语属于奇楞口语，但是准确来说是勤得利口语。

陈：董老师，您的赫哲语教材是怎么编写的？

董：我的赫哲语是用国际音标标的。汉语和拼音标音都不行。编写教材要遵循三个原则。一是使用的语言，一定要权威。比如说依玛堪，它是大型的说唱文学，所以一定要用依玛堪的语言,这个语言是最权威的。二是标音的准确性,用汉语标音是不准确的,用汉字标音更不行,必须用国际音标标。这个国际音标吧我参与了。在1984年左右,长春大学张云长教授领着张云熙来我们赫哲族地区调查赫哲语特点,那时我在民委工作。那时他们就问我们赫哲语用什么音标标音,他说用汉字标音不行。实际上我有两套,一个是凌纯声老先生的标音版本,这个不行,标音很复杂。后来张云长教授、张云熙老师、尤志贤,尤志贤是我们赫哲族的老专家了,饶河的关云金,他赫哲语说得特别好,也有文化,我们通过调查、比较,定下来36个字母,而且呢,比较准确。你不懂赫哲语的人,你念出来,听着也可以。这个是标音要准确。第三个,语法要准确。这三项原则一定要抓好,不然就会让读者、后人以讹传讹。我这套赫哲语音标已经列入了赫哲语文库。

图11　图片转载自董群的《赫哲语依玛堪教材》

陈：董老师，您对这个赫哲语的传承感到焦虑吗？

董：非常焦虑。有很多人吧都说，"老董，你整这个也是白费"。是，我是白费。为什么呢？因为赫哲语的传承已经没有语言环境了，孩子们交流、社会交流都不用赫哲语。但我想呢，这语言能传承到什么程度算什么程度，能保留多少年就保留多少年，尽量延续下去。用文字传承比较好一些，把完整的依玛堪资料都用音标上。头十几年，我教了几个小年轻学生们，我告诉他们，但是他们记不住，没有这个语言环境。这个语言濒危，将会不可遏止地走向衰亡。现在衰亡的语言当中，不光是赫哲语，我估计啊，全世界每天每日都有语言消亡。

王：这恰恰是对文化多样性的一个很大的打击，不过现在国家对此很重视。

董：在20年前、30年前，如果有现在这套设备，什么电脑、录像设备、录音设备，那时没有啊！那时买很困难，没有钱啊。很多音响资料，那时录的磁带到现在已经脱磁了。不像现在，有光盘啊什么的。那时保留了一部分，但是不行。

王：我们蒙古族语言现在也遇到了这些问题。

董：蒙古语的问题不大！蒙古族有语言有文字，人口众多，蒙古族的专家如云呐！我有很多蒙古族同学，他们本身就是蒙古族专家。他们不光研究蒙古族语言，研究他们蒙古族历史都是很专业的啊！跟蒙古族比不了。蒙古语在什么地方不行呢，在赤峰不行。

王：嗯，相比之下，我们蒙古语的情况稍微好一些。

董：是！人口多，有语言有文字，还有专门的学校教学。你们学蒙古语很方便。

陈：董老师，您看现在教材有了，那您有没有想过办个培训班来推广赫哲语？

董：不行，这个培训班个人不能办，这个必须是政府行为。你经费哪儿来？设备哪儿来？教材我是准备了。

陈：那我们听说尤文兰还培训过赫哲语？

董：那不是，那是什么事儿呢？那是这么个情况，赫哲族有一个官员，他说能不能把这个赫哲语教几句啊，完了他们就组织了几个人儿，在文化局的小会议室，谁愿意学谁学，召集了几个老太太，她们互相唠嗑儿大伙儿听。那不行，那样教不行。这玩意儿吧，你必须规范教育，语言必须规范教育，不能像打游击似的。有计划的规范教育。

陈：这也是您一直在呼吁的？

董：是。

陈：佳木斯的敖其村好像也在搞这个？

董：哦，那是什么呢？那叫依玛堪传习班，讨论非遗问题，是省艺术中心申请的国家项目。敖其村的老吴头主要是教这个赫哲语，不是教依玛堪。

陈：您小时候也听依玛堪吗？

董：听过，但是次数不多。那时的依玛堪已经基本失传了。八岔的唱依玛堪的基本没了，饶河的还有一个两个，街津口的有一个。

陈：政府从什么时候开始对依玛堪进行保护的？

董：我也记不太清楚了，都十多年了吧？

陈：这个是不是对赫哲族的文化有很好的触动？因为有一些项目啊什么的。

董：这个非遗文化的传承现在搞的形式不对，反了。非遗的概念是什么？它是以人为载体的活态传承。重点是基层，不在上层，不在政府机关和科研机构，在基层，在老百姓中间自觉自愿地传承，并不是靠行政命令来传承。非物质文化遗产它关注的啥呀？关注的是人的精神、技艺和创造，是承载在人的身上，又通过人的传承而得以存在、延续和发展的活态文化。这么理解才对。过去是省委宣传部部长应该管，具体由艺术研究所管理，现在是副省长直接管理。赫哲族的文化，有形的好传承，比如说鱼皮制作，有人教教大伙儿这个鱼皮制作过程怎么做，把技术学下来就可以了，发展是后来的问题。无形的东西，比如说依玛堪，它涉及语言问题，语言没有了，它怎么传承？所以说，学语言呢，可以捎带把依玛堪、特伦固、说胡力等给传承了，一举两得。

陈：您的意思是说学语言与非遗是紧密结合的？

董：嗯！我主要是说依玛堪这个问题。没有语言你怎么传承？依玛堪就是用赫哲语传唱的说唱文学，你不懂赫哲语，你怎么说唱赫哲语的依玛堪？这不胡闹吗？现在有一些人动机很好，热情很高，可是呢，要真正把依玛堪传承下来，还真得费一番功夫。

陈：现在看来赫哲语的自然传承是危机重重，看能不能通过人为干预把这个语言传承下去？

董：人为地干预可能效果好一点，但是也不可避免地消亡。

王：董老师，您对这个赫哲语的消亡是怎么看的？

董：我认为呀，赫哲语的消亡是自然而然的，也并不是谁强迫谁，因为你这个民族的人本来就少，有语言无文字，社会交往不用赫哲语，你没有用语言的环境了，这个语言存在还有什么价值？所以这个要自然地消亡。所以赫哲人只能用汉语继续生活。这没办法。赫哲族人口太少了。

陈：董老师，您退休后工作的重点才开始转移到语言问题上来的吧？

董：是。退休后我才考虑这个赫哲语问题，因为它很紧迫很严重。

王：工作期间重点是什么？

董：工作期间我的重点是抓经济发展，把渔猎生活转变成农耕生产方式，调整产业结构，结构现在是基本调完了。这一项工作就让我很费脑筋。改变一个民族的生产习惯、心理习惯，过去是渔猎文化，思想观念也是渔猎。农耕文化赫哲族得学习。

王：产业结构的调整是上面的政策还是赫哲族干部自发的认为说要调整？

董：这是我提出来的。在1979年，赫哲族应该调整产业结构，由渔猎生产逐渐转为以农业为基础的农林牧副渔均衡发展的经济状态。不能是单一的渔猎生产，很危险，一旦绝产，就没有其他收入了。

王：那时田地已经有被开发了的吗？

董：我最先提出来调整产业结构时渔业生产还不错，一年一家最多还能有几万的收入。那时鱼很多，基本还都是瓦楞子。那时我提出一个改善赫哲族的生产条件，人力划船变为机动船。那几年渔业大发展，后来渔业枯竭，枯竭的原因有好几种。这样一来，渔业不行了，必须转为农业。因此，我提出一个啥呢，调整赫哲族产业结构，从单一的渔业生产转为农业生产，农林牧副渔共同发展这样一条路子。我还亲自列了33条建议，经过讨论后交由市人大，市人大讨论修订后又转发下来，成为地方法规执行。其中规定了赫哲族的转产基地，包括八岔岛问题、哈鱼岛问题等。当时开辟了几千公顷的土地。后来这又涉及土地流失的问题。当然，造成流失的原因有很多。过去渔猎生产能养活我们赫哲族，打鱼养活不了的时候我们就转产，那么一个民族生存的载体就是土地。不把土地视作生命行吗？

陈：赫哲语有很多词汇和其他民族相同，比如满族、鄂温克族、鄂伦春族。上次我们汪立珍老师在采访尤玉发大爷的过程中，我们老师说满语词，大爷说赫哲语词，同一个词的很多发音相近甚至相同。

董：是，我们赫哲族过去与满族交往，赫哲语是满语支嘛。

八 "赫哲语是我的母语"

图 12 董群的书法作品（陈曲拍摄）

陈：通过访谈，我感觉到赫哲族要多一些像董老师这样的人就更好了。

董：我们赫哲族是应该多一些具有民族责任心、危机感的人。

## 附录　童年时代的回忆
——黑龙江省同江市原人大副主任尤根深

我于 1938 年阴历七月初五出生在勤得利村的贫苦的渔民家庭。此时日本军国主义的侵略铁蹄已经踏进了我们中华民族的国土，中华各族人民正遭受着日本军国主义杀光、烧光、抢光行径的摧残，经历着灭绝人性的灾难。我和其他在世的父老兄弟姐妹一样，都是这场灾难的幸存者。

年近七旬的我，提起笔来写童年时代的历史，这不仅是我个人的写照，我想也是我们这一代赫哲人的共同经历。把我们这一代人的共同经历写出来，对教育后代颇有益处。

我还记得那是 1942 年的夏天，日本侵略者实行了所谓的"并部落"，即把我们住在江边世代将打鱼视为主要生活方式的赫哲族人民赶进了四处无人烟的深山老林中。我那时才 4 岁，还记得父亲背着我，母亲领着姐姐，拎着包袱和勤得利、额图等地的赫哲族同胞一起，被赶进了远离江边一百多里的一部落。到一部落要通过茂密的森林、草原和漂发甸子以及大小河流。我们整整走了一天时间，好不容易到了所谓的在浓江河南岸的一部落。那里是一片森林，起初我住在用伐木搭的地窨子里，那里面又潮又黑，为了活命也得住在那里。后来才盖起了草房，我记得

## 八　"赫哲语是我的母语"

全村有二十来档草房，每档三间，绝大部分的草房住两户，个别的房住大户人家。我家住在该村西头第二家的一档草房中，我家住在西间，齐勤功一家住东间，我们两家住一栋房。我家的西栋房是吴汉章家，他们家人口多自己住一栋房。前趟街的南面有个马架子房，是当时有名的赫哲族的"依玛堪"说唱家阔托力家，也就是尤德顺的爸爸。当时一部落共有两趟房，还有齐度义家、尤喜清家、付典文家、付铁山家、尤福录家、尤少华家……全村三十来户人家，两百多口人。

当时，日本侵略者还派了两个狗腿子警察住在村里，看守着我们。起初还能吃到一些小米和玉米，后来就给些橡子面吃，吃得大人小孩子大便都困难。一家发了一支猎枪，每隔几天派出几个猎手到警察指定的地点和范围去打猎，由警察发给子弹。猎获回来的猎物，如豹子、野猪、黑熊等，皮去了，其肉按人口分给我们村民吃。有时候没有粮食吃，又没有打到猎物，全村大人小孩子就得挨饿了，只好采回冬青和野菜来充饥。我记得有一次采回来的冬青是在我家煮的，还没有从锅里捞出来，就被我们一伙饿极了的小孩子抢了，当时我在抢冬青时热锅把我腹部烫坏了，留下了一个大伤疤。我看到伤疤时就想起了童年的苦难生活，真让我终生难忘。

那个时候，我们不仅过着衣不蔽体、食不果腹的野人生活，而且日本侵略者及其走狗们还强迫百姓修学校。有一次修学校棚子，因我父亲带病去干活，稍慢了一点，就被警察打得鼻口流血，但我父亲当时并没气馁，也打了警察几下,这下把警察给得罪了,硬要把我父亲送到警察署,但在全村父老们的抗议和保护下,我父亲才得救了。日本鬼子的狗腿子警察对我们赫哲族还实行了奴化教育,把我们全村的小孩子集中在一起,办起了所谓的学校,把我们4~5岁的小孩子也弄进了学校,学日语和《三字经》《百家姓》。

那时有病无处就医,哪有医生啊,有病只好求神拜佛,烧香叩头跳大神。那时一部落里有名的萨满大神就是吴国祥,谁有病只好求助他。我们赫哲族信仰的是萨满神,他就是我们唯一的神仙。

由于日本鬼子搞细菌试验,造成了伤寒病的流行。那年我们部落里的人也都患上了此病,有的人家大人小孩子全被此病夺去了生命。我父亲也是在这场流行病中去世的,还好我们家的其他人从病魔中挣扎过来了。就说我叔爷家吧,就剩下两岁的小叔叔一个人了。全部落里的人在这场病魔侵袭后只剩下百多人了,开始人死了还有人抬,挖个坑做伐木棱子的棺材把尸体埋葬了,后来死的人太多了,连这样简陋的棺材都得不到了,只好挖个坑埋掉就不错了,真是凄惨得很哪。

不仅如此,还在政治上进行迫害。有一次日本特务为了能奖赏到大烟土,就告密说尤振江的父亲尤来才通苏,就这样把尤来才抓到冈江日本宪兵队去了。后来听说经过严刑拷打后,在冬天的一天把尤来才活活装入麻袋里抛进冰窟中害了。从此,尤振江家中就剩下兄妹和其母亲三人了。

## 八 "赫哲语是我的母语"

为了生存,我母亲领着我和姐姐,尤振江的母亲领着尤振江和其妹妹,来到了离一部落不远的橡树林子盛世普和董矮子家,给人家做零工生活。我还记得在1945年8月份的一天,我母亲和尤振江的母亲一起去野外采"都柿果"去了,我和姐姐、尤振江及其妹四人正在房后玩。有一架直升机来此,在空中飞了几圈就飞走了,飞机飞得很低,连飞机上的人都看得很清楚。时隔不久,我们发现从四面树林中走出许多端着枪的军人,我们吓得跑进屋里,军人随后端枪到屋里检查,把我们都吓哭了。其中有我们的一个赫哲人,他用赫哲语告诉我们:"不要害怕,这是解放我们的苏联红军,他们是来打日本鬼子的,不要怕。"因此我们就不害怕了、这位赫哲族人是苏联红军战士毕清林(八岔赫哲族村人)。我们告诉他,我们的母亲去野外采"都柿果"去了,一旦遇上千万不要伤害她们,他答应了。下午我们的母亲安全地回来了,在中国共产党的正确领导下,在苏联红军的帮助下,打败了日本鬼子,我们解放了,我们又回到了久别的家乡勤得利村,重新过上了捕鱼和耕田的生活。

(节选自《赫哲族黑龙江同江市街津口乡调查》中的附录《童年时代的回忆——黑龙江省同江市原人大副主任尤根深》,第303~306页)

## 九
## "敖其都拜丢依赫尼哪,古出库里座耶赫尼哪"
——依玛堪国家级传承人吴明新口述

时间:2012年8月7日
地点:同江市吴明新家
被访者:吴明新
访谈者:王志清

[访谈者按]吴明新,男,1942年生,现为非物质文化遗产项目依玛堪国家级传承人,父亲是赫哲族赫赫有名的依玛堪歌手吴连贵。1958年,吴明新被佳木斯市体育局抽调到体育队,成为一名滑雪运动员。1966年转业分配至佳木斯铁路局工作,在外地工作期间,利用节假日探亲时间向父亲学习伊玛堪说唱艺术。1997年退休后,前后共用五六年时间走访赫哲族聚居区的饶河县的四排乡、同江市的街津口乡、八岔赫哲乡等地,拜访吴玉兰、尤金良、尤金玉等老人学唱依玛堪。2006年被评为国家级非物质文化遗产传承人,2008年至今,在佳木斯市自费成

## 九 "敖其都拜丢依赫尼哪,古出库里座耶赫尼哪"

立了全国第一个赫哲族语言、伊玛堪传习所,后期在敖其镇政府支持下,亦在佳木斯市郊区敖其镇赫哲族村成立了一个传承学习点。

吴明新深知依玛堪对于赫哲族这一有语言无文字民族的重要性,依玛堪蕴含了赫哲族的历史、宗教、生存智慧与传统习俗,是赫哲族活态的百科全书。身为赫哲人,当知赫哲史,年过七旬的吴明新肩负民族文化传承重任,披荆斩棘,身体力行地传承依玛堪,"敖其都拜丢依赫尼哪,古出库里座耶赫尼哪,乌提克笔拉呢赫尼哪,木克笔拉赫尼哪……"在责任与热情交融的演唱中,吴明新先生也成为依玛堪中的"莫日根"(赫哲族部落英雄)。

阅读信息提示:
1. 依玛堪传承人对依玛堪的主体性理解。
2. 依玛堪的家族传承谱系。
3. 赫哲族萨满与舞台萨满舞的关系。

图 1 调查者与吴明新合影

**吴明新(下简称吴):**我叫吴明新,我是 1958 年被调到佳木斯国家级滑雪运动场的滑雪运动员,我就这么离开的街津口赫哲村,1966年转业分配到铁路。我是1997年退休,退休后,我觉得我们这个民族只有语言没文字,有好多的文学艺术和语言讲究都会失传啊,我为了挽救我们祖先传下来的文化艺术,像语言、说唱依玛堪这些个东西,还有鱼皮衣、鱼皮画、桦树皮画我都能做,我自费到家乡去学。那时有很多老人都没去世,哪怕那人只擅长一小部分,我也向他学习。经过三年的努力,回来我又自己仿做了一部分。先从依玛堪说起吧,依玛堪呢你也知道是怎么回事。赫哲人在长期的渔猎生活中创造了光辉灿烂的具有民族特色的文化艺术,其中就有依玛堪。依玛堪以说唱为主,就像蒙古族的说书、汉族的大鼓书等,最受群众欢迎,群众也最爱听。它主要颂扬什么呢?这个赫哲族在很久以前为了保卫自己的边疆和领土,和侵略者英勇奋战的莫日根,汉语叫英雄,这个依玛堪主要颂扬他们。其他颂扬的是在上山打猎时和猛兽搏斗的英雄、见义勇为的英雄,还有神话故事、民间故事等。它在清朝末年已经形成,流传于黑龙江省,像饶河的四排赫哲乡、抚远的赫哲乡、同江的街津口赫哲乡、同江市的八岔赫哲乡、同江市镇赫哲联谊会、佳木斯市市区联谊会、佳木斯郊区敖其赫哲族新村等。有《希尔达努莫日根》《玛目莫日根》《莽格莫日根》等。它的调子有老头调、青年调、妇女调、打鱼调、打猎调等。地区不一样,调子还不一样。饶河四排的调子和同江街津口的调子还不一样。

我整理了依玛堪。2005年,第七次赫哲族乌日贡大

## 九 "敖其都拜丢依赫尼哪，古出库里座耶赫尼哪"

会在抚远，我第一次上台表演依玛堪。以前都没有这个项目，都是叉草球哇、摔跤哇、射箭啊、划船，还有在舞台上跳舞啊唱歌等，唯独我，第一个唱依玛堪，深受赫哲族人的欢迎。我演唱的第一个曲目是《赫哲莫日根》，大意就是莫日根与日本鬼子搏斗，最后用船上的灯杆子把鬼子的后脑袋打开花丢江里了。完了一看，不好啊，这是大事呀！一会儿日本军官来人找他的人你怎么交代呀？这老头就叫老太太快把渔网拉到船上赶紧走，这老太太就说："哎呀我害怕呀，这往哪走啊？"这老头就说："你怕啥呀？咱赫哲人在山上打猎时，和老虎搏斗，和黑瞎子搏斗都不怕，在黑龙江打一千多斤的大鳇鱼都不怕，你怕啥呀？日本鬼子都是狗是王八犊子你怕他干啥呀？走！"老太太说往哪走哇？"向东方，向太阳升起的地方！"这就是歌词的内容。

这以后我就打响了，新闻媒体呀从市里到省里都来了。这个将要失传的东西都没人唱啊，也没人说啊。那么吴明新挺专研挺杰出啊，学习古老的唱法。2008年2月份在人民大会堂，中央委员陈至立给我发的证，国家级传承人。国家给我荣誉了，我得往下传呐，你不能保守自己没有进展没有新成果，2008年8月14日，我自费租了个房子，能坐下20多个学生吧，我就一礼拜干他俩钟头，礼拜六13点到15点。当时的学生有24个，年龄最大的62岁，最小的11岁。有两个汉族人，一个朝鲜族妇女。人家报名参加要学赫哲语咱也不反对。我的宗旨是一分钱学费都不收，我还给学生买纸买笔。为啥呢？作为国家级的传承人，每年给我补助点活动费，我再收学生学费，那也不对劲儿。2008年8月29号，敖其的赫哲民族村在郊区政府的领导下来找我来了，找我到那里去给他们当老师，也是一礼拜俩钟头。当时的敖其呀，有103户赫哲人，他们是1986年改过了的，原来是满族。103户一共是392人，没有一个会说赫哲话，在这样严重落后的情况下，我去了。经过三年，除去农忙、放假，一年也就是两三个月吧。两三个月还一周一次呢。但是我的学生有的能说两百句话了，而且还能唱三到四段依玛堪，嫁令阔也能唱。这样的话，党和政府看到我的成绩就上报到国家。1400多个传承人呐，油皮纸的雨伞都是传承人呐，全国批准有40个非物质文化遗产先进工作者，我也是其中一个，还给我发了个证书，上面有中华人民共和国文化部、中华人民共和国人力资源和社会保障部的章。所以这个有付出，就有回报。今后我还得更加努力，在有生之年我还会把我的才华回报给赫哲族，回报给国家。

我是1942年生，我生在同江，1958年调到佳木斯后，半个世纪过去了，身边都是汉族人，也不说赫哲语了，但我没扔。

王志清（下简称王）：周围都是汉族人，您是怎么保持这个赫哲语的？

吴：我没结婚之前吧一年有一两次年假，回去探亲，和父母、乡亲们就用赫哲语聊天。我先辈的老人一天天地都没了，回去后也没多少人说赫哲话了。这些个年轻人，即使是四五十岁的中年人也都不会说了。

九　"敖其都拜丢依赫尼哪，古出库里座耶赫尼哪"

王：吴老师，您是什么时候对依玛堪感兴趣的？或者从什么时候开始从事这个工作的？年轻的时候吗？

吴：我年轻的时候听我父亲唱，国家民间歌手吴连贵就是我父亲，我经常听他唱，受他的影响。

王：当时的依玛堪是一种什么样的状况？

吴：我父亲吴连贵是国家级的民间歌手，他唱的也是英雄莫日根、神话传说、民间故事，打鱼怎么打的，打猎碰上什么动物，和灰熊搏斗，这些老百姓都很爱听。为啥呢？那个年代，五几年，没有电视，连个半导体都没有，只有会讲故事的或者会唱的人给讲讲、唱一唱，这样的话，晚间的话吃完饭，都集中在谁家谁家，都喜欢集中到老吴家，都在农村炕头上坐着，四五个人，唱一两个钟头，也不是天天唱，隔三岔五地唱高兴啦唱这么一次。比如说老付头冬天打回个狍子了，烀好了，就说请老吴头吧，让他来，吃狍子肉来。我父亲挺给面子就去了，又喝酒又吃肉，还吃生鱼。完了，喝水、抽烟、唠嗑。这时候，有叫叔的、有叫大爷的、有叫大哥的，都说来一段依玛堪呗，好久没听你唱了。这样他才来一段，什么好人好事，什么英勇搏斗的，还有神话故事、民间故事。他们唱，那时我才十来多岁儿，旁听，不能上炕，哪有这好事儿，只能在下面蹲着。哈哈！

图 2　依玛堪说唱艺人吴连贵的照片

　　依玛堪都是讲故事,说一段儿唱一段儿,说一段儿唱一段儿。用赫哲语演唱,有的时候会现场发挥。你比如说吃完狍子肉了,让他唱一段儿,他就会说:"我今天来到老付家,吃的狍子肉,又吃的生鱼片,喝的酒,乡亲们大伙儿来了,看到你们心里很高兴。"这就是现场发挥呀。大伙儿要是再让来一段,就唱点别的了。比如我用民族语唱一段,"……"(省略号部分为赫哲语,笔者无法用汉字记录书写)这一段的意思就是上山打猎时遇到一只灰熊,猎枪只能打两枪就得装子弹,不赶趟啊,两枪没撂倒它上来啦,用赫哲人的勇敢,能歌善舞把它给撂倒了,赫哲人都是英雄。哈哈哈!

## 九 "敖其都拜丢依赫尼哪,古出库里座耶赫尼哪"

现在的年轻人吧不会赫哲语,唱的依玛堪吧有点像朝鲜调,又有点像蒙古族的调,他们把原始的东西给扔掉了。我唱的调和语言都是原始的东西。依玛堪被誉为世界北部亚洲原始语言艺术的活化石,唱的依玛堪应该用原始的语言,不是现代的,调子也是原始的。它吧有神话故事,还和宗教不一样,它里面有反映男女爱情的故事。哪个国家都一样,都有男女爱情故事,没有爱情,能一代一代往下传吗?对不对?爱情的调相当地温柔。我给你唱一段:"……"(省略号部分为赫哲语,笔者无法用汉字记录书写)这段的大意就是说,"昆娜吉"是我心中美丽的妹妹,我明天将要上乌苏里江打鱼(那时没有机器船,全用人划),一个月以后才能回来,去打大马哈鱼去。每年八九月份就去打大马哈鱼。你在家呀也不用想我,我一个月就回来。你要是实在想吃鱼呢,松花江里去捞点嘎牙子鱼回来熬汤补补身子骨(这是他临走的时候嘱咐她)。我还没唱完呢,这是一个故事。我接着唱啊:"……"大意是:这小子上乌苏里江打了很多大马哈鱼,卖了很多钱,他就给美丽的妹妹买了花衣服、裤子还有牛皮鞋,寻思回来后能讨点好,可是妹妹很生气。这小子有点懵了,为啥生气呀?我也没招你也没惹你的。妹妹脸上的红光也看不着了,一句话也不说,是谁让你的心儿碎呀?让你的两眼沾满了泪水啊?他妹妹就唱着说了,阿哥你呀,到乌苏里江打大马哈鱼呀,一个月呀,我想你了,我担心你呀吃苦。我搁家呀,吃不好睡不好,我心想你都想不尽啊。你是我心中的英雄哥哥,莫日根阿哥。完了她哥哥就唱了,

"……"（笔者无法记录赫哲语，仅记录吴明新先生的汉语翻译部分），大意是：妹妹你嫁给我你放心，我在山上打猎，打鹿啊狍子呀打回来，在松花江、黑龙江、乌苏里江打鱼养活你，这辈子不让你吃亏，你放心。哈哈这段故事就讲完了。这是爱情故事，这都是我创作的。这调是在老人唱的基础上我又修改了，增加点儿新的味道，我没有忘掉老的，也采取点新的，综合起来。另外，咱这个语言的的确确是赫哲语，会说赫哲语的人一听就懂。

王：除了听您父亲演唱外，您还听谁演唱过？

吴：葛德胜老人我听过一两回，他是那个属于饶河四排村的，另一派。街津口吴连贵我父亲是一派，调子不一样，语言还有些不一样。他那个语言有的吧只有我父亲能听懂。赫哲人吧，你看八岔的语言就和街津口的语言不太一样，但绝大部分还是一样的。有时候有一些细小的差别，比如说有些东西的叫法不一样。你比如说锄头，有些地方叫铲子，不都是锄草用的吗？只是叫法不一样。哈哈哈！

王：您这几年一直都在进行依玛堪表演吗？

吴：2009 年，黑龙江省北方少数民族文艺汇演，我获得特等奖。2010 年，黑龙江省第六届少数民族文艺汇演在黑河市，我又得了个特等奖。我这还有一个中央电视台欢乐英雄的奖章呢。这是怎么回事呢，我们同江市文工团的两个大学生小孩儿上北京报名参加李咏的《非常 6+1》节目，和北京的一个女郎队儿比赛。不是到那就演，而是先彩排。在彩排的时候，同江这帮人一看要干不过人

九 "敖其都拜丢依赫尼哪,古出库里座耶赫尼哪"

家,就给我来电话,说你能不能有时间代表咱们赫哲族参加李咏的一个节目?那是9月27号,眼瞅着就是十一了,买不着卧铺票了,我就给他们说,我说买不着卧铺票来不了了,除非是坐飞机。导演他们研究研究,坐飞机不是贵吗?把电话撂了之后二十分钟后又打过来说,吴老师你可以坐飞机。我就那么的到了北京,又参加了一次彩排。我就跟队长说,我说咱们上台一定要沉着、放松,要稳稳当当把我们的才华、赫哲族的动作都拿出来。我的绝活就是什么呢?一是跳萨满舞,戴着服饰跳,还有就是赫哲族古老的旋网,就是打鱼的时候撒网。这观众和评委哗哗的掌声,最后我们获胜了。

王:哈哈,我们也是在那上边看到了您的表演才知道您的,因为我们原先只知道您的名字,不认识您。

吴:另外,我还经过三年的努力,实验了117次,把原来的赫哲族口弦琴进行了改造。以前的口弦琴是铁制的,我把它改用铜制。以前的口弦琴只能弹出嗡嗡的声音,我的口弦琴能弹奏《乌苏里船歌》。

王:跳萨满舞是因为您小的时候看到过跳萨满的吧?

吴:跳萨满就是跳大神,就是给小孩儿治病的,谁家的小孩儿感冒了,头疼脑热的,就把这个萨满神请来。跳的时候戴上头饰、道具,现在做的头饰骨头都是萨满骨头。给小孩儿治病跳萨满,用现在的汉话来讲:东门开西门开,妖魔鬼怪快走开。就这么叨咕一阵子,窗户打开,又泼屎又撒刀子的这么一阵儿,临走又告诉家长说给喝点水,把炕烧热被子盖严实,给他捂捂汗。说不定出汗就给好了，也不是跳大神给跳好的。就根据这个形式，后来孙玉森他们就把它搬到舞台上来，这帮小子也敢干，跳大神儿的形式也把它搬到舞台上了，叫萨满舞。萨满舞就是这么来的。

王：孙玉森在哈尔滨吗？

吴：在同江呢！孙玉森贡献了不少东西。

王：把萨满舞搬上舞台和原来的萨满是两回事儿了吧？

吴：两回事儿！而且那个舞姿和萨满不一样。跳萨满是边跳边有语言，语言就像汉话说的让小孩儿早点恢复健康，你这次来了下次别来了啊诸如此类的话，用赫哲语说的。

王：赫哲族里面最大的萨满是吴国祥吧？

吴：对！勤得利的吴国祥。根据这个萨满舞，同江这帮家伙，像孙玉森有五十好几岁儿了，搬到舞台上将近二十多年了。萨满舞，不叫萨满神舞。在萨满神舞的基础上，他们跳的萨满舞也有节奏感，踩上点了，蹬踏的。跳舞的一般是三个男的三个女的，或者四个男的四个女的，都穿上萨满服饰，脚踩着点儿踏踏的，打着腰铃哗啷哗啷。

王：您这萨满舞歌哪儿学的？

吴：我看了一遍我就学会了。我是看老人学的。我今年75岁了，我小的时候我们屯子里的老人跳这个，除非我不知道，知道了我不吃饭也要去看。一是看热闹，二是偷艺，模仿。

九 "敖其都拜丢依赫尼哪，古出库里座耶赫尼哪"

王：哦，您小的时候都留心着这些个活动。

吴：我还搞美术，我一天都没上过美术学校，老师一天没教过我，完全是自己看，自己琢磨。

王：您小时候是怎么被选上从事体育的？

吴：佳木斯体委到街津口选的啊。我们都穿上滑雪板撵狍子呀。那时候十六七，找村长联系。村长一寻思：呀，老吴家的小子年年春天都撵狍子。怎么撵的？都穿雪板撵的。这老体委一看，穿雪板，这真是中国史上第一个滑雪项目。中国其他项目都有，唯独没有滑雪的项目。那是1958年第一批的运动员，把我挑上了。那时候不开支，吃穿都供。三年自然灾害，体育下马，工业也下马，都下来了，给我安排个工作，就把我安排在铁路部门。半个多世纪过去了。

王：工作期间你还仍然关心着赫哲族传统文化吗？

吴：啊！我每年都有机会回一趟家乡。

王：退休后，是什么因素让您又重新捡起了赫哲族依玛堪说唱的呢？

吴：民族情感！那个时候已经没有人唱这个依玛堪了。我想哪个民族都有说唱的，我们这个民族啥也不是，我就开始着急。别的民族都有这个说的唱的舞台艺术，为啥我们没有哇？我们很早以前也有，将要失传！为了不让它失传，我就积极努力，自费走遍了三江。在街津口的亲属也多，有时候白吃白住。街津口的人都有跟我叫叔的、舅的、爷的，人老（多）了。这样的话我的活动费就少点，哈哈哈！

王：您到这些地方的主要目的是什么呢？

吴：我主要是找那些年龄大的，年纪大的老人哪怕是唱十句八句，赫哲族也好汉族也好，有的没有文艺细胞，茶壶煮饺子有货倒不出来，我说你哪怕倒一点儿也行。有的那个唱的时间长的，我就注意听，查他这个节奏、语调、语言，回来我就整理。

王：用录音机吗？

吴：哈哈，我哪有录音机呀，靠脑子！现场记忆！

王：您做这些工作，赫哲人会记得您感谢您的。

吴：前天下午才从饶河回来的，市文化局开轿车把我从那边拉回来的。那有个说是跳萨满舞的女的，叫葛云霞。市里领导安排我去，说我明白呀，说是让我把关的意思。去了一天，昨天省里下来录我上课教学的情况。敖其村2008年8月27到现在，除了年节、农忙放假，一个礼拜两钟头上赫哲语课。

王：学员主要是当地赫哲族吧？

吴：还有汉族。两个汉族由始到终一直坚持学。两个都是50多了，一个是女同志，敖其村的书记张淑怀。原来是三十多个，现在还剩二十多个。这个叫赫哲族依玛堪传习所，国家每年还拨款呢，一年一万呢！一次讲课费一百。同江那个培训班黄了，现在还有饶河最近办的一个培训班。最早办班一直坚持到现在就是我办的两个班，一是敖其这个，还有市里一个。

王：市里您还在继续办呢？

吴：办！市里的这个自费，自费租房子。每周的礼拜

## 九 "敖其都拜丢依赫尼哪,古出库里座耶赫尼哪"

六十三点到十五点。老师自己拿钱开课堂,不收学生一分钱。为了鼓励他们来学习,我还给他们买笔和笔记本。国家每年给省里拨款20万,省里给我一年一万做活动经费。省里对我的鼓励主要是精神方面的,那也高兴。

王:您现在主要是语言传承和演唱依玛堪,别的赫哲族传统文化事项也在做吗?

吴:我还做古代打猎的工具、打鱼的工具,赫哲族博物馆里面的这些个东西百分之五十都是我做的。鱼皮画、鱼骨画,手工技艺和文艺舞蹈等综合性的,而且都得奖。古时老人用过的打猎的工具,我小时看过的,在没有图纸和样子的情况下我仿造出来。博物馆有我的作品,这我也有资料。你看,这就是仿造的快马子,小舀子船,这江边有。这是重型的,六个小伙子划。这是古代的风船,靠风划。这是丝挂子船,两边划。这叫滑雪船,在这里面能住,这是三个人坐着划桨。瓦椊子是两个人站着划。赫哲人冬天打猎,在洞口放的网,防黄鼠狼。这是弓箭,这是用桦树皮做的弓箭袋子,装弓箭。这是黑夹子,专打狍子的,用木头做的。赫哲人在山里打猎,没有铁,完全靠木头。这个黑夹子是用"权不拉"木头做的,这个冰钏钏冰窟窿,这是"冰崩子",像罩子似的,用它捞冰块儿。这个是鱼叉,这个是铁的,这个是木头的。这个木头我告诉你呀,三个叉,不好找,自然生长的三个叉,而且还对生。撮罗子,铲钩,狍皮衣服。这个是摇篮,没有一块是铁的,用桦树皮做的,这挂钩是"权不拉"木头砍下来的,钩它的也是"权不拉"木头,本应该用铁钩铁圈儿,但没有。赫哲人用脑筋，并且还把皮给扒下来了，露出条纹儿，没有扒的地方是黑的，扒了的地方是白的。这个用砂纸一蒙防小咬，他妈妈还不得收拾鱼去？不能老抱着他。就这样把他吊起来，防止蛇呀老鼠呀。这个是熟皮张的小型的熟皮机，把皮放在当中，把一个柄抬起来，一压一压。赫哲族古代的斧子，现在都找不着了。这是夹子，夹黄皮子狐狸的。掰过来，支上，安上诱饵。这就是夹子。这个呢赫哲语叫"各棋库"，也是熟皮子的机器。这不夹着狍子皮吗？这个抬起来一压，抬起来一压，你压一下我翻一下，你压一下我转一下。把这皮子搁当间儿这么轧轧，轧软和了好做衣服。这都是我做的。我用鱼骨头做了一幅画，叫《赫哲族是最先看到太阳升起的民族》，一等奖，鱼骨头做的画。

王：吴老师，那您基本上是赫哲族的全才呀！真厉害！

吴：哈哈，我是全能综合型的。

# 附录 一、依玛堪简介[①]

依玛堪是赫哲族人民世代传承、口耳相传的长篇民间说唱文学作品，是赫哲族珍贵的民族文学遗产。依玛堪的

---

① 根据吴明新口述整理。

## 九 "敖其都拜丢依赫尼哪,古出库里座耶赫尼哪"

内容大都是讲述英雄复仇、降妖除魔、狩猎捕鱼、向往幸福生活、追求自由与爱情。形式上散文与韵文兼用,说一段、唱一段。依玛堪歌手们以惊人的想象力、丰富的民间口语、生动的比喻,模拟各种人物、动物的对话,演述得活灵活现,使听众如身临其境。在日常捕鱼尤其是重大收获之时,或节日喜庆之时,在网滩上或篝火旁,依玛堪歌手神奇的演唱以及蕴含其中的曲折离奇的情节,都能给听众快乐和安慰。作品中的莫日根反映了赫哲人英勇无畏的品格,以及他们对自然现象的朴素理解和粗犷豪放的英雄气概,歌颂了真、善、美,鞭挞了假、丑、恶。

依玛堪歌手一开始用吟唱的方式以"啊嘟,额墨涕……"作为起韵,即故事的开头。故事唱到关键环节时,则用"给格""给格"作为一段的结束语。但听众要求歌手继续演唱时,则"克""克"地随声附和,鼓励歌手继续说唱。

目前被采录发表的长篇依玛堪有20~30部。代表作品有《安徒莫日根》《满斗莫日根》《香叟莫日根》《阿格弟莫日根》《马尔托莫日根》《木竹莫日根》《希特莫日根》等。

## 附录二　赫哲族依玛堪中的女性角色及其社会地位[①]

陈　曲

**摘要**：赫哲族依玛堪中的女性主要作为"莫日根"的助手角色而呈现。本文梳理了依玛堪中的女性或变化为"阔力"助战，或作为部落联盟纽带的故事情节，分析女性在依玛堪中的弱势地位，旨在还原赫哲族英雄史诗产生和流传的时代图景中女性社会地位的变迁。

**关键词**：依玛堪　女性角色　社会地位　男性英雄

依玛堪是赫哲族说唱体长篇英雄叙事诗的总称，是盛开在萨满文化土壤中的一朵奇葩，其产生的年代之久远、想象之奇特、内容之丰富，使它成为后人研究有语言无文字的赫哲族历史文化和宗教信仰等的重要口语文献，有着重要的参考价值。依玛堪歌手采取说一段唱一段的形式，主要讲述部落联盟和部落征战时期英雄的光辉业绩。征战型母题系列和婚姻型母题系列及其不同的排列组合构成了英雄史诗的基本情节。作为依玛堪极力塑造的主人公，赫哲语中的"莫日根"虽拥有英雄的血统和神异的出身，却不是全知全能的人，总会犯下各种各样的错误，有时甚至

---

[①] 本文发表于《民族艺林》2013年第1期，收入本书有删改。

九　"敖其都拜丢依赫尼哪，古出库里座耶赫尼哪"

因为他的一意孤行和大意而断送性命。这时，女性的作用显得尤为重要，她们就像"花朵的萼片一样，包在花瓣外面，烘托着盛开的花冠——依玛堪中的主人公莫日根"。但依玛堪中众多女性形象具有工具化描述的特征，主要是为了辅佐英雄莫日根，凸显其伟大的业绩，难掩父权制社会女性地位衰落的命运。

## 一、依玛堪中的女性角色

首先，依玛堪中的女主人公最为显著和重要的角色是赫哲族萨满教的信仰者，是宗教活动的执行者，也是英雄的守护神。阿尔泰语系满—通古斯语族的赫哲族处于萨满教信仰的流行圈内。"萨满"一词早在宋代《三朝北盟汇编》中就有记载，并且是我国满族先人女真族的语言，原文记作"珊蛮"，专指女萨满，其意为"智者"。依玛堪中的女萨满最常做的就是利用各种守护神追魂、送魂以及变身为"阔力"助战。

赫哲人的萨满教灵魂观念认为人有三个灵魂，分别名为"奥任""哈尼""法扬古"，其中只有"法扬古"这一个灵魂到阴府报道，表示人彻底死亡。这时，萨满能借助神灵的力量到阴间把灵魂追回来，这样人还能活过来。有些"法扬古"还需萨满及时送入阴府，否则会祸害家人四邻。这些在依玛堪中都有大量的情节来反映。如《木杜里》："法力高强的女萨满会本尼手持'布拉符'，口中叙述各亲友送来的阴钱纸箔酒肉等，坐了'托尔基'过阴去了。这日正是木杜里死后第二天,会本尼赴阴护住巴彦玛法的'法扬古'送到阴府,将许多纸钱等物送给恶鬼牛头马面;办理完事后,她又坐了'托尔基'回阳。"

　　法力高强的女萨满会本尼不但会送魂,还能追魂,她就是在回阳间的路上无意间救了木杜里的"法扬古",使得莫日根木杜里重获新生,继续他未尽的光辉业绩。

　　神鸟"阔力"是赫哲族萨满教羽神崇拜的对象,同时也是一个颇具民族特色的文学形象。在依玛堪中,"阔力"与女子身形互变,常与女性英雄的身份合一。在依玛堪中,女性与"阔力"身形互变时,通常在地上打一个滚,就变成了彼此。变成"阔力"即人首鹰身的半人半鸟的形象后,女子获得了超人的力量,能上天入地,创造出非凡的战绩。依玛堪如《木杜里》中,木杜里莫日根和一个霍通的首领打得难舍难分时,从霍通里飞来一只神鹰,这只神鹰是那个首领的妹妹。木杜里的妻子一看,立刻打了一下滚,也变成神鹰,向那个从霍通里飞起来的神鹰冲去。两个神鹰碰到一处就像火炭似的溅起火星。又如《什而大如》中的"库尔如米阿塔"是人死后灵气不散,浸入头盖骨的鬼灵。他同什而大如结拜为兄弟,经历了并肩战斗的患难生活之后,为了变成人形,苏恩发尼德斗所化的"阔力"把头盖骨击成两块,使他现出了人形。除此之外,在赫哲族萨满教信仰中,神鹰"阔力"是萨满的守护神,它的主要神职是为萨满送信指路,能预卜祸福吉凶。因此,变身"阔力"的女人变成了英雄莫日根的信使,为他指引道路。如《满都莫日根》中满都莫日根的妹妹、妻子几次

九　"敖其都拜丢依赫尼哪，古出库里座耶赫尼哪"

化身神鹰为他指路。化身"阔力"的女豪杰们所取得的各种非凡战绩是母系氏族社会中女性在劳动生产过程中重要作用的直接反映。

其次，她们是西征英雄的辅佐者和勇士。英雄西征过程的每一次战斗也是交战双方的女萨满们斗法的战场。依玛堪的情节主线虽然是英雄西征，以英雄的行程为结构主线，褒扬英雄的光辉业绩，但事实上，英雄的妻子们才是每一场征战的主角。史诗中法力高超的女萨满都嫁给了西征的英雄，尽力辅佐他们获得胜利。孟慧英在《莫日根的婚姻》中指出："莫日根与女萨满的肉体关系，是萨满信仰中领神的一种形式，就是说与女性精灵有性关系的萨满会获得萨满巫力。"史诗中的女性个个都是拥有法术的女萨满，她们与英雄的结合，一方面让英雄的神力增强，赢得每次战斗的胜利，更重要的是，她们直接参与战斗，成为战斗的主力。她们总是在英雄与敌人战斗的危急时刻变身"阔力"（神鹰），与敌方的妻子或姐妹化身的"阔力"互相打斗，其场面的激烈程度和惨烈状况丝毫不亚于"莫日根"之间的打斗。有战争就有牺牲，法力稍弱的妻子或姐妹们会在打斗过程中受伤、牺牲，或者被俘虏，沦为奴隶或获胜者的妻子。

最后，依玛堪中的女性是部落联盟的纽带，是部落利益共同体的重要保障。史诗情节的程序化特征表现在英雄的每一次西征，有两种情节模式：一种为抵抗、战斗、获胜、成婚；另一种为顺从、结义、成婚（成婚前或有考验）。从这两种模式可以看出，依玛堪的两大主题战争和婚姻在一定程度上是互为因果的。英雄的战斗首先是为了部落利益而战,战斗的结果往往有二:成功或失败。但无论哪种结果,女性都是战利品之一,逃不过成为妻子或沦为奴隶的命运。英雄之间结义为兄弟,是英雄所到的部落不战而败表示顺从,为了保全本部落利益免受损失的一种策略。为了进一步巩固结义双方的关系,或者霍通(城)的领主主动把妹妹嫁给英雄莫日根,或者英雄进行求婚。如《木竹林》中,木竹林莫日根来到刺客秀霍通(城),受到主人刺客秀的迎接款待,并把妹妹刺俄格尼德斗许给他为妻。而刺俄格尼德斗之前根本没见过木竹林莫日根。父母兄长指婚这样的情节在依玛堪中有很多。

## 二、从依玛堪中的女性角色看女性社会地位

依玛堪英雄史诗塑造了众多女性艺术形象,她们个个法力高强,美貌聪慧,识大体顾大局,尽力辅佐英雄莫日根打败西征途中所有的征战对象,使英雄实现了报家仇、建家园的大业。相比于赫哲族女性创世神话,史诗中的女性社会地位下降,沦为英雄时代男性的附庸。因为"作为被男性书写的客体,女性形象的展现自始至终都是一种他者。她们作为他者为男性而存在,并且只有在产生价值的情况下她们才具有男性控制的文化功能或空间意义性。而这样的功能或意义只留下她们的形象,这样的形象又负载其所有功能——面对男性使男性产生愉悦或满足他们的开拓空间的欲望时才有存在的必要"。依玛堪中女性的弱势

九 "敖其都拜丢依赫尼哪，古出库里座耶赫尼哪"

地位主要体现在如下几个方面：

首先，女性地位没落的表征之一是她不再成为一切社会活动的中心，而是沦为辅助英雄创造业绩获得权力的工具和牺牲品。英雄莫日根成为史诗描述的主要对象，通过西征，获得妻子、奴隶和大量财富，成为重建后的城邦的主人。部落社会早期，萨满兼部落酋长和氏族首领，是社会活动的中心。而最早的萨满是由女人来承担的，这点在各个民族的萨满神话和传说中都有讲述。如满族萨满起源神话《天宫大战》中，女神"'阿布卡赫赫'命她（神鹰）哺育了世上第一个通晓神界、兽界、灵界、魂界的智者——大萨满"。在依玛堪中，女性只剩下一种角色：萨满。萨满身份的保留，一方面源于现实生活对她们的需要，另一方面则是母权制衰落后女性崇拜观念的余光。正如依玛堪中所描述的那样，英雄莫日根需要她们的辅佐。伴随着英雄的每一次战斗，她们救英雄于危难之中。她们获得的功绩足以媲美蒙古族英雄史诗《江格尔》中圣主江格尔麾下的各路男性英雄。她们任劳任怨，为丈夫打探消息，参加战斗，并不断提醒丈夫不要倦怠，继续西征，以报仇雪恨、建功立业。但与《江格尔》英雄—英雄的叙事框架中英雄身份相对独立的情况不同，在依玛堪丈夫—妻子的叙事框架下，她们的人格和身份注定依附于英雄的丈夫而不能独立享受胜利果实。丈夫成了她们的主心骨，在西征过程中夫唱妇随，休戚与共。几乎每一部英雄史诗的开头，将英雄的出生和血统作为英雄复仇和西征的引子时，往往会有这样的介绍：年老的英雄和妻子生了一儿一女俩孩子,昔日被征服的城主后代来复仇,年迈的英雄被迫交战后被杀,妻子藏好儿女后,变身"阔力"迎战,结局往往被敌方的"阔力"所杀或被擒为奴。在史诗《亚热勾》中,亚热勾不听妻子的告诫,招来杀身之祸,身首异处,他的萨满妻子们设法救治,终难奏效,大家都愁容满面,唯有大哭。在《木杜里》中,木杜里被敌人一箭射中喉咙坠马身亡后,他的两位妻子和妹妹六神无主,整日痛哭。可以说,依玛堪中缺少英雄这一角色,叙事链就会断开。所以,受伤死去的英雄总会被救活。

其次,英雄的妻子只是他财富和实力的象征,女性是英雄的战利品。一夫多妻的婚姻形式彰显了英雄的业绩,被人们赞赏和承认,而女性处于失语状态。恩格斯称一夫多妻的婚姻形式为历史的奢侈品,是奴隶社会初期的产物。表面而言,依玛堪中的女性个个都是法术高强的萨满,是英雄不可或缺的战将,实际上她们是丈夫的奴隶和战斗工具。依玛堪时代不再推崇女性及她的生殖功能,而是把美与力联系在一起。这一点从把英雄称为莫日根(狩猎能手)就能看出来。英雄在西征过程中通过求婚或抢婚不断地娶妻,直接目的是获得更多的妻子的帮助,但这一行为的深层意义却是为了"规范和保证族外婚制度并验证父权制战胜母权制的合理性"。而依玛堪中的女性对这种一夫多妻的婚姻形式是默认的,毫无反抗之意,甚至积极地为丈夫张罗着娶妻。

各妻子间地位不平等,有主次之分。像汉族封建社会父权制家庭一样,英雄的第一任妻子为正房,在众多妻子

## 九 "敖其都拜丢依赫尼哪,古出库里座耶赫尼哪"

中选择容貌和法术最好的一位担任。正夫人有特权,她管理着各德斗(姑娘)以及奴隶,其他妻子也分别有自己的事务。如《木竹林》中,"杜如都尼德斗作为木竹林的头房正夫人,她管辖着众德斗以及奴婢;二夫人卓玛安尼率领各德斗在前攻击;三夫人卓孟恩尼专司征战事项;四夫人刺俄格尼来往传递消息。以上规则俱系杜如都尼与各德斗所议定,各德斗须遵守,不得妄为"。英雄和他的夫人们更像古代封建社会的皇帝和他的后宫妃子们,皇帝的权力最大,皇后管理着后宫。

需要强调的是,英雄总是把女性的容貌看成择偶的前提,为了娶美女为妻,他不惜与其他竞争者进行生死较量。在这里,美貌的女人是财产,是男人争夺的附属物,承担了"礼物"和"荣誉"的角色。丧失了自主选择的主体意识的她们只是一种"美的存在"。

最后,史诗中的女性作为部落联盟的纽带,是男性权力游戏中的牺牲品。"'战争'是把男人直接纳入统治结构的契机,而'婚姻'是通过女人把男人纳入统治结构的契机",这种观点道出了史诗中英雄获得权力的两种方式。在战争中,战胜的一方直接获得了对战败方的统治,这是英雄获得权力的一种最直接的方式。另一种方式是婚姻的缔结。在缔结婚姻之前,女性隶属作为父亲的男性。这种关系最终会被后天婚姻缔结产生的新的权力关系代替。作为丈夫的男性取代作为父亲的男性,实现权力的更替,如在《沙伦莫日根》中,巴音玛法为了给女儿选婿采取比武的形式,获胜的莫日根可以娶自己的女儿。对父亲而言,在很大程度上，女儿只是一个换取与最强大的英雄莫日根结盟的筹码，通过翁婿关系的固定，岳父获得作为英雄的女婿的保护；对争夺她的男人们而言，则是一场展示力量与追逐权力的游戏，通过娶妻，英雄直接获得了妻子一方部落的统治权。

结义作为部落联盟的一种方式，通过拟血缘的形式完成部落兼并，也能获得对兄弟部落的统治。但是，婚姻仍然是结义关系进一步稳固的重要保障。如《满都莫日根》里满都莫日根与莫牛三兄弟结为义兄弟。为了进一步稳固双方的关系，莫牛莫日根把唯一的妹妹嫁给满都莫日根。除娶得妻子之外，满都莫日根直接获得了对莫牛莫日根部落的统治权。在莫牛兄弟们的帮助下，满都莫日根成功打败了杀害父母、毁掉家园的仇人。为了感谢莫牛兄弟们，他把自己的妹妹嫁给了大哥莫牛，丝毫不顾她的意愿。这样的情节也大量出现在赫哲族其他英雄史诗中，如《木竹林》《阿而奇五》等。总之，女性只是父权制社会中权力交替的工具。女性的被工具化表明母系社会里女性的神圣权威在父权制社会中受到了颠覆，女性沦为权力交易的筹码。

## 三、结语

赫哲族依玛堪的叙事线索主要是英雄西征，赢得战争，把战利品悉数运回英雄的家乡并重建英雄的城邦。这也与其他民族英雄史诗的叙事结构保持了一致。它们的表

## 九 "敖其都拜丢依赫尼哪,古出库里座耶赫尼哪"

层结构是叙述英雄的西征,其叙事原型却是狩猎。英雄每一次征战带回战利品,是猎人每一次狩猎带回猎物的象征表达。因此,在狩猎经济时代,男人的力量与狩猎技巧成为获得猎物多寡的重要保障。女人在这种生计方式中只能处于辅助和附庸地位。但与父权制完全建立后的蒙古英雄史诗《江格尔》中的女性形象不同的是,赫哲族英雄史诗中女性的作用仍旧非常突出。作为英雄光辉业绩的显现者,她们是萨满文化的实践者;相较于江格尔手下诸多男性战将和勇士,她们是英雄身边唯一重要的辅助者,也是维系部落联盟的重要纽带和保障。

但是,女性在依玛堪中所承担的重要角色并不能否定女性在现实社会中地位下降的事实。赫哲族英雄史诗以英雄为中心的叙事结构以及女性角色的工具化,表明在部落征战时期,对英雄功绩的崇拜取代了对女性生殖的崇拜,正如恩格斯所说:"母权制的被推翻,乃是女性的具有世界性的失败。"但是,现实生活中女性的地位并非一蹴而就全然被颠覆,其改变是随着父系氏族社会的建立和巩固而逐渐衰落的。除此之外,女性的社会地位还取决于她们在社会生活中的作用。因此,诸多因素造就了赫哲族依玛堪中女性社会地位已衰未落的境地。

# 十
# "'特伦固'它这个'特'吧,有点教学生的意思"
## ——赫哲族"特伦固"传承人吴明祥口述

时间:2011年8月6日
地点:佳木斯市站前旅馆
被访者:吴明祥
访谈者:陈曲、王志清

[访谈者按]吴明祥,男,1949年生。先后从事教师、公务员等职业,是赫哲族"特伦固"传承人,是一位立志保护民族母语的侠客式人物,曾赴中央民族大学接受专业的语言调查训练,是赫哲语保护专项课题的特聘研究员。

爽朗、豁达、乐观、积极,这是吴明祥留给笔者的整体印象,诚如其本人所言:"'特伦固'它这个'特'吧,有点教学生的意思。"关于赫哲语言与文化的传承,他设想了颇具实践可能性的学校职业教育规划。无奈天妒英

## 十 "'特伦固'它这个'特'吧,有点教学生的意思"

才,这位教师出身的"特伦固"讲述人于 2013 年 1 月 22 日因病逝世,斯人已随风飘去,天堂传唱特伦固。遨游天宇的胡萨——天鹅,翱翔蓝天的阔力——雄鹰,它们一定能够聆听这位赫哲族莫日根在遥远天际的诉说。

阅读信息提示:
1. 赫哲族在渔猎时期的农业生产概况。
2. 赫哲语的家庭传承谱系与传承策略设想。
3. 赫哲人对"特伦固"的理解与阐释。

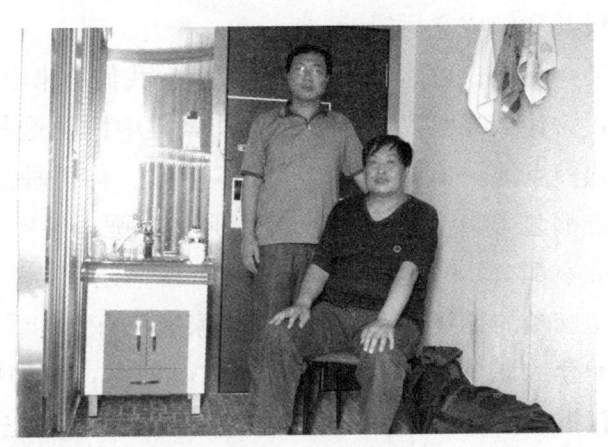

图 1 调查者与吴明祥合影

吴明祥(下简称吴):我是 1949 年生,1956 年上小学,那时候没有幼儿园,直接上小学,尤玉镯是我的老师。中学我在勤得利,勤得利农场中学。念到 1966 年,因为我笨,"文化大革命"时家里还要供我吃饭,于是就回家不念了。1966 年我开始干活,在生产队干活,打鱼啊什么的都干。因为我有点文化,初中生嘛,当过生产队会计，开过拖拉机，因为我中学生嘛，脑袋还比较灵光，开拖拉机还是个好活儿呢！呵呵！那时耕地、翻地、耙地什么的活儿都会。我们和黑龙江省的鄂伦春人、鄂温克人不一样，我们是村落社会，我们赫哲族不是那个氏族社会。我们这个村里姓什么的都有，你到街津口这儿来，无论姓尤的、姓付的，姓啥的都在一起住。一个村儿都是人家，跟氏族没多大关系。

王志清（下简称王）：这个村是什么时候形成的？中华人民共和国成立后吗？

吴：不是！可能是很久就形成了！我们历来吧都得种点地，为什么呢？我们过去没有什么集中网啊这些东西，就必须种点地。你看我家老人有5垧地。你得种点粮食，反正也都会了。主要是种点麻。那个麻呢，家家都有纺车，谁家都有，网圈都用麻做的吧。网纲还有拴船的绳子都是用麻做的。我们有绳车，村里家家都有。你看那个马套、驴套的那个纲都是用麻做的，得种麻，不种麻也不行。打不了鱼，打鱼得用网。那个麻不像现在的尼龙网一样总用不烂，这个麻你得处理它，用油啊，你得怎么整怎么整，这样的话就烂得轻。"三天打鱼两天晒网"，那过去真是那样的。这个网你还得晒干了，不能总那么湿，不然这个网就完啦！都得种点麻，家家都有各种工具，我们叫这个车具，也就是那个绳车。敖其这个地方叫车辘轳，家家都有。没有闲的时候，冬天呐，开始整绳子，这个网要大，网也不结实。一年要生产相当多啊，渔业村那个时候也相当疲劳，夏天冬天也都有干的，完了闲下来就干这

## 十　"'特伦固'它这个'特'吧，有点教学生的意思"

个，一年到头总在忙乎。大人还做鱼皮衣服、鱼皮靰鞡，主要是做鞋。鱼皮靰鞡很结实，那个时候买这个靰鞡就买不起。家家都穿这个鱼皮靰鞡。大的鱼皮都得被扒下来，那个时候做鱼皮衣服得扒多少鱼皮啊！那个真是费劲了！那也得扒，那是一种资源状态。

王：基本上是渔猎、鱼皮衣服、自己种点粮食，自给自足吧？

吴：对，自己还种菜。我们家能有20多棵果树。我们一个夏天都在果树下玩儿。李子熟了，用杆子"叭"捅下来就吃了，那就是我们的糖果了。哈哈哈！现在想起来我们小时候很幸福，都是纯天然的，没有化学农药什么的这些玩意儿，我们北大荒的地挺肥沃，不用什么肥料，全是纯天然绿色的。那个坚果，像榛子下来以后，就像饭那么吃。你看现在外国的榛子巧克力啥的挺贵的，我们那个时候就像吃饭一样吃。

街津口家家都有果树，后来农村规划以后，有的果树都被砍了。现在我们街津口还有李子、杏、沙果。杏不是家家都有了，那家伙不好伺候。桃就不能结果了。这个地方的人也不愿意吃这个白小果，苹果开了花结了果就掉了，也没啥意思，大伙儿都不种这个苹果。农村规划后，院里的、道边的果树说砍就砍了，我大爷家的梨树，那都那么粗啊，它都不定活多少年了，说砍就砍了！

王：这就是你童年时期对赫哲人生产方式的一种回忆啊？

吴：是！我还当过会计！我们生产队的账吧我管过。

一个生产队吧有猎业收入、渔业收入、农业收入这三种收入。减去支出，留下公积金、农基金的，三金一留，完了就分红。一个劳动力分多少钱，大家分。那个时候，街津口的猎业收入占不了三分之一，渔业收入能差不多占三分之二，农业收入及其他的副业收入占三分之一弱。街津口赫哲族农业收入不多，他来钱儿主要靠打猎。

王：那个时候鱼也多啊？

吴：那个时候鱼也多猎物也多。为什么猎物能来钱儿呢？那个时候它贵。毛皮呀、鹿茸贵。我们这边的鹿茸是一种药材，药效很好，能卖上好价钱。八岔呢，当时农业收入所占比例就更低了，渔业收入和猎业收入多。它猎业收入大概能占三分之一多。六七十年代还这样，80年代后就不行了。大概渔业农业就各占一半了，猎业就没了。

王：农业收入主要靠什么？

吴：主要是大豆，国家收购。

王：赫哲族人刚开始会种吗？

吴：会，我还会开拖拉机呢！有些人家也不会种。我们家在当时是过得比较好的，过得好的三种收入都有。有的人家不整那玩意儿。我们老吴家入社的时候，上缴了

十 "'特伦固'它这个'特'吧,有点教学生的意思"

40杆钩子。① 那时钩子是打鱼的主要工具。我们家还有牛有车,过得挺好。我们家地还挺多,还有缝纫机,过得像个日子。全社里头当时的主要生产工具一共是120杆钩子,我们家就占40杆钩子。我们家5口人。当时村里还有一个老孙家日子也过得挺好,也都是过日子的人家,他们也是40杆钩子入的社。我们两家就占80弯钩子,其他

---

① 钩子:赫哲人"用暗钩捕鱼。在江河中钉木桩若干于江下二尺许,各桩上连以横索,索上扣鱼钩,钩数甚多,据他们的故事里说,一道索上有多至三千六百个鱼钩的;有时并置三道横索。索上索扣的鱼钩种类不一,如图107为鳇鱼钩,钩长16.5cm,钩绳长68.5cm,用软木为漂子,系在钩上。漂浮水面,鳇鱼遇漂即转身以尾击漂,触钩,即为钩住,因痛而动,他钩即钩上,愈痛愈动,愈动而钩愈多,以至弹不得。图108为鲫鱼钩,钩长3.9cm,系钩小绳长15cm,小绳结在长78cm的大绳上,绳一端有一小圈,一端有一小结,以便扣在索上。钩头有一倒刺,上穿红布两小块,鱼见红布,以为食物,张口吞之即上钩。渔户于一定的时间,乘桦皮船至江中取鱼,一次可得数十斤或数百斤,如日暮下钩,至翌日取鱼,多时可得千斤以上。上有一种下钩方法,用长678cm的绳一条,一端系一铁锤或石块,绳上系鱼钩与漂子若干,钩上穿蚯蚓豆类为饵,一端系在一木块(看图109),将由钩的一端掷于水中,经若干时拖出,即可得鱼,大都妇女行之"(凌纯声《松花江下游的赫哲族》)。
1. 滚钩亦称"快钩",主要用于捕获鳇鱼,也能捕获其他大鱼。2. 甩钩适宜在水深急流中捕鱼。用甩钩捕鱼只需一个人就行,捕获量不大,捕到的多是赶条、哲罗和细鳞等吃肉食的鱼。3. 毛毛钩是将兔毛或狍子尾巴上的白毛拴在钩上,漂在江面。人站在江边不停地拉动,诱使大鱼误认为是小鱼在游动,急吞其食,即被钩住。也有钩杆插在"快马子"船边,逆流或顺流缓慢滑行,诱鱼养钩。4. 浪当钩与鳇鱼钩形状相似。主要是一寸正方形豆饼块为钓饵,在小钩爪绳上拴一块红布。鱼吃豆饼时,要受到红布条和钩的阻碍,须先将红布条吃掉,这样就将钩吞下。此钩主要捕获哲罗、鲤鱼等。5. 鳊花钩比浪当钩小一些。主要是将面粉染成红色,烙成较硬的薄饼为钓饵,用于钓鳊花鱼而得名。6. 底钩,赫哲人很早就使用这种方法捕鱼,主要由老年人或妇女使用。7. 冰上钓鱼,主要用撅达钩,大多由老年人或妇女使用。钓捕是赫哲族传统捕鱼方式,它集中体现了赫哲族渔民丰富的捕鱼经验和捕鱼技术。用钓具捕鱼,具有使用方便,成本低,能够个人单独捕鱼的特点,但捕鱼数量远不如网捕。参见张璇如、陈伯霖、谷文双、白枫岐:《北方民族渔猎经济文化研究》,吉林人民出版社,2005年版,第26~28页。

一家一个两个一共加起来才40杆钩子。(笑)我们家挺富裕,种地的工具牛车什么的都有,那时是大板车。那个时候就了不得了。我们家有三条船,全村才有十几条船,我们家就有三条船。

王:那个钩子怎么弄的?

吴:那个钩子每一个都有钩杠子、钩弦子,都用麻绳这么打。后来就开始用这个卖的网纲网线。以前是自然经济的时候,这些每家每户都能自己打。后来有分工,有专门做这个的了。这个分工到近几年还有,有专门织网的了,这玩意儿技术性挺强。一开始时都是自己干,后来通过换工啊什么的找人干。劳动工具很多,有的人家也不用钩子,用别的办法,药啊网扣子。这个扣网吧在生产队不算生产工具,过去家家都有。自己想吃鱼了就去扣一下子。(笑)那时候鱼也多。(笑)

王:生产工具您谈了很多,这是别人都没谈到的,这很好!

吴:这以前是自然经济,后来就有分工了。我爷爷是木匠会做船,我姥爷也会做船,俄罗斯人都请他做船。我们那个时候江那边就是俄罗斯人。过去吧不像现在这么严,俄罗斯人请我姥爷过去做我们叫的排船。那个船呐,好像是1967年吧还是什么时候,街津口生产队做了最后一条船,那个时候已经有机动船了,用这个船来当泊船,用来装货的。这个船大概能装百八十吨货吧。这个船就是街津口的老头儿们自己做的。这么厚的板,有龙骨,还不用设计师设计,那是最后一条自己做的那么大的船。那条

## 十 "'特伦固'它这个'特'吧,有点教学生的意思"

船跟着繁荣号,繁荣号是钢铁的,是个船头,国家发的,后面跟着装货的木船是自己做的。那时照相机也少,没留下相片。除了国家发的船外,我们村自己也买船,那是汽油船,汽车级汽油。

王:那个时候您一直在街津口当会计呗?

吴:干了几年,后开拖拉机。后来跟着个老头去打鱼,老头领我去山后钓鱼台打鱼。那时还有鱼,现在资源枯竭了。以前的网眼儿这么大,正常网眼儿都是四寸八的,四寸八以下的鱼吧,不打!小鱼它蹦跶几下就跑了!现在的网眼儿这么小,专打小鱼了。过去哪打这个?这些小鱼过去是大鱼的食物。江里吧它能平衡。这个地方的人光想打鲟鳇鱼,鲟鳇鱼能出口挣外汇。但是,鲟鳇鱼吃小鱼,小鱼没了,鲟鳇鱼也活不了。现在还弄不明白,鲟鳇鱼还在那个地方活着,但产不了鱼子酱,成熟不了产鱼子酱的时候。到现在还弄不明白这个问题。现在抚远、同江、勤得利农场都在搞这个鲟鳇鱼养殖。它这个生长期长,到能做鱼子酱的那个时候,那得多少年以后。在这期间它就死了。

王:您是什么时候离开生产队的?

吴:我是1974年开始当代课老师,我是教统计的。我们那时的老师吧,男的都结婚了,以后就糊弄了。我那时20多岁,还有点积极性,当统计员,全校的统计都是我做。在八岔中心校。

王:现在街津口中心校还有中学生吗?

吴:没了,自从实行计划生育后就没那么多生源了,都合并了。现在同江的中学都在县里、市里。小学生源也完蛋了。你看四排乡小学20多个老师,学生才20个。原来都是好几百好几十的,后来就没这么多学生啦!这些老师你也不能辞退呀!他们还在上班,平时也干点活。平均是一个老师一个学生。

王:您那时学生多吧?

吴:比较多,我一天还挺多。我那时还代着化学。我不是代课老师嘛,教化学的老师不在了,我就代化学课。我初中的化学学得不错,化学我还真能教了。教过化学、教过生物!哈哈!教过数学、语文,只要哪个老师不在,我就教哪门,我都能干了。哈哈!我长期代课嘛,所以很多学生叫我吴老师吴老师的,现在还有人叫我。哈哈哈!那时不是正式老师。教到1976年,"文化大革命"后,我考大学,我是"文化大革命"后第一批大学生。1977年上大学,在佳木斯师范学校,现在的佳木斯大学物理学,那时还没有太大的理想,我就想当老师。那时我本想上中文系,想到语文课不好讲!哈哈哈,讲理科好讲,就选择了物理,师范物理,毕业了当高中物理老师。从1980年开始我就当物理老师。以前有高师,三年毕业。师专是二年制,本科是四年制。还是回八岔教。1983年我就被抽到公社去了,相当于乡政府。

王:那个时候整个学校教育里面,有赫哲语的教学吗?

吴:没有!国家把我们赫哲族定义为有语言没文字的民族,赫哲语不能列入国家语言政策里。不像蒙古族、朝

## 十 "'特伦固'它这个'特'吧,有点教学生的意思"

鲜族就有这个教学,我们想申办这样的课程,学校从民族语文政策这方面就不同意。我们想往职高这方面靠,这样的话让他就业。现在我们这边吧有五六个赫哲族风情园吧,就业机会挺好。一个能整个十多二十个表演者,到时表演个赫哲民族舞啦,表演个赫哲族依玛堪啦,很多人都愿意看。想往这方面申办,但是吧不容易!想办成个民族艺术这么个民族音乐方面的学校,争取得到政府支持。我跟那个汪立珍老师也说了,我说你们能不能让你们民大这些老师们设置一个这个专业,能帮助就业还能拉动经济发展。这个专业有点像教育专业又有点像艺术类专业。

王:您抽调到公社后从事什么?

吴:公社副主任。到 1985 年还是 1986 年,我就到同江了。那时国家有政策,公社不叫公社了,叫乡政府了。我是副乡长。还是干那样的活儿。1986 年,我到佳木斯民族科当科长,直到去年 60 岁,一直是民族科科长。

王:在这期间,您对赫哲文化有什么感触?

吴:对!我有收获!1992 年,我带队参加全国体育运动会,筛选运动员。同江的人都知道我民族知识要好一点嘛。80 年代咱们国家搞民族文化抢救的时候我也当过向导。给几个老头儿当向导,陪那几个老头参加乌日贡大会,像蒙古族的那达慕大会一样,那时跟着也就听了。那时尤志贤还活着,他那时是同江统战部部长。那时的葛德胜唱依玛堪,他留下的东西是最多的。

王:您父亲还在吧?

吴:我父亲 1980 年就死啦!我父亲叫吴连贵。1980

年冬天就死了。这个抢救工作呢都是在 1983 年、1984 年做的。老葛头录了大概三四十部依玛堪吧，我父亲都没录上这个。

王：那您能演唱依玛堪吗？

吴：这个吧，我在这些老头儿活着的时候还能演唱一小片段。对于赫哲语，我从小都没有离开过这个环境。像吴玉梅啦，比我小，说实在话，她达不了对话的水平。当然，她从小耳濡目染，再加上她还做文化工作，还能说不少，但是也不行。就包括吴福祥，他也不行，他创作的是汉语的歌曲。实际上现在的 50 多岁的人都会不了多少赫哲语。60 岁以上的会吧，我就是 60 的，能和他们进行流利的对话，因为我从小就会。我就是这帮人中最小的。这语言吧"咔"地一下就没了。我以前都不知道语言衰败原来是这个样子。70 年代的时候，还有那样的老头儿老太太，活着一句汉语也不会的，但是他们已经高寿了，80 多岁了。我的母亲和姥姥两个老太太就是一句汉语都不会。她们说话就是用赫哲语，不会汉话。像我父母这样的，他们汉语也会，赫哲语也会。这语言"咔"地一下子就没有环境了。我们有人细心查一下子，现在大概能讲赫哲语的有 20 多个人儿吧！哈哈！还生活在不同地方，还没有机会互相交流。

王：尤文凤怎么样？

吴：尤文凤说得不如尤文兰。因为尤文兰嫁的人是一户赫哲族人家，那她只好说呀！而且现在我看尤俊丽夫妇两口子都是赫哲人，他们两口子赫哲语保留得好。他们两

## 十 "'特伦固'它这个'特'吧,有点教学生的意思"

口子总这么说呀!这话不说就忘!我现在也在遗忘。有时候想想,就是想不起来。原以为学会了就不会忘呢!现在总忘词。我现在不是正在整理非遗项目的故事嘛,我想把这个故事给写下来,就是这个核桃,咱这里有这个山核桃、榛子,这家人得了两片儿林子,安排给两儿媳妇,让她们干活儿去。这个老公公有点儿向着这个大儿媳妇儿,就把她分配到核桃林干活儿,让她吃核桃多活几天,过几天再回来。他不太待见这个小儿媳妇儿,就安排她在榛子林里干活。过了好几天后,这个大儿媳妇饿得差不多了,小儿媳妇没事。因为这个核桃它不能总吃,它油性太大,不能当饭,榛子可以当饭吃。所以她活得挺好。榛子和栗子不一样,栗子是粉面的,榛子油不大。核桃是难得的,所以他把大儿媳妇安排在核桃林里,结果却把她给害了。我就想把这个故事记下来,但是我就把这个"核桃"这个词给忘了。哈哈哈!真给忘了!原先觉得这个故事怎么能忘呢?结果才到60多岁就忘了。

董群是怎么个情况呢?他是这么个情况!董群不是一个方言区的,他是下江人。唉!我们赫哲语忘得这么快吧,也和这个方言不一样也有关系。方言不一样吧说话遗忘得更快!

王:那您当时在八岔工作说什么语啊?

吴:八岔也有说赫哲语的,也有说汉语的。八岔这个地方的人吧,有点赶时髦赶时兴,男男女女都说汉语。我们街津口人比较保守,还保留了不少赫哲族文化。我们赫哲族文化主要还在街津口。我们街津口那几个老太太能唱出水平，那就是赫哲族的，那几个老太太唱得还可以。还有那些个妇女们，都挺有文艺细胞的。在佳木斯的赫哲人就搞不起来。

王：佳木斯的赫哲人也不少吧？

吴：也不少！要是排练个什么舞蹈、合唱啊什么的，他不会！在同江，找几个人排练排练就能整，这地方不行！像汉族人似的！哈哈！我们在这个地方吧，排练个节目吧，那真叫费劲！这个跟环境不怎么纯也有关系。

王：大吴老师（吴明新）被列为这个国家级传承人了吧？

吴：这个问题是这样，下边也有一些人有意见，也在传这个事情。这个东西吧在2005年才开始下来的。当时他们就报了吴明新和吴宝臣。人家从重视这个赫哲族民族工作出发很快就批下来了。他俩吧没有这个能耐，但是呢他俩很有决心，也有点小看这个事情，我当时也有点小看这个事情。当初我报的是"特伦固"的省级传承人。我想这个事我能整，让我讲多少我就讲多少！现在看来不行了。我跟这个张嘉宾说过这个事情。我原来是想呢把工作搞起来之后，借学校这个力量把这个事情给解决了。现在看来也不行了。他们当时说给我录下来，我说别录，录不了。他们说："嗯？给你报上去了，你咋录不了？"我说我又没报依玛堪，我是"特伦固"传承人。我给他们说，只要能成立么个学校，我和这些老师能把这个事情给整出来。能！但是没有学校这些个素质高的人帮忙我也弄不了。因为刚才也谈到了，有些个话给遗忘了。像这个导演

## 十 "'特伦固'它这个'特'吧,有点教学生的意思"

们、制片人什么的,投了多少资本,这些个演员都在这个地方等着,都住着宾馆呢吃着好饭是不是,可上火了!导演们都想用最少的钱把这个片子给拍出来,但你也得理解这个事,这个事急不得,你一急,那头吧还着急,人家是专业来的,有的是雇的录像师,还在这个地方等着呢。你这么急着用我,我整不了!这活儿交给我们学校,我们老师爱好这个的哈,在那个地方都能慢慢地鼓秋①出来。但是吧,你非急着这么录,啊你是传承人,那你得录!他们更完蛋,还不如我!传承吧,还得一个"承"这个问题,还得传下去。这个传吧,有的人也传不了。因为他没当过老师,有的也年龄大了,根本传不了。对于学依玛堪的人吧,没有科学的方法,没有学校的教育,不掌握语言,是学不会依玛堪的。

"特伦固"②是怎么回事呢?赫哲族文学有依玛堪、说胡力,还有特伦固。依玛堪跟汉语还没有相对应的词。它边说边唱,跟那个大鼓书有点相像,也不完全像。说胡力

---

① 东北方言,意为设计、研发。

② 特伦固是赫哲族民间口头文学之一,与依玛堪、民间故事说胡力齐名。它内容丰富,涵盖传说、生产知识、语言知识、诗歌、歌词,蕴含狩猎、捕鱼、鱼类、植物等古代科学知识、宇宙观及宗教信仰等。特伦固在口耳相传过程中偏重教与学,强调历史讲述,侧重于人文、地理、原始科技生产知识传授,倾向于宗教、哲学、民俗、伦理知识、语言词汇的宣传讲解。目前整理、发表的关于赫哲族风俗人情、社会生活、名胜古迹、地方风物以及民族起源和反侵略斗争等方面的特伦固较多,代表作有祖先传说《七兄弟》《白城人的后裔》,莫日根传说《乌力莫日根》《神叉苏布格》,地名传说《黑龙江传说》《莲花河传说》,风俗传说《三月三》《九月九》《烧包袱》等,动植物传说《天鹅》《浮吐兰》《种了》,反侵略传说《血尔古》《三江口大捷》等。特伦固传说中的人物、事件、地点、风物、习俗都是实有的,具有历史真实性与艺术真实性统一的特点。

就是故事,特伦固译过来就是传说。依玛堪里面有唱词,还有民歌,还有特伦固里的宗教歌曲,这些歌曲吧要求押韵。凡是这些个唱词吧,念的时候也需要押韵。用的手法是隐喻,每一行之间跳跃很大,就是诗歌特点,句式是排比句,上一句用这个句型吧,下一句还用这个句型。每句唱词吧都有这个特点。民歌歌词都是衬词,没有真正的词义。比如说白本出、赫赫、赫里拉等这些个词。特伦固讲古事①的篇幅很长,短的都是些个讲究吧。有的一句话、一句古句儿、谚语啦什么的一句两句。你比如说天气"燕子低飞雨来到"之类的谚语。重点还是特伦固篇幅比较长,它里面的宗教歌曲现在比较红一点。

王:是萨满歌曲吗?

吴:不是,萨满歌曲战斗力似的,在赫哲人演唱里是一个力气活,外来人就要录你这个最有特点的事,他们就往萨满上整。其实赫哲族民间不是像基督教什么的,每个人都信,不是的,不得不请他们来治病,烦他们,讨厌他们。每个萨满还能让别人家得病,他就是一个鬼。看到他就说巫婆来了。我小时候也很害怕萨满的,哈哈!看到他就跑,挺讨厌他的。现在为什么红呢,不管学者啊记者,包括旅游的游客都想看看萨满是怎么回事,有的游客到那儿看了这个表演之后都说:"哎呀,你们这个咋这么吓人呢?"

除了宗教歌曲外还有求签歌。有的歌还有点歌颂的意

---

① 东北方言,过去的事。

## 十 "'特伦固'它这个'特'吧，有点教学生的意思"

味，差不多都是四分之四的拍子，慢。你看那个萨满歌里面基本上都是四分之一拍或者八分之三拍，"梆梆梆梆"。"特伦固"跟它的差异就在这儿。"特伦固"实际上是什么呢？它这个"特"吧，有点教学生的意思，这些词句吧用来教人们，教育用的东西。过去有的人要学萨满，先得找个人学萨满，新萨满上任了，萨满神歌的歌词你也得先学和背诵。特伦固包括医疗的知识。80年代的时候赫哲地区有个老太太，这个老太太吧，一个小孩儿医院都说不行了，让抱回来，大人实在没办法就抱到她那儿去了，她就能给整活了。那是非常厉害的！但是赫哲人有这么个特点，他就敬点自己的一些个神。这个老太太也敬几个神，听说她还带出两个徒弟，一个是这个老太太的女儿，现在就在同江呢，学过这个。学的可能是皮毛，因为她本身不重视，她不如老太太这么完整。老太太就能看出这孩子得的什么病，她也知道自己这玩意儿要失传，没人愿意学这个。好像有个医学院毕业的大学生，这可是合理合法的行医，这个老太太从中华人民共和国后就属于不合法的行医，她是偷着这么给人看病的。这个大学生毕业了，她就给这个大学生讲，西医那些个点滴你该怎么用怎么用吧，我这些个东西吧到时你能用上，这个大学生不敢学，因为他入党了，不敢学！他现在挺后悔这个的。跟这个老太太学吧你得敬神，他就没学。她女儿跟着学了点针法，但也只是皮毛。学这个得敬神，不敬吧就好像学不会似的。现在赫哲族的很多医药知识都失传了，还有一些药方子也没了。今天特伦固都整不了了。有的特伦固没有用，没有那个生产了，比如说过去打鹿茸，打了鹿茸马上就得加工它，让它成为药材，这个在凌纯声的书里边有记录。用开水凝固，过去没有什么好办法，就只能用这个开水凝固，然后赶紧想办法把这个整干，这就成干药了。这个加工吧还有这个黑瞎子膏啊、乌鸡膏啊都得熬炖，这个在生产队也没人学，也等于失传了。凌纯声先生写的《松花江下游的赫哲族》上下两册，下册全是依玛堪，有十几部依玛堪，全是汉语版的，这要是有个学校，我能把这个赫哲语的依玛堪给整齐了。

物理知识、医药知识、历史人物，凡赫哲族口头相传的这些个东西里头吧，凡是用的这些个知识性的东西都属于特伦固吧，为啥呢？因为这也不是依玛堪，依玛堪是纯文学，是讲故事，说胡力也是故事，要靠故事动人才有人看，它里面也有人物塑造问题，它也是文学。依玛堪里的故事以荣耀动人，另外你还得有点唱功，唱得好才能吸引人，所以依玛堪的大部头才能传到现在。特伦固以什么吸引人呢，它的宗教歌曲里也有些个唱词，有点音乐在里面。还有农村帮大忙时、结婚时有些个能说的，说的这些个礼仪词吧照理说也算特伦固。当时的生产生活你得需要这些，现在吧有些个红的东西比如说做鱼皮衣服的技艺给传下来了，不红的东西就完了。特伦固主要是实用性的，有一些技术方子。特伦固还有一类知识，主要是讲解，对一些个新东西、新名词进行说明，属于文学讲解。

赫哲语的句式有的形容词放在中间它可以修饰前面，汉语的修饰语只能放在前面，赫哲语的修饰语也可以修饰

## 十 "'特伦固'它这个'特'吧,有点教学生的意思"

后边,比较活。比如说"冰排像白云飘在大江中",这个赫哲修饰语"白白的"应该放在中间,用赫哲语说呢就是"冰啊,白白的,像冰一样,飘在大江中",白白的冰排像云一样飘在大江中,也可以说冰排白白的,像云一样飘在大江中。

我小学在街津口,中学在勤得利中学,大学在佳木斯师范,正式工作之前在街津口打鱼,当老师后我是主管教育的副主任,到佳木斯后我从事民族工作,今年退休。我哥是滑雪运动员,很早就离开街津口了。我父母是我养老送终的,我从小就学会了赫哲语,因为我父母骂我的时候也是用的赫哲语呀!哈哈!我一辈子干民族工作,我一直当向导。我最后一次当向导是在2006年,中央民族大学的刘岩来搞赫哲族语音库,完了又在中央民族大学把这个录下来的语音写下来。1997年国家民委宗教界的特伦固的宗教歌曲大概有13万字是我写的。我是黑龙江省民族协会两个分会的成员,我现在是赫哲族分会的副秘书长。我也写过锡伯族的论文,锡伯族协会也把我纳入他们那边成为会员。我们黑龙江民族分会吧并不是非得是那个民族不可。像我们赫哲族分会成员里有汉族的,领导班子里还有鄂伦春族的。

王:非常感谢吴老师提供的口述史资料。

# 十一
# "民族文化传承得有这么个阵地"
## ——依玛堪艺术团创办人吴玉梅口述

时间：2011年8月4日

地点：同江市长途客运站附近的梅龙客栈

被访者：吴玉梅

访谈者：陈曲、王志清

在场者：尤利民（通江第四小学老师）

[访谈者按] 吴玉梅，女，1956年生。赫哲族舞蹈家，黑龙江省舞蹈家协会会员、佳木斯市民间文艺家协会会员。1974年初中毕业留在街津口学校任音乐教师，1979年任乡文化站站长。工作期间编演了民族舞蹈《叉草球》《冬钓》《欢乐的网滩》等作品，先后获得多次省市级奖项。退休后主办民间演出团体依玛堪艺术团，积极传承赫哲族文化。

谈及依玛堪艺术团的现状，吴玉梅喜欢引用"阵地"一词来譬喻。她认为依玛堪等表演类非物质文化遗产的传

## 十一 "民族文化传承得有这么个阵地"

承如果单纯依靠个体展演的话效果甚微,大家拧成一股绳组成团体,形成合力,对于切磋技艺、扩大影响、经济收益等多方面都颇有益处。坚守着依玛堪艺术团这一"阵地",吴玉梅等人拥有了战士般的责任,期望赫哲族非物质文化遗产传承如攻坚战役,铸就辉煌。

阅读信息提示:
1. 国家背景下的赫哲族文化艺术工作。
2. 赫哲族非物质文化遗产的集体性传承。

吴玉梅(下简称吴):我是1956年生人,我从小学就在街津口,尤玉镯是我们的校长。我们那时上学是9年级毕业。那时也是家族的文化氛围的影响,我爷爷啊就是那个大萨满吴连贵,那时我是五六岁吧,我有个印象,我爷爷总是在街津口为人看病,在赫哲族节日如八月十五中秋节啦,他就给跳一段神,全村老百姓都跟在后头,男男女女老老少少的,还有大神二神的,跟着跳。那时我爷穿着民族服装,他那套东西哎呀挺神秘的。"文化大革命"时这就不行了,就开始抓了就咋地了,完了他就扔了,我后边听我父亲说的,就扔在那个勤得利的大江里了。"文化大革命"的时候就不让跳了,不是要破除封建迷信嘛,我爷就没跳了。哎呀,他那些个东西全扔在江里了,什么鼓哇,神裙呐,神衣呀,还有头饰什么的都扔了。扔了几年后他就不跳了。赫哲族有人得病了,节假日呀有活动什么的也不跳了。"文化大革命"就那么几年,过后吧又恢复了,又允许跳了。跳的是比较现代的,多少结合原生态,把原先的出诊的功夫改编了,在原有的基础上,把它又升华了一下，既有生活的又有舞台的。

我的父亲是渔民，叫吴汉贵。他们哥三个，他排行老二，姐妹四个。我妈叫尤桂珍，他俩都是赫哲族，他们的赫哲话说得好，我现在赫哲语说得挺流利，老人说赫哲语我都能听懂，像我这样 50 来岁的一般人都听不懂，他们说得也不是太好。我呢，在我爸妈的熏陶下也就会说了。我爸妈他俩不会说汉话，他们之间都说赫哲话。比如说"你去干什么去呀？""打鱼去！"或者是"中午回来想吃什么呀？"或者"回不回来吃饭啊？"日常对话全是用赫哲语。我爸妈说赫哲语挺好听的，他们说赫哲话都是带调儿的，声音特别标准，所以他俩说什么话吧我都懂，因为从小就在一起呀就跟着听跟着学。简单的对话我都会，老人说话我都懂，但是说得不流利，说得太硬，不好听。我爸妈之间说点他们保密的话呀互相骂人的话呀，他们就不让我们听到。哈哈哈！有的时候他们说话，我听了之后问我妈怎么怎么样，我妈很惊讶，说"哎呀，你能听懂啊？！"哈哈！

我们姐儿七个，我老大。我上小学时特别爱好文艺，我这个爷爷呀，是个大神儿，我一生下来他就说我美，长得好看，就叫我吴玉梅，又叫玉美。我爷爷说我从小就爱唱爱跳挺美的，就叫玉美吧。哈哈！我这个名就是这样由我爷爷给取的。我 9 岁就跟着在学校编排节目，就是那种自编自演那样的，自己编动作自己跳。上小学时，成立了一个五年级的少年宣传队，那个尤利军尤部长啊，他当时就是我教他跳的舞蹈。他那时是少先队小八路，毛泽东思

## 十一 "民族文化传承得有这么个阵地"

想宣传队的小八路。10岁那年,咱们街津口有一个街津口军民毛泽东思想宣传队,我在里面表演搞宣传。12岁那年,我们这个宣传队上佳木斯去参加少数民族调演了。我们依玛堪艺术团有一张合照,是我参加佳木斯合江地区少数民族调演的相片。我的老前辈有尤文凤、何淑敏,还有这个尤秀云,她们现在都是赫哲族民间优秀的文艺骨干。她们带我参加的这些活动,我是最小的,就跟着她们排练。那时毛泽东思想指示一下来了,我们就挨家招呼了,都来排练。完了第二天就开始演出,在我们街津口民族乡,在大路上,完了上同江共青团,上宣传联队,都跟着演出。我们总是上省里参加调演,一整就上合江也就是现在的佳木斯去调演。那时我编导的舞蹈有《冬钓》呀、《滑雪》呀等等。我小学九年级毕业后,我属于回乡青年,回到街津口渔业村,那时叫渔猎2队,我回到那儿干了一年活儿。后来我在街津口小学教了8年课,那时街津口小学缺音乐老师,那时我不是会嘛,我会脚踏琴,教儿童歌曲,那时还属于代课,做了8年的音乐代课老师,一直也没有转正。我前面的还有尤利军的母亲付老师,还有一些个年龄很大的代课老师都没有转正,一直就这样教着书。学校也一直是不转正不进人,都是代课,一个月工资35块钱。那时我还是姑娘,还行,自己能得劲儿,像他们有的都带家的,那时好像也能养家糊口。在代课期间,咱们佳木斯有个文化局下来一个工作小组,像调研似的,来到赫哲族找既会民族语言的又会唱民歌的,和他们一起搞民歌整理。和他们干了五六年。后来我不一直跟着做这个民族工作了吗,对赫哲族的民歌、依玛堪进行挖掘、整理。那时黑龙江省召开了一场农村文化工作会议,在街津口建立了一个文化站。佳木斯文化局就为我写了一份报告,特别为我申请了一个指标,1994年,把我调到街津口乡政府的文化站。以后我就正式专门从事这个文化工作了。文化站就我一个人儿,我把我们赫哲族的老前辈们、文艺骨干、军民宣传队的都组织起来了,部队每年一批一批都走,我们岁数大的不行了,我就培养年轻的。我们村里这些小姑娘小小子都爱跳舞,我都给他们组织起来。那时我们同江还没有赫哲族文工团呢,就是文化馆,文化馆组织一些调演啊总是叫我,叫我上市里去,跟他们一起参加演出,上省里、上云南、上我们齐齐哈尔少数民族调演。后来我和孙玉森表演了一个双人舞《透江乐》,获得了一等奖呢。我在文化站工作后,出去学习的机会、开会的机会多了,对我本身也是个锻炼,回来后我业务水平提高了,思维也开阔了,工作起来也方便了。文化站创办的时候挺难的,也没有经费,我在文化站工作期间,年年都被评为佳木斯市级的、省级的、国家级的农村先进文化工作者,因为工作突出,市里就把我调到同江文化馆去了,一直到去年退休。

做这么多年群众文艺工作吧,我有一个感触,我们赫哲族年纪大的老一辈儿,能唱的能说的能跳的差不多都不在了,所以说呢我就很有一种危机感,赫哲族的文化需要抢救、挖掘,还必须得快点儿抢救,所以我在调到文化馆后,我创办了一个赫哲族少儿培训中心,这是专门针对两

## 十一 "民族文化传承得有这么个阵地"

个民族乡八岔和街津口，还包括我们同江市区的赫哲族的孩子寒暑假来进行培训的。我前期做这个工作也挺难，我们先得争取市里的重视，还得和八岔和街津口两个乡的乡长、书记和村子进行商谈，我就说赶快进行这项工作吧，要不然我们赫哲族的文化就没有啦！我就把这个重要性给他们说了，市里的尤利军也很支持我这项工作，我就把这个工作写成报告上交到省民委，那时的民委是舒景祥书记，他挺支持我们的这项工作。他说："玉梅呀，你这项工作做得挺好挺及时呀，你看赫哲族的文化都消失了，老人差不多不在了，你现在就应该把这项工作捡起来，把赫哲族的文化进行挖掘、抢救、整理出来，要想把这个文化传承下去，必须从娃娃抓起。"我也有这个想法，现在国家的民族政策对咱们赫哲族也挺重视，对民族文化呀、民族经济呀都非常重视。作为赫哲人，更应该重视自己的文化。所以说我本身是做这项工作的，就得把这项工作给做起来。哎呀，这项工作做起来也挺难，层层的领导以及各位群众也都挺支持，在大家的努力之下培训工作就开始了。2003 年，八岔乡拿 3000 元、街津口拿 3000 元做培训资金，我们把文化馆的房间给腾出来了，可以住宿。其中省民委下拨的资金给孩子们买的被子、褥子、床、电视，还有钢琴等设备，都是他们给买的，乡里给的经费呢就是暑假寒假办班，这是针对我们赫哲族的孩子。办班的任务呢就是学习赫哲族语言、民族舞蹈、民歌，完了还有一些小组合，练基本功，我们的任务就是这些。

王志清（下简称王）：民族语言是怎么教的？

吴：我们请赫哲族会赫哲语的老太太写成单词，上课的时候给孩子们教，并给孩子们排课程表。比如本周民族语言有三节课，舞蹈有几节课，声乐有几节课，完了基本功等，排成这样的表。

这6000元钱都是给孩子们吃饭用的，孩子们都还小，所以我们得负责孩子们的安全，我和我们艺术老师之间还签责任状的，你不签责任状，人家把孩子送来，一家就只有这么个孩子，中间出什么乱子，跑了、漏了、丢了的，出现这些问题我们是担当不了的。我必须得让每个老师有责任感，督促他你必须把孩子给看好了，哪个孩子在你上课期间出事了，你老师有责任。

王：开几个班？

吴：我们就开这一个班。班里的孩子有五六岁的、七八岁的、十来岁的，分大班小班。刚开始吧这些孩子都很有积极性，每次开班时都有二三十个，后期吧少点，主要是人家家长送出去学习了，学数学学语文了，完了插空来学舞蹈学声乐。家长们对我们的评价相当好了，我们培训后这些孩子我一期一期地都让选送，我这是基础培训，然后我就给他们往上选送。我们现在有选送到大庆的、沈阳的，还有北京的，他们都来招生，我们就往上选送。现在的学生学成后回来，现在文工团的人有当年我培养出来的人。还有我们这些年轻的骨干，在街津口原先有一个依玛堪艺术团，那里的学生也都是我培养的，包括现在两个村的文艺骨干，能唱的能跳的年轻小孩儿，也都是我这培养出来的。老百姓对我们是非常认可的，总觉得我们为赫哲族培养人才了。我在艺术馆办的这个艺术班，后期我又办了个民族语言班，我们赫哲族有个研究会，由尤俊生和我找老人来录音，把单词全录上，完了用汉字的拼音标上，印成小本儿，每个人发一份。民族语言培训班主要针对同江市的赫哲族干部、街津口渔业乡的村干部以及愿意学的文艺骨干，每周周五进行一次，老师呢就是咱们赫哲族的尤文兰，她给教的。我们把这个录成音刻成碟，每个人发一份。通过学习，这些学员能用单词拼读出一句话，简单的对话能说了。坚持了一年吧，后期由于这些干部工作调动，我也要退休了，这项工作也停了。

我退休后办的这个依玛堪艺术团，之前尤市长就让我把这个艺术团成立起来，追着我将近一年多，那时我有点思想顾虑，因为我做了这么多年的民间文化工作嘛，我知道这个民间的工作不好办，尤其是这些老人啊，他们都各有各的长处，各有各的短处，把他们聚集到一起不好管理，让他们排演节目也很难。所以我一直也没下定决心干这个工作。后来等我正式退休后，我想我这一辈子都在干这个文化工作，我想干的事情我都做到了，就这个依玛堪艺术团这个事情我没做，我觉得这件事还得做，所以我就写了一个关于成立赫哲族依玛堪艺术团的报告，和尤市长商议，觉得需要成立这个艺术团，它的成立，对国家非物质文化保护工作号召是一种响应，为保护咱们赫哲族原生态的文化做贡献。这个报告受到了上面的支持和鼓励，于是我就带头成立了依玛堪艺术团。

王：依玛堪艺术团属于什么样的一个团体？

吴：它属于民间的组织，要由市里面出资的话难度很大，所以先就让我们自己干。由三个人出资，每人拿一万，街津口渔业村拿两万，我们就把这个团成立起来了。节目都是由我编排，前一段时间我们团参加赫哲族的乌日贡大会，以我们的节目为主，演出效果很不错。

王：为什么要建立依玛堪艺术团而不是别的名字的团？

吴：依玛堪是赫哲语，有说唱的意思。原先是有这么个依玛堪艺术团的，原先是在街津口赫哲族风情园，风情园是旅游局搞的，由吴宝臣带头的，但不久就散了，旅游局也养不起了。在这基础上，我们艺术馆也下去给他们编节目，什么说唱依玛堪啦、赫哲族舞蹈啊等也都是我们下去给他们编排的节目。

王：关于赫哲族的依玛堪，您怎么看这个问题？

吴：依玛堪是赫哲族的说唱表演形式，历史上都有，我们从小就有，从年轻时我不就收集民歌、依玛堪吗？那时的吴连贵、尤树林，还有饶河这个葛德胜都是说唱依玛堪的。他们都是依玛堪传承人，但是现在他们都不在了，仅仅留下了他们的磁带录音。吴宝臣就是跟着他爷爷吴连贵学的，现在他是国家级依玛堪传承人。

王：依玛堪的内容主要有哪些？

吴：依玛堪说唱的内容主要是他一天生活的内容，你比如说，我今天要出去打猎，我就会唱我一天打猎的生活，我怎么去的，我想打什么，打猎的过程，我多么想多打点猎物，在打猎的时候我碰见黑瞎子啦等这些凶猛的动

十一　"民族文化传承得有这么个阵地"

物了，我碰到大雪天啦，我带的什么干粮了，我怎么架火烤的啦，我吃的喝的啦，我在外一天回不去家啦，我就盖着狍皮被在外蜷了一夜啊什么的，就是这些内容，就像说故事似的，说一段唱一段。

王：说唱依玛堪的人是就这么坐着给人讲唱呢，还是与萨满跳神相结合？

吴：他就这么给人说唱，与萨满关系不大。他说到萨满了吧才带点萨满这个神调。

王：是不是依玛堪在赫哲族人看来就是一种说唱形式，与萨满跳神没有太大关系？

吴：嗯，是的。

王：您的爱人是赫哲族吗？

吴：我爱人是汉族，姓付，是下乡青年。他也一直在街津口民族乡工作，为赫哲族做了许多工作，他和我结婚后，对赫哲族也是挺有感情的。他看我一辈子从事民族文化工作，也挺支持我的。

王：赫哲族文化工作的顺利展开离不开汉族老大哥的支持！

吴：是，是，离不开汉族老大哥。比如说赫哲民族文化的整理、挖掘，一些思维呀创意呀，真是汉族人帮助我们，启发我们。

王：赫哲族和汉族的关系历史上都这样的吧？

吴：是，尤其在少数民族地区，汉族干部必须得与少数民族群众搞好团结，才能做好民族工作。

王：你们依玛堪艺术团的成立，是不是也是响应国家非物质文化遗产保护工作的需要?

吴：嗯，我们依玛堪艺术团是自发性的、民间的、自己拿钱，我们还整了一个餐饮部，餐饮部是根据地，餐饮上也有文化，我们有祝酒歌、有歌舞表演，这不也是一种传承嘛。再说了，我把赫哲族的传承人、赫哲族的文艺精英们组合在一起，让他们天天唱啊，这也是整理，下一步我们就培养孩子，培养年轻的，我们队伍就壮大了。现在团里最大有63岁的，平均都是五六十岁的，这样的话呢我们以后就培养年轻的，为了传承嘛！我们现在没演出的时候就排练，有演出时就演出，我们要是不建立个阵地，不去这么活络，不去这么演出，那就没有人了。要不这些老人吧自己干了，就给谁唱一首歌给一百块钱，给谁跳支舞给几十块钱，这样的话虽然对个人来说稍微有点利益，但对于这个文化完整的传承意义就不大。我想这样集中起来效果就好一些。

王：你们演出的曲目都是传统的吗？

吴：都是啊！我们这全都是民间的、原生态的，我编的舞蹈《巴其兰》就是"古朴舞"，这个我咋想的呢，就是我们赫哲族信仰"哈勒罢"，也就是请神驱鬼给人看病的仪式，我把这个进行艺术发展然后搬到了舞台上，有跳的有说的，有两个老人看病呀、对话呀、说赫哲语呀、跳跳神啊我都给综合起来。还有这个《织网舞》，反映赫哲族渔猎生活的织网。还有这个唱民歌的，都是唱的赫哲族的民歌小调。还有吴宝臣的依玛堪，我们还有小合唱，还有一个体育方面的舞蹈。我们赫哲族乌日贡就是文体大会嘛，体育节目有顶杠拉杠拉网这些个活动，我都把这个编成舞蹈，这些都是来自民间的生活。音乐都是来自民间的小调。

  王：音乐来自民间，歌词就涉及民族语言，那么是不是会涉及这个问题，就是现在懂赫哲族的语言的人不多了，那会不会有演员唱错了的情况？

  吴：这个问题吧有，比如我们现在搞演出啦，唱一个民歌小调，赫哲语言唱一遍，汉族语言唱一遍，有的能听懂，有的听不懂，有的就问："你们唱的什么呢？"然后我们就会再用汉语唱一遍。头一遍用赫哲语唱你不懂，第二遍我就用汉语翻译过来再唱一遍，你就懂了。

  王：虽然会有很多人听不懂了，但你们还是坚持用民族语演唱着。

  吴：是，现在还是坚持用民族口头语言这么唱吧这么说吧，但也不是那么完整，因为它没有这个文字啊，只能根据日常生活的单词这么说。我们依玛堪艺术团编了这么个节目，两个人用赫哲语对话，讲一个故事，说"大姐，我们今天去打鱼，打什么鱼呀？""我打的是大鲤子"，"我打的是黑头"，等等就是这样的对话，说完话了再唱一段，"我们打着鱼了，丰收了，我们回家吧，回家喝酒去吧，回去做杀生鱼，烤塔拉哈，炖鲤子"。我们就把日常生活的一些事，用赫哲语把它唱出来说出来。

  王：那这是发展了的依玛堪吗？

  吴：嗯。依玛堪本身是一个人说唱的，我们又把依玛堪弄成伴舞，依玛堪净唱，联说联唱，这样的话有点戏剧色彩，免得一个人在那儿说一段唱一段说一段唱一段，完了有的人还不懂，还得把赫哲语再翻译回来。

王：那您就是把以前生活中生活化的依玛堪转化成舞台化的依玛堪？

吴：对，我把它升华了。

王：依玛堪艺术团的收益怎么样？

吴：我们的收入不太好，我们两个月的工资才开一个月，再过一个月就好了，到9月份吧，旅游季就来了。我们也打算出去，从媒体上啊公开宣传出去，走出去呗，到南方啊到哪儿啊，哪儿有大型演出，我们就联系联系去表演，搞搞创收，这样的话就能把团给保下了。现在市里非常认可我们，认可我们这些人，也认可我们这节目，从非遗的保护和传承的角度，大家都非常认可，但是就是从经费上投入不了。我们从5月份才开始组团，还处于一个创办期，还挺困难。

王：真就是这样的条件下你们还这么坚持才真是难能可贵！

吴：是，你看，现在有的家庭好的人不要工资，有演出还是参加。我是这么想的，我们这个艺术团，既能保护又能传承赫哲族文化，下一步还把年轻人培养起来，使我们赫哲族文化在同江地区兴旺发达起来。现在也是党的民族政策好，要是不好的话，我们这些工作也不好做。

王：用民族语言表演的节目，不会民族语怎么办？

吴：我们要教唱，先用汉语标上，然后再教唱。像民间的老歌儿啦小调啦他们都会，不用教。

十一 "民族文化传承得有这么个阵地"

王：是什么支撑你们在这么困难的情况下继续走下去的？

吴：民族情感，就是民族情感的支撑，使得我们不图名不图利地做这些事，现在的一些年轻人就不像我们这一代的民族情感那么深厚了，让他们学点民族语或者其他什么东西，遇到点困难就不学了。现在的孩子只知道自己是赫哲族，但赫哲族的文化呀历史呀语言呀什么的都不懂，也不太关心。只有那些从事民族工作的才去关心这个。我也只能做个三四年了，不行了，弄不动了，等做不动的时候，就交给年轻人去做吧。这个事业有利于咱们民族文化的传承和保护，需要人来把它继续做下去。

# 参考文献

## 一、专著

安俊生. 赫哲语简志 [M]. 北京：民族出版社，1986.

保尔·汤普逊. 过去的声音——口述史 [M]. 覃芳名，渠东，张旅平，译. 沈阳：辽宁教育出版社，2000.

定宜庄，汪润. 口述史读本 [M]. 北京：北京大学出版社，2011.

黄任远. 赫哲风情 [M]. 北京：中国商业出版社，1992.

黄任远. 赫哲风俗志 [M]. 北京：中央民族学院出版社，1992.

黄泽，刘金明. 赫哲族——黑龙江同江市街津口村调查 [M]. 昆明：云南大学出版社，2004.

李向平，魏扬波. 口述史研究方法 [M]. 上海：上海人民出版社，2010.

凌纯声. 松花江下游的赫哲族 [M]. 上海：上海文艺出版社，1990.

刘忠波. 赫哲族简史［M］. 哈尔滨：黑龙江人民出版社，1984.

刘忠波. 赫哲族社会历史调查［M］. 哈尔滨：黑龙江朝鲜族民族出版社，1987.

孙玉民. 碧绿的明冰［M］. 北京：中国戏剧出版社，2010.

唐纳德·里奇. 大家来做口述史［M］. 王芝芝，姚力，译. 北京：当代中国出版社，2006.

王士媛，马名超，黄任远. 赫哲族民间故事选［M］. 上海：上海文艺出版社，1986.

徐昌翰，黄任远. 赫哲族文学［M］. 哈尔滨：北方文艺出版社，1991.

杨祥银. 与历史对话：口述史的理论与实践［M］. 北京：中国社会科学出版社，2004.

尤志贤，傅万金. 简明赫哲语汉语对照读本［M］. 哈尔滨：黑龙江省民族研究所，1987.

尤志贤. 赫哲族依玛堪选［M］. 哈尔滨：黑龙江省民族研究所，1992.

张璇如，等. 北方民族渔猎经济文化研究［M］. 长春：吉林人民出版社，2005.

周新国. 中国口述史的理论与实践［M］. 北京：中国社会科学出版社，2005.

## 二、学术论文

王宇英. 近年来口述史研究的热点审视及其态势 [J]. 重庆社会科学, 2011 (5).

王宇英. 口述历史四问——对近年来中国大陆口述历史发展现状的反思 [J]. 首都师范大学学报（社会科学版）, 2011 (5).

周新国. 中国大陆口述历史的兴起与发展态势 [J]. 江苏社会科学, 2013 (4).

朱凌飞. 史与志——对口述史与历时性民族志研究的探讨 [J]. 西南边疆民族研究, 2009 (0).

# 后 记

2011年,我们夫妻二人有幸参与了汪立珍教授主持的中央民族大学985三期工程项目"北方渔猎民族家族口述史"(课题编号:98503YWS0305)。在该项目经费的资助下先后于2011年、2012年在黑龙江省的佳木斯市、同江市、街津口乡、八岔乡等地共计进行了一个月左右的田野作业,我们通过"请当地人说活"的访谈方式先后采录了30余小时的录音资料,撰写了五万余字的田野笔记。在2013年书稿整理撰写完毕之际,因高校985工程建设项目转型等多种现实情况,遭遇了出版经费不能及时到位的困境。

在束之高阁多年后,书稿于2020年有幸列入"三峡学者文库",获得重庆三峡学院中国语言文学重点学科资助出版。书稿依据口述史的撰写规范,所列11位赫哲族同胞的口述史内容都是经当事人同意授权予以发表的。

从2011年至今,口述史的理论与实践研究蓬勃发展,成果层出不穷。相比之下,当初的成果已经显得非常青涩稚嫩,但是无论如何,毕竟是我们和热情的赫哲族同胞共同构建了一段集体记忆。国家级非物质文化遗产传承人、公务员、教师、作家等不同行业的赫哲族同胞结合个人经历与体验进行了本民族生产生活、求学工作、民俗生活等事项的"口述史讲述",一系列口述史个案汇流成河,从而系统揭示了作为当地文化持有者的赫哲族在文化传承与文化变迁方面"合宜"的选择。

回首当年的黑龙江之行,有幸结识了大伯尤玉发、大姑尤文兰、二姑尤文凤、大哥尤利峰等人,还有利民、卡坦、阔力、小宋等一干兄弟姐妹,倾听"赫哲族人讲述赫哲族事",一幕幕与赫哲族同胞相谈甚欢、载歌载舞的感人场景清晰地浮现于脑海。书稿出版之时,距离当初访谈已有9年之久,终于对当年付出辛勤劳动的赫哲族同胞有一个妥当的交代了,在此向诸位赫哲族同胞致以深深的谢意,还有一直帮我们积极联系田野调查点的达斡尔族兄弟吴刚,"认识你们,真好"。

陈曲　王志清

2020年于万州南浦苑